해외직구 10년, 우리 지름신이 달라졌어요

알뜰 구매 노하우 그리고 당신이 해외직구를 해야 하는 이유

해외직구 10년, 우리 지름신이 달라졌어요

권현주 지음

나비의 활주로

프롤로그

심혜정, 심준서. 나는 두 아이의 엄마다.

책의 첫머리에 혜정이의 이름을 제일 먼저 넣기로 손가락 걸고 약속을 했다. 그때 혜정이의 쌍꺼풀 없는 작은 눈이 엄마를 빤히 쳐다보았다.

"엄마는 작가가 될 거야!"

뜬금없는 엄마의 결심에 대답이라도 하는 듯, 어리둥절한 표정을 지었다. 한동안 빤히 쳐다보던 딸의 얼굴에서 소리 없는 말이 들렸다.

'엄마 꿈이 크시네요.'

엄마의 꿈을 꺾는 것이 미안했을까. 발그레 반짝이는 작은 입술이 이내 조잘거렸다.

"엄마 책에 내 이름 넣어줄 거지?"

혜정이의 바람이 이렇게 현실이 되었다.

"혜정아, 엄마 믿어줘서 고맙다. 그리고 엄마 딸로 태어나줘서 너무 고마워. 사랑해."

첫딸을 낳고 해외직구를 시작했다. 그전엔 관심도 없었고 옷이 필요할 때는 시내 옷 가게에 달려갔다. 때론 백화점으로 달려갔다. 그것뿐이었다. 다른 방법으로 살 수 있다는 것도 몰랐다. 알고 싶지 않았고 알려고 하지 않았다. 7월 4일, 모든 게 바뀌었다. 양가 부모님께 첫 손녀를 안겨준 날. 양가의 관심, 사랑을 모두 가진 채로 첫딸은 울음을 터트렸다. 이 세상 어떤 좋은 걸 줘도 아깝지 않은 내 새끼였다.

엄마들은 다 그런 마음일 것이다. 나만 유별난 것도, 당신만 유별난 것도 아닌 이 세상 모든 엄마들의 마음이다. 그리 넉넉한 형편은 아니었지만 딸에게만큼은 좋은 것만 주고 싶은 엄마의 마음으로 해외직구의 첫발을 내디뎠다.

처음에는 모든 것이 신기했다. 이런 제품도 있구나. 한국에 없는 제품도 있고 미국 제품이 마구 좋아 보였다. 80년대 미제 제품이 좋다며 줄을 서던 그때처럼.

'유해성분도 없다고 하고 외국은 검사 기준도 까다로워서 아이 용품은 특별히 더 좋다고 하네.'

우리나라 제품의 불신까지 더해지면서 어느새 아이의 과자, 장난감, 옷, 심지어 손톱깎이도 해외직구로 해결하는 내가 되어 있었다. 그러나 한계는 언제나 있는 법! 한 달, 두 달, 1년이 지나니 통장 잔고가 계속 줄어드는 것이 눈에 보였다. '지금은 아이를 위해 대학 자금도 모아야 할 때야.'

친구들은 하나둘씩 적금을 넣는데 나는 적금을 깨러 은행에 다니는 신세가 되어버렸다. 그때 깨달을 수 있었다. '이건 아니다.'

아이가 태어난 후부터 지난 2년간의 지출 내역을 점검하기로 결심했다. 꼼꼼한 성격 탓만은 아닐 것이다. 아이가 어린이집에 다니면서부터 집에서 딱히 할 게 없었다. 그리 좋은 성격은 아니었기에 아침마다 아이 등원길에 만나는 엄마들과도 고개만 꾸벅! "안녕하세요?" 한 마디로 그 사람들과의 대화는 이어지지 않았다. 그런 성격이라 누구를 만나러 나가는 게 무척이나 싫었다.

점검을 다 하고 계산을 해보니 한숨밖에 나오지 않았다. 내가 이렇게 돈을 많이 썼는지 도대체 왜 이렇게 많이 쓰게 되었는지 어깨가 축 늘어지며 할 말을 잃었다. 남편이 알면 그 가자미 같은 눈으로 나를 째려보겠지.

해외직구를 가르쳐주는 곳도 없어서 밤마다 컴퓨터 앞에 쪼그리고 앉아서 초록색 칸에 검색을 해서 그 많은 자료들을 보고 따라 하고 책을 사서 똑같이 하라는 대로 해보기도 했다. 아이가 10시에 잠이 들면 발뒤꿈치를 들고 몰래 큰 방을 나와, 컴퓨터 앞에 쪼그리고 앉아 대여섯 시간을 끝없이 검색했다. 혹여나 아이가 깰까 노심초사한 시간이었다. 몇 년을 그리 힘들게 알아낸 해외직구가 나에게 독이었다는 사실이 한심했다. 길거리에 흔히 보이는 명품가방을 사서 들고 다닌 것도 아니고 비싼 레스토랑에 가서 하루 저녁 10만 원 이상을 먹은 것도 아니었다. 그런데 이건 뭐지?

곰곰이 머리를 싸매고 생각에 잠겼다. 왜 이렇게 많은 지출을 하게 되었는지 그리고 어떻게 하면 해외직구를 잘 이용할 수 있을지 며칠 밤을 고민하고 또 생각했다. 왜 직구라는 아주 단순한 쇼핑문화 때문에 이렇게 되었는지를 알아내고 싶었다. 매일 밤 머릿속에서는 질문을 던졌다. '과연 어떻게 해야 할까?'

이 책에는 나처럼 어리석은 실수를 하지 않기를 바라는 간절한 마음이 담겨 있다. 나는 어리석었다. 아무 생각 없이 하고 싶은 대로만 행동했다. 좋으니까. 그저 좋으니까. 어리석은 엄마였다.

나는 여러분에게 묻고 싶다. 지금 이 책을 두 손으로 잡고, 두 눈으로 읽고 있는 당신은 무엇을 얻기 위해 지갑에서 돈을 꺼냈는가? 왜 신용카드를 꺼내 이 책을 샀는가? 옆집 순이 엄마보다 더 좋은 가방을 들기 위해서? 아랫집 훈이 엄마보다 더 싸게 사기 위해서? 이유는 모두 다르겠지만 이 책을 구매하기 위해 쓴 돈은 꼭 회수하기를 바란다. 그렇게 하기 위해서는 이 책에서 얻은 것들 중 최소 한 가지만이라도 실천하고 당신의 것으로 만들어야 한다. 자신의 것으로 만들지 못한다면 이 책을 사기 위해 지출한 돈은 아무런 가치가 없다. 차라리 과자를 사 먹고 잠시 행복감을 느끼는 편이 더 나을지도 모른다.

이 책에서 이야기하고자 하는 바는 '돈'이다. '돈'이라는 숟가락에 '생산적인 소비'라는 반찬을 올리면 바로 '행복한 돈'이 된다. 돈과 행복은 비례하지 않는다. 돈이 많다고 해서 행복하지도 않고 행복하다고 해서 돈이 많은 것도 아니다. 결국 돈과 행복은 누구의 곁에 있는지에 따라 운명이 좌우된다. 어차피 죽지 못해 살아가야 할 시간이라면 '행복한 돈'을 가져야 하지 않을까.

이 책은 당신에게 행복하게 지출하는 시간을 주려 한다. 행복한 돈을 만들기 위해 가져야 할 마음이 첫 번째이고, 과한 소비를 부추기는 해외직구를 잘 이용하는 방법이 두 번째이다. 어떤 생각을 가지느냐에 따라 돈이 올 수도, 떠날 수도 있다. 또한 돈이 온다고 하더라도 행복하지 않을 수도 있다. 혹은 당신이 서 있는 곳을 GPS로 알려줄 것이다. 돈의 내비게이션이라고 해도 무방하다. 현재의 위치를 알지 못하면 앞으로 가야 할 목적지조차 알지 못한다. 당신이 가야 할 곳, 가고 싶은 곳은 어디인가?

당신이 필요한 것이 무엇인지, 왜 사야 하는지 생각하는 것부터 시작이다. 어떻게 필요한 물건을 구매해야 하고, 습관이 당신에게 어떤 이득을 줄 수 있는지 확실히 말할 것이다. 습관을 만드는 방법과 나아가서 그 습관을 응용하는 방법까지 말하려 한다.

작은 습관 하나가 평범한 아줌마를 이렇게 만들었다. 평일엔 아랫집에 가서 수다를 떨고, 집을 청소하던 아줌마가 작가가 되었다. 믿을 수 없다면 끝까지 책을 읽어보길 바란다. 책을 사서 한 장도 못 읽고 책장의 먼지와 함께 쌓아두던 10년 전 나처럼 행동하지 않기를 바란다. 마지막 페이지를 덮을 때 당신에게 남는 한 가지가 있다면 꼭 실천해야 한다. 그 하나가 당신의 남은 70년 인생을 바꿀지도 모른다. 두 번째 책을 준비하고 있는 나처럼…….

CONTENTS

PART 3

엄마는 숲이다

PART 4

해외직구는 절약이다

PART 5

해외직구 초보를 위한 올바른 사용법

몇 년을 갈망해온 벤틀리의 뚜껑을 열고, 멋진 선글라스를 끼고 탁 트인 해안도로를 달리는 상상을 해 보라! 그 기분이 지금의 김 여사 기분과 맞먹을지 모른다. 당신이 하찮게 느끼는 행복이 다른 이들에게는 엄청난 기쁨이 될 수 있다. 그러니 부디 타인의 소소한 행복을 얕잡아 보지 말자.

PART 1

지갑을 잘 열면, 돈 나무는 자라지 않는다

나는 나의 스토리가 좋다. 작은 이야깃거리에 불과하지만 하얀 종이에 끼적대는 것을 좋아한다. 당신은 어떤 스토리를 가지고 있는가? 당신이 머무른 공간에 채워진 것은 무엇인가? 화려한 장식품이 있진 않지만 자신의 이야기가 스며든 바비인형은 있다. 바비인형에게 마술을 걸 차례다. 과연 무슨 이야기를 들려주게 될까? 자신의 이야기에 기대를 해보자.

CHAPTER 1

평범하고 평범했던 주부의 고백

나는 동네 어디에서나 쉽게 볼 수 있는 아줌마다. 머리를 하나로 질끈 묶고 하얀 머리띠로 앞머리를 바짝 올리고 동네 마트에 가는 엄마로서, 불과 4년 전까지만 해도 오로지 아이만 보며 살고 있었다. '오늘 저녁 반찬은 뭘 해야 하나? 애들이 등원하고 나면 이불 빨래를 해야겠다.' 오롯이 아이들과 집안일에 매여 있었다. 그때는 '전업주부'라는 이름표를 달고 있었기 때문이다. 아침식사 후 딱딱한 밥풀이 묻은 그릇을 싱크대에 넣고, 아이가 홀라당 거꾸로 벗어놓은 내복을 세탁기에 집어넣고, 어젯밤 가지고 놀았던 팽이를 제자리에 집어넣는 것이 하루 일과의 시작이었다. 있어야 할 곳에 목표물이 들어가게 되면 하얀 머리띠를 한 채 마트로 향했다. 집에서 편하게 입던 무릎 나온 바지라도 상관없었다. 나는 아줌마였으니까.

깔끔한 미역국, 매콤한 쇠고기볶음, 얼갈이배추무침이 완성되면 저녁이 된다. 저녁 반찬을 식탁 위에 가지런히 올려놓고 나면 오후 6시다. 퇴근하는 남편을 위해 미역국을 가스레인지 위에 올리고 불을 켠다. 저녁 7시가 지나도 전화 한 통이 없다. 늦어지는 남편을 미워하는 불씨가 피어오른다. '오늘 만든 반찬은 다 먹어버리고 하나도 남기지 않을 거야!'라며 아이들과 밥을 먹기 시작한다. 아이들이 어린 탓에 식사 시간은 길어지기만 한다. 남편은 8시가 다 돼도 전화 한 통 하지 않는다. 남편을 향한 불씨가 화롯불처럼 커지기 시작하면 아이들에게 불똥이 튀기도 한다. 마치 화로 안에서 방금 꺼낸 군고구마 같다. 이 손으로 튀었다 저 손으로 튀었다 반복한다.

목욕 시간 아이들의 작은 다툼에도 내 목소리는 커진다. 평소에는 아무렇지도 않은 일이 풍선처럼 커진다. '전화 한 통 해주면 어디 덧나나. 왜 이렇게 무심할까.' 이런 생각들만 풍선 안에 가득 담아 머리 위에 띄워둔다. 풍선은 쉽사리 사라지지 않고 밤까지 그 자리에 둥둥 떠 있다. 엄마의 말이 집 안 공기를 바꾼다는 생각은 안드로메다로 날려버리고 울분만 토해내는 어리석은 엄마다.

"음식물 쓰레기 좀 버리고 와요."

남편에게 부탁하며 높임말까지 써본다.

"응! 좀 있다가."

남편이 하는 일을 다 해놓고 나중에 하겠다는 대답이 들려온다. 그럴 때면 잠잠했던 불씨가 또다시 피어오른다. 남편이 하는 일이라고는 게임밖에 없는데 말이다.

내가 고민하는 일은 아이들과 남편, 그리고 집안일이었다. 이런 일상이 나에게 독이 된다는 것을 알기까지 6년이라는 시간을 허비했다. 결혼생활 동안 오른쪽 눈썹과 왼쪽 눈썹의 생김은 울퉁불퉁 미움만 붙었고, 걱정과 불만을 달고 사는 동네 아낙네의 모습을 하고 있었다.

"엄마는 잔소리만 해."

걱정 한마디는 잔소리로 변하고, 첫째는 자기 방에 들어가 문을 잠가버렸다.

"지금 이벤트 기간이라 이거 해야 해."

남편은 숟가락을 식탁에 놓기만 하면 자기 방에 들어가서 게임에 몰두했다.

걱정스러운 말 한마디가 잔소리로 바뀌고, 불만이 치솟다 못해 하늘을 찔러도 나는 멈출 수가 없었다.

'내가 없으면 이 집은 돌아가지 않아. 나는 아이들과 남편에게 꼭 필요한 사람이야'라며 옆을 보지 않고 달리는 경주마처럼 결승선 없는 트랙만 열심히 달렸다. 경기장에서는 나만 달리고 있는데도 말이다. 물론 이길 사람도 없다.

"나는 엄마처럼 살지 않을 거야!"

내 사춘기 시절 엄마에게는 하지 못했던 말이었다. 하지만 나는 엄마의 모습을 닮아가고 있었다. '엄마와 똑같은 일상'을 깨달았을 때는 '아이들에게 엄마는 잔소리꾼' '남편에겐 짜증내는 사람'으로 굳어져 있었다. 친정엄마의 꼬리표가 나에게 달렸다.

통장 속 잔고가 계속 바닥을 치던 날, 내 모습을 돌아볼 수 있었다. 하루 종일 집을 비워도 먹고 자고 생활할 수 있다는 것을 알아채던 순간, 나는 무엇을 위해 경주마인 양 먼지를 휘달리며 시끄럽게 달렸는지 지나온 결혼생활이 허무해지기 시작했다. 그저 며칠 동안 흘린 과자 부스러기가 식탁 밑에 있을 뿐, 베란다에 널어놓은 빨래가 삼 일째 그대로 거기 있을 뿐, 예상하던 융자 폭탄이 거실에 떨어지지 않는다는 것도 알았다. 이것을 깨닫기까지 2,190일이 걸렸다(2,000일 기념 이벤트라도 해야 할 판이다).

이 세상에서 내가 제일 사랑하지만 가장 안쓰러운 사람. 우리 집 김 여사님! 내가 김 여사님께 바라던 것이 이것이었구나!

"좀 내려놓으세요. 우리만 바라보고, 우리만을 위해 엄마의 시간을 모두 쓰지 마세요. 엄마가 하고 싶은 것을 찾아서 하나씩 해보세요."

그렇게 하고 싶었던 말을 이제 나는 자신에게 해본다. 아이들만 바라보고 살지 마라. 하고 싶은 것을 찾아라. 하지만 7년 동안 아이들이 먹을 것과 입을 것, 가지고 싶은 것에만 집중하고 달리던 경주마가 눈 옆 가리개를 떼는 것은 쉽지 않았다. 할 수 있는 것이 없었다. 하고 싶은 것도 없었다. 바랜 사진 속 생머리를 한 20대의 나를 보듯 왠지 낯설어졌다.

'결혼하기 전 나는 무엇을 하고 싶었던 사람인가? 어린 시절 나의 꿈은 뭐였지?' 생각을 하기 위해 소파에 앉았다. 답을 찾기 어려웠다. 무엇 하나 떠오르지 않았다. 나는 드라마 주인공이 되었다. 기억상실증에 걸려버린 것이다.

김 여사님의 걱정거리는 우리 삼남매뿐이다. 결혼을 하기 전에는 "결혼시켜야 하는데"가 엄마 걱정이었고 결혼을 하고 난 후에는 "잘 살아야 하는데"가 걱정이었고, 동생이 결혼 후에도 아이가 없어 "빨리 2세를 가져야 할 텐데"가 걱정거리로 남았다. 엄마는 물가에 내놓은 세 살 난 아이를 보듯 자식을 걱정했다. 마흔이 넘은 자식인데도 엄마에게는 둥지 안 아기 새처럼 느껴지나보다.

자식 걱정을 하지 않는 부모는 없다. 신생아를 안고 집으로 온 첫날밤, 요란하게 아이 숨을 체크하곤 했는데, 중요한 것은 아무 일도 일어나지 않았다는 사실이다. 한 살에서 스무 살까지 키우면서 하루가 365일이 되고, 365일이 스무 번 지나간다. 7,300일이다. 1,000일 기념 이벤트를 일곱 번 하는 동안 장염과 독감은 오지 않을까? 엄마라는 이름을 갖게 된 후 자신을 더 분명하게 만드는 일을 멈추어서는 안 된다. 기억상실증에 걸리지 마라. 16부작 드라마 소재로 빠지지 않는, 기억 잃은 주인공이 당신이어야 할 이유는 없다. 결국 기억을 되찾긴 하겠지만 도깨비가 없다면 지은탁의 힘든 삶은 싫다. 그렇게 하려면 걱정인형을 버리는 수고를 해야 할지도 모른다. 그 결과로 더 행복해질 수 있고, 아이들은 더 이상 잔소리꾼 엄마를 보지 않아도 된다.

내가 통찰의 순간에 접속한 탓이었을까. 걱정거리가 전부였던 김 여사님은 예전과 무척이나 달라진 모습이다. 이모들과 명절 내내 이야기를 하며 밤을 새우고, 해외여행을 계획했다. 여행자금을 모으기 위해 적금통장을 만들기도 했다. 까다로운 김 여사님이 해외여행을 가서 만족할 수 있을지 미지수이지만 작은 바람을 이루기 위해 적금통장을 만들었다는 것은 두 손 두 발 들며 환영이다.

엄마를 위해 투자한 시간과 돈이 없다는 것은 같이 살아온 내가 안다. 화장품 살 돈이 없는 것도 아닌데 화장품 가게에서 얻어온 샘플에 '스킨, 로션'이라고 매직으로 쓰고 아침저녁으로 아껴 쓰던 엄마, 어제 지은 밥이 한 그릇 식은 밥으로 남으면 따뜻한 밥이 있어도 찬밥으로 저녁을 먹는 엄마, 집에서는 헐렁한 옷이 좋다며 찢어진 원피스도 다시 꿰매 입던 엄마, 어린 시절에는 알지 못했던 것들을 엄마가 되고 나서야 몸소 느끼게 된다.

아끼며 살아온 엄마는 생애 첫 해외여행에 필요한 여권을 발급받기 위해 시청으로 가야 한다. 첫 해외여행을 이루고 오는 날의 엄마 모습은 어떨지 상상만 해도 벅차다. 여행을 마치고 돌아온 엄마가 어떤 이야기를 들려줄지, 그리고 또 다른 여행 계획을 세우고 비행기를 타게 될지 기대가 된다. 김 여사님의 이야기보따리도 궁금하지만 비행기에 실려 올 내 선물도.

해외여행을 1년에 두어 번씩 가는 요즘 세대들은 '뭐! 해외여행 지금 당장이라도 가면 되지!'라고 생각할지도 모른다. 하지만 당신도 가지지 못한 뭔가가 있지 않은가? 물론 그것이 벤틀리인지, 아우디인지 알지 못하지만, 나는 그들을 교육실에 모은 다음 자신 있게 외칠 수 있다.

"여러분들도 뚜껑이 열리고 최고급 가죽시트가 장착된 벤틀리의 주인이 될 수 있습니다. 흔하디흔한 장기대출로 말이죠."

몇 년을 갈망해온 벤틀리의 뚜껑을 열고, 멋진 선글라스를 끼고 탁트인 해안도로를 달리는 상상을 해보라! 그 기분이 지금의 김 여사 기분과 맞먹을지 모른다. 당신이 하찮게 느끼는 행복이 다른 이들에게는 엄청난 기쁨이 될 수 있다. 그러니 부디 타인의 소소한 행복을 얕잡아 보지 말자.

하여튼 주제로 다시 돌아가서 김 여사의 여행만큼이나 자신을 돌아보는 여행도 중요하다. 이 책은 수학의 '정석'이 아니다. 답은 없다. 하지만 대입할 수 있는 공식은 알려줄 수 있다. 당신의 문제에 어떤 공식을 대입할지는 글자를 보는 눈과 침대에 누워 눈을 감을 때 드는 생각이 대답해줄 것이다. 답을 찾지 못해도 상관없다. 이 책을 읽은 이상, 계속 상상하게 될 것이기 때문이다. 싱크대에 수북이 쌓여 있는 사각접시를 주방세제로 문지를 때, 화장실에서 앉아 세상으로 나오려 하지 않는 그를 기다릴 때, 온수매트 전원을 켜놓고 포근한 이불 속으로 들어갈 때, 첫사랑 교회 오빠처럼 문득문득 당신에게 다가올 테니까.

질문

난 어떤 것에 행복을 느낄까?

행복을 느끼기 위해 내가 바라던 것들은 무엇이 있을까?

바라던 것을 이루기 위해 과거했던 노력은 무엇이 있을까?

내가 원하는 바람을 이루기 위해 구체적인 목표는 무엇일까?

목표를 실천하기 위해 돈은 얼마나 들까?

내가 이루고 싶은 목표에 방해가 되는 습관들은 무엇일까?

몇 년 전 본방을 사수하던 TV프로그램이 있었다. 어린아이들의 기막힌 댄스 실력, 앳된 목소리에서 70대 노인이 인생을 말해주듯 툭툭 던지는 노랫소리, 일주일을 기다려 한 시간 동안 지켜보는 것이 얼마나 꿀맛이었는지 모른다. 참가자들이 보여주는 멋진 노래나 춤도 좋았지만 특히 좋았던 것은 그들의 얘기였다. 다른 이들보다 실력이 뛰어나진 않았지만 특별한 스토리를 가진 이들이 있었다. 이들의 이야기는 시청자들을 울린다. 열화와 같은 성원에 참가자는 열정을 쏟아붓는다. 그 프로그램에서 우승하지 못해도 결국 가수로 데뷔한다.

나는 나의 스토리가 좋다. 작은 이야깃거리에 불과하지만 하얀 종이에 끼적대는 것을 좋아한다. 당신은 어떤 스토리를 가지고 있는가? 당신이 머무른 공간에 채워진 것은 무엇인가? 화려한 장식품이 있진 않지만 자신의 이야기가 스며든 바비인형은 있다. 바비인형에게 마술을 걸 차례다. 과연 무슨 이야기를 들려주게 될까? 자신의 이야기에 기대를 해보자.

CHAPTER 2

그녀의 전쟁 '깃발투쟁'

결혼식을 올린 지 1년쯤 지났을 때였다. 남편이 자기 명의의 통장 하나를 주었다. 각종 보험료, 공과금, 적금 등이 그 통장을 거쳐갔다. 아마 통장관리가 귀찮아져서 주지 않았을까 짐작한다. 나는 결혼 전 꽤 알뜰한 모습을 보여주었는데, 그것은 다시 쓰고 아껴 쓰는 절약정신이 투철해서가 아니었다. 쓸 돈이 없어서였다(여성들은 자신을 치장하는 데 거의 모든 월급을 바친다. 나 또한 꾸미기를 좋아하는 여자일 뿐이었다).

처음엔 너무나 좋았다. 일은 안 하는데 25일이 되면 어김없이 통장에 돈이 생겼다. 재미있었다. 5일 동안 공공기관 또는 유명한 기업에서 돈을 가져갔다. 통장에 회사 이름을 새겨 넣고 '나는 이만큼만 가져갈게요'라고 말하는 것 같았다. 매월 1일이 되면 25일 동안 쓸 수 있는 돈만 남았다. 새해에 뜨는 해를 보며 신년 소원을 빌듯, 매달 1일은 '아끼고 절약해서 많은 돈을 모으리라' 다짐했다.

"작심삼일이라도 해볼 건 해봐야지."

'12개 풍차 적금'을 시작했다. 한 달에 한 번씩 5만 원의 적금을 개설하는 것이 풍차 적금의 시작이다. 열두 달 동안 12개의 적금을 만드는 것인데, 성공한 사람들의 말에 의하면 12개월 차에 들어서면 60만 원이 적금으로 강제 이체된다는 것이었다. 다리 없는 귀신보다 무서운 존재다. 하지만 결심했으니 일단 칼을 뽑아본다. 2년이 지나면 720만 원을 모을 수 있다고 하니 덤벼볼 가치는 있다.

누워 있던 아이가 몸을 뒤집고 배를 밀면서 내복으로 거실을 닦아줄 때쯤이면, 신혼의 단꿈에 부풀어 세워놓은 아기자기한 장식품들이 사라진다. 화분이 사라진 자리에는 흔들흔들 바운서, 점퍼루, 보행기, 미끄럼틀로 가득 찬다. 알록달록 색상은 화려하니 '인테리어 취향이 달라졌다' 생각하면 마음은 한결 가벼워진다. 마음과 함께 통장도 가벼워진다. 풍차 적금은 한 바퀴 돌아보지도 못하고 해지된다. 은행 여직원을 만난 다음 날엔 어김없이 택배가 온다. 국민대문으로 불리는 문짝이 도착한다. 조기교육이 된다. 아이는 내일이라도 샬라샬라 "마미, 헬로" 외칠 것 같다.

어느 날 프뢰벨 영업사원이 집으로 찾아왔다.

"보통 5~6개월 되면 책에 관심을 가지기 시작해요. 혹시 혜정이가 입으로 장난감을 물어뜯지 않던가요?"

아닌 게 아니라 장난감은 모두 침으로 코팅하고, 국민인형 애벌레는 나비가 되기 전에 물어뜯길 판이다.

"어머니, 이럴 때 책이 참 중요해요. 뾰족한 모서리에 얼굴이 할퀼 수도 있어요. 프뢰벨은 이렇게 둥글게 마감처리 해놨어요. 보세요."

다른 책들과 달리 타원형 마감은 색다르게 다가왔다. 카탈로그 책들을 모두 사고 싶은 마음이었지만, 영사님이 강력 추천해주신 영아다중을 구입했다. 며칠 뒤 도착한 책은 집 안을 시끄럽게 했다.

"큰돈을 쓸 때는 나랑 상의하고 써라."

남편은 말했다.

"큰돈이 얼만데?"

큰돈의 기준도 궁금했지만 그보다 더 궁금한 것이 있었다.

"근데, 내가 돈 쓸 때마다 자기하고 상의를 하고 사야 되나? 요즘 애들 용품이 얼마나 비싼지 아나?"

톡 쏘아붙이는 말투에 신랑은 대답했다.

"30만 원짜리 책을 사는데, 내한테 말해야 하는 거 아니가?"

찡그린 얼굴과 큰 목소리에 흠칫 놀랐다. 하지만 여기서 지면, 남편은 상사, 나는 부하직원이 되어버린다. 매번 결재서류에 도장을 찍기 위해 동분서주하는 꼴이 되어버릴 것이 뻔했다.

"그러면 돈 쓸 때마다 자기한테 전화해서 허락 맡아야 되나?"

결국 며칠 동안 말을 하지 않았다. 시간이 흘러 어영부영 지나가게 됐지만, 몇 달 뒤 다시 수면 위로 올라왔다.

해외직구를 하면 배송 대행업체의 마크가 인쇄된 포장지로 배달이 되곤 한다. 내가 해외직구를 한다는 사실을 남편도 알고 있었기에, 포장지 또한 익숙했다. 그날도 어김없이 택배가 왔고, 나는 새로 산 아이 옷을 정리해놓고 포장지를 쓰레기통에 대충 구겨 넣었다. 퇴근한 신랑이 씻고 저녁을 먹기 위해 주방으로 왔다.

"오늘은 또 뭐 샀는데?"

벌에 쏘인 듯 멈칫했다.

"혜정이 옷 샀는데. 왜?"

순간 화가 치밀었다. 꼭 과소비하는 된장녀 취급을 받는 것 같은 느낌이 들었다.

그날 저녁 시간은 전쟁 전 전야제였다. 언제 쳐들어갈지 눈치만 보고, 어떻게 하면 깃발을 차지할 수 있을지 견주었다. 그러니 오가는 말이 좋을 리가 없었다. 결국 아이 앞에서 부부싸움을 했다.

그날 내공이 부족한 새댁은 깃발을 뺏기고 말았다. 10년이 지난 지금이라면 백전백승할 수 있는 필살기가 있는데, 그때는 어린 시절 세 살 어린 남동생에게 마른 오징어 몸통을 뺏겼을 때보다 분했다.

그날 이후 정해진 생활비만 통장에 꼽혔다. 나는 깃발을 돌려받아야 했다. 권모술수에 능한 지략가가 되어야 했다. 전쟁은 이미 시작되었다. 상대의 진영에 허술한 보초병이 있기를 기다려야 했다. 낡은 성문을 육중한 통나무로 들이받고 무예가 출중한 병사를 투입해야 했다. 빈틈이 생기길 기다렸다.

어느 날 남편이 작은 사업을 시작했고, 직원을 구하지 못해 매출 정리와 경비 정리가 쌓이고 있었다. 평소 정리하는 것을 좋아하는 성격에 엑셀로 깔끔히 정리를 해주고 기본 양식도 만들어주었다. 남편이 잘했다며 칭찬을 해주었다. 신이 났다. 다음 날도, 다음 달도 경리업무는 내 몫이 되었다. 앉기 시작하는 아이를 무릎에 올려놓고 문서작업을 했다. 매일 하루 매출, 경비지출, 순수익을 나누고, 한 달에 한 번은 대차대조표를 만들어 클리어 파일에 넣었다. 그 반대쪽에는 생활비를 지출 항목에 맞게 정리한 가계부를 프린트하여 넣었다. 지략가의 비책이 통했다. 1년 만에 깃발을 되찾게 된 것이었다.

결혼한 지인들과 이야기를 하다 보면 빠지지 않고 나오는 말이 있다. 부부싸움이다. 다툼의 원인은 돈이다. 아내는 겨울 난방비 아끼겠다고 내복과 조끼, 수면양말로 무장하고 실내온도를 낮추는데, 남편은 '일찍 들어갈게'라는 문자 대신 '국민카드 승인 372,000원 일시불 살맛나 인생주점'이라고 문자를 띄워준다. 남편은 살맛 나고 여자는 살맛이 안 난다. 반대의 경우도 있지 않을까. 남편은 낡은 패딩 하나와 하얀 면장갑으로 거래처로 갈 박스를 정리하는데, 여자는 싱크대에 그릇을 쌓아두고 '롯○백화점, 현○백화점'을 들락거리면서 드레스 룸을 채울 옷을 산다. 드라마에만 등장하는 장면이 아니다. 현실에서 한두 번쯤 보았을 것이다. 아니면 당신이 어제 한 일이라든가(나도 어제 무슨 일을 했는지 기억할 수 없지만, 고해성사를 해야 할지도 모르겠다).

실제 내 주위에도 '돈 문제'로 이혼한 경우가 있다. 물론 경제적인 이유만은 아닐 것이다. 서로를 이해하지 못한 이기적인 마음도 한몫 했을 것이고, 현명하게 해결법을 찾아낼 대화도 없었을 것이다. 부부는 의식적으로 '자신이 상대에게 비칠 이미지'를 가꾸어야 한다. 상대가 자신을 바라볼 때 아리따운 여인을 떠올릴지, 머리에 두 개의 뿔을 꼽고 손에 포크를 쥐고 있는 악마를 떠올릴지.

겉모습만 아리따운 여인이 되어서도 안 된다. 상대를 진심으로 아끼고 사랑하는 마음이 뒷받침되어야 한다. 낡은 성문에 친환경 페인트를 바르는 것과 마찬가지다. 튼튼한 나무를 찾아 베고, 잘 다듬어서 안전한 성문을 만드는 것이 자신이 해야 할 일이다.

부부들이 겪는 문제를 모두 알 수는 없다. 하지만 경제적인 문제가 한 가지 원인이라는 것은 사실이다. 며칠 전 TV에서 뉴스를 봤다. '경제권을 가지기 위해 신혼부부들이 때론 싸우기도 한다'라는 뉴스였다. 나도 같은 경험을 했기에 백배 공감하는 뉴스였다. 한편으로는 전쟁에 승리하고 깃발을 휘날리는 여전사 같은 느낌도 들었다. 경제권을 갖기 위해 투쟁하는 부부들이 어떤 노력을 해보았을까.

상대에게 인정받고 자격을 얻는 것은 큰 의미가 있다. 자신의 손에서 가족의 미래가 움직인다는 뜻이다. "너를 믿어. 내 미래를 너에게 맡기겠어." 배우자가 당신에게 이런 말을 한다면, 당신은 어떤 기분일까? 경제권을 준다는 것은 암묵적으로 '나의 미래를 너에게 준다'라는 의미다. 배우자가 식탁으로 부른 후 "이리 앉아봐. 내 미래를 너에게 맡기겠어"라고 굳이 말하지 않아도 당신은 커다란 책임을 느껴야 한다.

경제권이란 책임을 부여할 뿐 아니라 믿음도 함께 준다. 제아무리

조각 같은 몸매와 얼굴을 가진 톱모델이라도 그녀가 뉴스 1면을 장식할 스캔들을 일으키지 않을 거라는 장담은 못 한다. 어쩌면 배우자는 톱스타 모델보다 더 가치 있는 사람일지도 모른다. 적어도 당신에게는 말이다.

지략가에서 톱모델로 탈바꿈했다. 연예인다운 면모를 유지하기 위해 매일 운동을 해야 할지도, 음식 조절을 해야 할지도 모른다. 하지만 꼭 필요한 일이라는 것은 명심해주길 바란다. 가끔은 친구와 함께 간 백화점에서 의지력을 평가받게 되더라도 굳건하게 버텨야 한다. 사랑하는 배우자와 함께 걸을 꽃길을 상상하며 버티길 응원하겠다.

CHAPTER 3

돈을 보는 돋보기

'미제는 언제든 싸게 구할 수 있어.'

자신감이 온몸에 덕지덕지 묻었을 때의 일이다. 둘째 아이를 낳고 낮과 밤의 기준이 없었다. 아이가 잘 때면 자고, 생글생글 웃어줄 때는 옆에 딱 붙어 아이 얼굴만 쳐다봤다. 한두 번씩 다른 곳을 힐끔거리기도 했는데 순한 아들은 조용히 기다려줬다.

자주 가는 카페의 핫딜 게시판이 시끌벅적하다. 계절이 바뀌는 탓일까. 봄나들이 옷을 준비하는 엄마들이 많은 탓일까. 자주 핫딜이 올라온다. 낮이나 밤이나 시간이 생기면 구경을 한다. 유독 댓글이 많은 게시글이 있다. 내용은 뒷전이고 댓글부터 읽고 본다.

댓글 1: "첫빠. 야호."

댓글 12: "정말 핫딜이네요. 지금 사야겠어요."

댓글 21: "지금 당장 구경하러 고고씽."

수많은 긍정적 댓글이 보인다. '이게 정말 싼 걸까? 사람들이 왜 이렇게 구경하러 간다고 하지? 나도 한번 가서 보기만 할까?' 댓글이 줄줄 달리는 걸 보고 있노라면 '진짜 핫딜'인 것 같은 착각에 빠진다. 며칠 전 아들 내복과 외출복으로 해외 승인 문자를 받았는데 나는 또 달리기 위해 준비한다. 다시 가격이 오를 것 같은 불안감은 1순위, 사지 않으면 나만 손해를 보는 것 같은 느낌 2순위.

새벽 1시, 첫째는 9시부터 대자로 뻗어 자고, 둘째는 우유 한 통을 먹더니 품에 안겨 잠이 들었다. 큰 방 TV 옆에 올려놓은 노트북을 연다. 쇼핑은 언제나 즐겁다. 어둠 속을 밝힌 한 줄기 빛이라고나 할까. '월화 미니시리즈도 못 보는데 이런 낙으로라도 살아야지.'

아침이 되면 온몸이 뻐근하다. 아직 둘째가 어린 탓에 새벽에 두어 번은 깨야 한다. 우유를 먹여야 하기 때문이다. 휘청거리며 일어나 비몽사몽간에 뜨는 분유는 이리저리 탈출을 하기도 한다. 분유통이 있는 쟁반은 사방이 가루투성이다. 가끔 엄마 눈을 피해 혜정이가 떠먹기도 하기에 더 많은 가루가 앉아 있기도 한다(가끔 내 친구가 놀러 오기도 했는데, 이유는 다섯 살인 친구의 딸이 혜정이와 같은 목적을 가졌기 때문이었다).

첫째가 어린이집에 등원하고 나면 밤새 못 잔 잠을 보충한다. 꿀맛 같은 잠은 오래가지 못한다. 아침에 방문하는 반가운 손님 때문이다. 단잠을 깨워도 밉지 않은 이는 택배 아저씨의 초인종 소리다. 택배 아저씨와 친구라도 된 것 마냥 자연스레 인사를 주고받은 뒤 택배 상자를 연다. 열어보기 전까지는 무엇이 들었는지 알 수 없다. 아이들을 키우다 보면 쇼핑몰에서 모든 것을 해결한다. 혼자 두 아이를 데리고 나가기엔 아직 스킬이 부족하다는 것을 느끼기 때문이다. 이제 박스의 실체를 마주할 시간이다. 일주일 전 해외직구로 결제했던 옷들이다. 배송비가 아까워서 이것저것 담았다. 당장 필요한 물건이 아니라도 '싸게 샀으니 뭐' '지금은 쓰지 않지만 나에게 꼭 필요한 거였으니 잘 샀어'라며 나에게 아낌없는 칭찬을 해준다.

잠을 충분히 못 잔 탓일까. 몸이 예전 같지 않다. 첫아이를 낳고 키울 때와는 확연히 다르다는 것을 느낀다. 영양제를 먹어야겠다. 직구로 해결하자. 아이허브는 한국어로 번역이 되어 있고 직배송도 가능하다. 택배비는 6달러지만, 유기농 과자도 같이 주문해야겠다. 남편 영양제와 부모님 영양제, 둘째 아이 유기농 과자, 어린이집 선물용까지 주문한다. 두 아이를 돌보느라 배송조회도 잊어버린다. 내 이름을 아직 기억하고 있는 것이 다행이다.

며칠 후 어김없이 손님이 방문한다. 영양제 박스가 도착한다. 박스를 열어 가야 할 목적지에 맞게 선물해주고 남은 것은 영양제 한 통과 과자 세 개다. 10만 원가량의 물건을 샀지만 몇 개 남지 않는다. 물론 쉽게 잘 퍼주는 성격 탓도 있다. 만약 필요한 물건을 한국에서 주문했다면 부모님 영양제, 옆집 아이 과자까지 샀을까? 물어보지 않을 수 없다.

이런 문제는 해외직구를 시작하면서 더 자주, 더 많이 생기게 된다. 결국 싸게 산다는 이유를 붙여 더 많이 사게 되는 것이다. 물론 따지고 보면 1개의 가격은 저렴할지 모른다. 하지만 거기서 멈추지 않는다는 것이 문제다. 2개, 4개, 10개가 되고 과도한 지출의 원인이 된다.

우리에겐 돋보기가 필요하다. 한 가지를 자세히 보아야 한다. 저렴하게 판매하는 외국 쇼핑몰의 주소를 아는 것도 좋지만, '자신에게 필요한 것을 구매하는 것'인지 확대해보는 것이 필요하다. 하나만 뜯어서 보면 확실히 저렴한 편에 속한다. 하지만 작은 불씨 하나가 뒷산을 태우듯 두루뭉술한 지출은 경계해야 한다. 불씨가 커지진 않을지 지출 환경을 꼼꼼히 단속하는 것이 현명한 방법이다.

그렇다면 지출 환경을 현명하게 관리하는 방법에는 어떤 것이 있을까? 먼저 자신의 변명을 적어보는 것이다. '정말 싸게 잘 샀어. 어차피 사야 할 물건이었어. 백화점에서는 100만 원이 넘는 물건이야.' 혹시 이런 말들로 자신의 선택을 합리화하지는 않는가 물어보는 것이다. 어떤 사람이든 자신의 잘못된 선택을 쉽게 수긍하지 않는다. 어떤 변명을 붙여서든 합리화해야 자신이 편해지기 때문이다. 소금을 넣으려다 설탕을 한 순갈 넣어버린 북엇국도 버리지 못한다. '괜찮아. 먹을 수는 있을 거야.'

돋보기 사용법

1 지금 당장 쓸 물건인가?

2 지금 당장 필요하다면 몇 개가 필요한가?

3 해외직구를 하지 않고 한국에서 사는 가격은 얼마인가?

4 그 물건을 해외직구로 구매함으로써 내게 이득이 되는 금액은 정확히 얼마인가?

5 이득이 된 금액으로 난 무엇을 할 것인가?

다시 한 번 강조한다. 해외직구는 돈을 절약을 위해 하는 것이다. 과소비로 이어져서는 안 된다. 직구를 이용하면 분명 지출해야 할 돈이 5만 원에서 3만 원으로 줄어들 수 있다. 이런 논리라면 당신에게 2만 원이 남아야 한다는 결론이 나온다. 하지만 당신과 나에게 남은 돈은 없다. 골드 등급의 회원정보만 남았을 뿐, 지갑은 비어 있다.

앞에서도 말했듯이, 독자는 이 책에서 얻는 것이 있어야 한다고 생각한다. 내가 줄 수 있는 것이 있고, 독자가 가져가야만 얻을 수 있는 것이 있다. 독자는 눈으로 읽고 검지로 책장을 넘기는 것만 하는 것이 아니다. 나의 말에 모두 동의하진 못하겠지만, 가끔은 보험회사 로고가 박힌 다이어리라도 가져와서 생각을 나열해야 한다. 이것은 나를 위해서가 아니라 당신이 쓴 책값을 회수하라는 의미다. 이제 움직일 시간이다. 홈쇼핑 앱을 연다. 어제 주문한 신발이 물류창고를 떠나기 전에 취소 버튼을 눌러라. 축하한다. 당신은 책값의 세 배를 회수했다.

301호와 302호는 나란히 대문을 마주 보며 살고 있다. 두 집은 아이가 한 명이라는 것과 남편이 벌어오는 월급이 비슷하다는 공통점을 가지고 있다. 다른 점은 그 집에 사는 엄마의 생활 습관이다. 결혼 전 자라온 환경이 같지 않은 것처럼 엄마들 또한 다른 생활 습관을 지닐 수밖에 없다(같은 재료로 다른 맛을 내는 아랫집 언니와 나처럼).

301호 엄마는 가계부가 없다. 한 달의 지출 목표도 없다. 수입의 대부분을 떠오르는 대로 구매하는 엄마이고, 302호 엄마는 그녀와 반대이다. 한 달의 지출 목표가 있고 가계부도 열심히 적는다. 저축 통장에 이름도 적혀 있다. 이제 그녀들의 일상을 훔쳐보자.

301호 엄마는 글씨를 예쁘게 쓰지 못한다. 다른 이들에게 글씨를 보여주는 것이 싫다. 그래서 메모를 하지 않는다. 머릿속으로만 생각한다. 그때그때 생각나는 대로 물건을 사면서 해결해버린다. 생활하다 보면 불편함을 느끼는 경우가 있다. 청소기 예를 들어보자. 만약 마음처럼 움직여 주지 않는 청소기 때문에 불편함을 느끼고 있다. 불편함을 느끼는 잠재의식은 우리를 편하게 해주기 위해 새로운 청소기를 사라고 말한다. 이것은 잠재의식의 역할이다. 우리를 안심시키고 안전하게 지키는 것이 잠재의식의 역할이다. 당장 불편하기 때문에 청소기를 사는 301호 엄마는 충실한 잠재의식의 역할로 30만 원을 지출한다. 며칠이 지나 홈쇼핑에서 절찬리에 판매 중인 스팀청소기가 좋아 보여 20만 원을 지출하여 불편함을 해소한다. 이것 또한 충실한 잠재의식의 역할이다. 글씨를 예쁘게 쓰지 못한다는 본인의 생각이 나쁜 습관을 만들어낸 것이다.

시간이 지나면 이런 행동들은 습관으로 자리매김한다. 미래는 지금과 별반 차이가 없어 보인다. 어쩌면 60대 이후에 정년퇴직한 남편과 작은 연금으로 생활하며 여가생활을 즐길 여유도 없이 시간 보내기만 하거나, 남은 40년을 케이블 방송을 벗 삼아 살아갈지도 모르는 일이다.

302호 엄마는 어떨까? 불편한 청소기는 이 집에도 있다. 10년이 된 청소기가 말썽을 부릴 때도 되었다. 불편함을 느끼고 있다. 잠재의식이 청소기를 바꿔서 편해지라고 속삭이고 있다. 하지만 302호 엄마는 지금 청소기를 바꿀 때가 아니라고 생각한다. 불편함을 해결할 다른 방법을 찾아본다. AS센터에 전화를 건다. 고장 난 부품이 3만 원이다. '앞으로 10년만 더 같이 살자. 내가 아껴줄게.'

302호 엄마는 생활비와 저축의 기준이 명확하다. 매달 생활비 통장에 돈이 남는 것은 아니지만, 적자인생은 막으려고 노력하고 있다. 지출에 분명한 선을 긋는 것은 손가락 사이로 흐르는 돈을 잡기에 효과적이다. 돈을 허투루 쓰지 않기에 2년에 한 번 가족여행도 계획한다. 물론 개인연금도 함께 준비한다.

두 집을 비교하는 이유가 뭘까? 만약 같은 계단을 이용하며 대문을 서로 마주 보고 있는 두 집에 해외직구라는 소비 방법을 알려주었다고 가정하자.

장담하는데 301호 엄마는 얼마 지나지 않아 카드 연체가 된다. 302호 엄마는 직구를 현명하게 사용해 다른 적금 통장을 하나 더 얻었을 것이다. 굳이 이유를 설명하지 않아도 예상했던 바였으니 넘어갈까 한다. 계획적인 소비가 중요하다는 것은 굳이 내가 잉크를 소비해 여백을 채우지 않아도 모두 알고 있다. 하지만 왜 계획적인 소비가 중요한가? 그러려면 어떻게 해야 하는가? 한 번쯤 우리 모두 고민해봐야 할 문제 아닐까?

CHAPTER 4

3분의 습관이 가져온 이상증세

학창 시절 나는 책을 읽지 않았다. 임신했을 때는 책을 읽어야 했다. 『임신과 육아』라는 우악하게 큰 책이었다. 2017년 즈음에 친구가 소개해준 책을 샀다. 이시다 히사쓰구의 『3개의 소원 100일의 기적』이다. 첫 장을 열고 이상한 기분이 들었다. 자꾸 쓰라는 것이었다. 그러면 소원이 이루어진다고 했다.

'적는다고 뭐가 달라질까?' 책을 덮고 싶었다. 이내 돈이 아까워졌다. '돈을 썼으니 일단 천 원이라도 건져야지.' 이런 심정으로 소원을 썼다.

소원을 쓰려고 혜정이에게 공책을 빌렸다. 펜을 들었다. 나는 충성을 맹세하는 신하처럼 고개를 숙였다. 그런데 쓸 수가 없었다. 고작 쓴 게 이런 거였다. '돈을 많이 벌었으면 좋겠고, 좋은 차를 가지고 싶다.'

책을 다시 펼쳐보니 구체적이고 명확하게 쓰라는 충고가 적혀 있었다. 그리고 과거시제로 적으라는 말도 있었다. 한참을 생각했다. '내 소원이 뭐지? 무엇이 나를 행복하게 해줄까?'

갑자기 다리가 저려왔다. 야옹, 야옹, 야옹. '아, 의자에 앉아서 쓰면 좋겠는데……' 그러고 보니 평소 작은 접이식 책상이 불편했다. 책상과 의자를 가지고 싶다는 생각이 들었다.

'내가 편하게 앉아 공부할 수 있는 책상을 가졌다.'

'내가 편하게 앉아 공부할 수 있는 책상을 가졌다.'

'내가 편하게 앉아 공부할 수 있는 책상을 가졌다.'

아, 감사합니다. 다 쓰고 나니 기분이 좋아졌다. 이미 책상과 의자를 가진 느낌이었다. '그래. 100일만 적어보자. 쓰는 데 3분밖에 안 걸렸어.'

하루 24시간 중에 딱 3분만 투자해보기로 결심했다. 정확히 16일 뒤 파란색 의자에 앉아 소원을 적었다. 소원이 이루어진 것이다. 과연 어떻게 이룰 수 있었을까?

소원을 적기 시작하면서 작은 변화가 생겼다. 혜정이와 대화가 많아진 것이다. 설거지를 하거나 빨래 정리를 할 때면 혜정이는 나에게 다가와 말을 걸었다.

"엄마! 나도 소원 적었어. 근데 소원은 언제 이뤄지는 거야?"

"글쎄. 언젠가는 이루어지지 않을까?"

나도 궁금했다. 물을 마시러 나온 남편이 다가와 말했다.

"당신 소원이 뭔데?"

"응? 내 소원? 내 책상 가지는 거……."

남편은 눈만 껌뻑이다가 아무 말 없이 주방으로 향했다.

혜정이와 나는 며칠 동안 같은 이야기만 했다. '언제 소원이 이루어지냐. 다음은 어떤 소원을 빌까. 왜 아빠는 소원을 안 쓰나.' 궁금한 게 많은 아홉 살이다. 내일이라도 램프의 요정이 날아왔으면 좋겠다. 그래야 궁금증을 채워줄 수 있으니…….

사실 책상을 사버릴까 생각도 했다. 하지만 썩 내키지 않았다. 아이에게 필요한 것은 바로 해결해버리는 편이었지만, 나에게 쓰는 돈은 묘하게 아까웠다. 선뜻 결정하지 못했다. '살까? 사지 말까?' 망설임에 머뭇거리던 어느 날, 남편의 문자가 왔다.

"이 책상 샀다. 의자도 샀는데 맘에 드나?"

나는 비명을 질렀다.

"우와!"

문자 속 URL을 눌렀다. 내추럴한 우드상판은 심플하면서도 모던했다. 특히 밝은 화이트톤의 철제다리는 마음에 쏙 들었다. 의자도 흰색이었다. 센스가 돋보였다. '우와!' 가격을 보고 한 번 더 놀랐다. 내가 예상하던 가격보다 반이나 저렴했다. 문자 속에 남편의 마음이 모두 담겨 보내진 것 같았다.

정확히 사흘 뒤 책상이 도착했다. 조립식 책상이라 남편이 손수 조립을 해주었다. 혜정이는 작은 손으로 책을 하나씩 책꽂이에 꽂아주었다. 완성이 된 후 제일 먼저 혜정이가 앉았다. 의자는 춤을 추듯 빙글빙글 돌았다.

"엄마 소원이 이루어졌네. 좋겠다."

그 순간 뭐라 말할 수 없는 기분이었다. 신기한 생각도 들었다.

'정말 이루어지는구나.'

의자에 앉아 있는 딸을 밀치고 당장 앉아보고 싶었지만 좋아하는 딸을 보니 차마 그럴 수가 없었다.

저녁에 남편과 이야기를 하다 듣게 되었다. 며칠 동안 계속 책상 이야기만 하고 있는 것이 안쓰러웠다고 했다. 내 성격을 아는 탓에 선뜻 사지는 못할 것이라 생각했고 다음 달 용돈을 아껴 쓰자는 생각으로 샀다고 했다. 곰곰이 생각해보니 자주 말하진 않았지만, 평소에 하지 않던 책상 이야기를 했던 것이 기억났다. 생활비를 쪼개어 사지 않았다는 것도 좋았지만, 남편이 내 마음을 알고 사준 책상이라 더 의미가 있었다.

'컬러 배스 효과'라는 것이 있다. 인터넷 포스트에서 본 적이 있는데, '색을 입힌다'라는 뜻을 가지고 있다고 한다.

한 가지 사물에 집중하면 그것만 유별나게 자주 보이는 현상을 겪어봤을 것이다. 인간의 뇌에는 의식과 무의식이 존재한다. 의식적으로 뇌에 신호를 보내게 되면 무의식이 작동하게 되어 있다. 신호가 무의식에 스며들고 나면 일부러 생각하지 않아도 눈과 귀는 알아서 찾아간다. 예를 들어 포트메리온 풀세트를 사려고 마음먹었더니 드라마 속 식사 장면에서 포트메리온만 보인다거나, 또는 대학축제 때 거대한 인파속에 묻혀 있어도 사랑하는 사람의 목소리는 또렷하게 들리는 경우, 이런 까닭은 충직하게 일하는 무의식이 존재하기 때문이다. 드라마 〈도깨비〉가 유행했을 때 내 꿈속에 공유가 매일 밤 찾아오던 것처럼 말이다.

이해하지 못한 이가 있다면 아래 지시사항을 따라해보라(참고로 읽는 즉시 실행하라).

거실에 앉는다. 눈을 감는다. 빨간색을 생각한다. 앉아 있는 소파 앞 거실을 상상한다. 따뜻한 분위기를 만들기 위한 스탠드 조명의 색깔, TV 옆에 놓여 있는 스투키의 화분 색깔, 작년 일본 여행에서 사온 마네키네코의 색깔, 이런 것들을 떠올려본다. 당신은 거실을 보고 있지 않지만 어떤 물체들이 아늑한 거실을 채우고 있는지 알고 있을 것이다. 눈을 지그시 감고 3분 동안 집중하자. 그리고 눈을 뜬다. 무엇이 보일까?

눈을 뜨자마자 빨간색 물건을 찾게 된다. 지속적인 생각이 빨간색 물체를 찾는 행동으로 나타난 것이다. 단지 3분 동안만 생각했을 뿐인데 눈을 뜨자마자 무의식적으로 빨간색 물건을 찾기 시작했다. 우리는 이런 현상이 왜 나타나는지 생각해볼 필요가 있다. 더 나아가 우리의 삶을 향상시키기 위해 어떻게 이용해야 할지도 고민해야 한다.

나는 오늘도 세 가지 소원을 적었다. 지금까지 이루어진 소원도 있고 아직 이루지 못한 소원도 있다. 소원을 이루기 위해 쓰는 시간은 단 3분이다.

소원을 적기 시작한 지 세 달쯤 지났을 때였다. 아이들을 재우기 위해 큰 방으로 향했다. 방은 따뜻했다. 몸이 노곤해지며 잠이 쏟아졌다. 자면 안 된다는 생각을 하면서도 나는 이내 잠이 들었다. 눈을 떠보니 한 시간이 지나 있었다. 소원을 적어야 한다는 생각이 들었다. 하지만 따뜻한 방에서 일어나는 것이 싫었다. 그냥 자기로 했다. 눈을 감았다. 머릿속에 활자들이 떠다녔다. '2018년 5월에 가족과 함께 해외여행을 다녀왔다.' 쉬이 잠이 오지 않았다. 30분가량을 나와 투쟁했다. '일어나서 적을까? 내일 한꺼번에 적을까?' 머릿속 과묵한 전쟁은 일어나서 적는 것으로 마무리되었다.

이제 와서 이야기지만 처음 소원 쓰기를 시작한 날은 '내가 왜 이런 걸 적고 있어야 하지?'라는 생각을 했다. 사실 책을 산 돈이 아까워서 쓰기 시작했다는 것은 에누리 없는 진심이다. 일주일쯤 지나고 나서 실제로 화가 났다. 그때부터 머릿속 전쟁을 겪었다. '써야 하는가, 쓰지 말아야 하는가.' 매일이 투쟁이었고 나약한 충성이었다. 적어도 나에게는 그랬다. 결정적인 순간은 안개가 손에 잡히던 그날이었다. 책상을 가지던 날. 머릿속 전쟁은 휴전을 선포하고 비로소 평화로워졌다.

그 이후 소원 쓰기는 나에게 습관이 되었다. 쓰지 않으면 잠이 오지 않았고, 세탁기 시작버튼 누르고 세제 안 넣은 기분이었다. 꼭 해야 하는 임무가 되었고 나는 이선 헌트(영화 〈미션 임파서블〉 주인공)가 되었다. 보라색 다이어리를 덮으며 '미션클리어'를 외치기도 했다. 습관이 된 소원쓰기는 매일 아침 나에게 명령하는 듯했다. "가족 여행을 가기 위해 4월까지 초고를 완성해야 한다. 글을 써라." 실제 4월에 이 책의 초고를 완성했다(지금은 퇴고 중이다).

소원 쓰기는 나를 매일 움직이게 하는 원동력이 되었다. 나는 소원을 쓰며 상상했다. 때로는 화려한 선율에 매료되어 춤을 추는 댄서 같았고, 때로는 황홀한 풍경에 취해 캔버스를 채우는 화가가 된 것 같았다. 상상하는 것만으로 이미 현실이 된 것 같은 기분이었다. 나는 비로소 전쟁을 종식시킨 영웅이 되어 있었다. 영웅이 집에서 놀아서야 되겠는가. 전쟁으로 무너져 내린 민중의 마음을 다스리고, 지겨운 내부 갈등을 끝내고 세계평화를 위해 움직여야 할 것이 아닌가.

어쩌면 나는 선물을 받은 것인지도 모른다. 책 한 권은 나에게 좋은 습관을 주었다. 그리고 움직일 수 있는 용기를 주었다. 다른 소원도 이루고 싶은 욕구를 주었다. 사람이 변한 것이다.

혹시나 당신이 심각한 내분을 겪고 있다면 이것 하나만 명심했으면 한다. 비록 지금은 머릿속 전쟁 중에 있을지라도 하루 3분만, 단 3분만 당신에게 시간을 내어준다면 언제든 당신도 영웅이 될 수 있다고 말이다. 하나 덧붙이자면 퇴고를 하고 있는 지금은 2018년 10월이다. 앞에서 이야기한 대로 '5월에 가족과 해외여행을 갔다'라는 소원을 적었다. 과연 나는 소원을 이루었을까? 2018년 5월 18일 가족 모두와 발리로 여행을 갔다. 더 자세히 얘기하자면 남편과 나의 돈은 100

만 원도 쓰지 않았다. 믿지 못하는 분이 있다면 나의 페이스북을 방문해보라(이것도 진짜 에누리 없는 진실이다).

CHAPTER 5

지름신과의 만남

"날씬한 몸매를 원하십니까? 그렇다면 ○○○ 운동기구가 도와드리겠습니다."

21kg가 늘었다. 결혼 후 첫아이를 가졌을 때의 일이다. 20대 시절엔 친구들이 '젓가락'이라고 놀렸다. 다리에 살이 하나도 없어서 젓가락 두 개가 걸어 다니는 것 같다고 했다. 하지만 임신한 몸이 되니 67kg를 넘어가고 있었다. 그때의 이야기를 잠시 해볼까 한다.

입덧이 끝날 때쯤 또래 친구가 점심을 사준다고 했다. 입덧으로 못 먹고 고생하는 것이 안쓰러웠나보다. 10년 지기 친구는 일찍 결혼을 했다. 첫아이가 열 살이다. 친구를 만나서 맛있는 점심을 얻어먹었다. 커피는 마실 수 없으니 유자차를 주문했다. 고등학교 시절 쉬는 시간에 빵 사 먹으러 매점 갔다가 늦어서 벌섰던 일, 엄마에게 스쿨버스비 받아서 노래방 갔던 일(그 일로 한 달을 걸어 다녔다), 교복 치마 짧게 입으려고 허리춤을 접어 올렸다가 학주에게 혼난 일 등 재미있는 학창 시절 이야기로 꽃을 피웠다. 공통 관심사가 떨어졌다. 아이 자랑으로 넘어갔다. 초등학생을 둔 학부모 이야기는 전혀 이해할 수 없었다. 그때는 임산부였다. 공감대가 생기지 않았다. 어느새 나는 듣고만 있었다. 할 말이 없으니 재미가 없었다. 친구와 점점 멀어져갔다(차라리 남편 흉을 볼걸 그랬나 싶다. 그랬다면 하루 종일 말할 수 있는데).

나와 남편도 공감대가 없는 것은 마찬가지였다. "쿡쿡 찌르는 건 가진통일까? 진진통이 오면 어떻게 다를까? 정말 많이 아플까? 10톤 트럭이 허리를 밟고 지나가는 고통이라던데 어떻게 해야 하지?" 온갖 걱정들로 사로잡혔다. 이런 푸념들을 하다 보면 남편은 쓸데없는 걱정한다며 투덜거렸다. 남편에게 태교 책을 읽어달라고 했다. 5분도 채 되지 않아 남편은 책을 덮었다(쓸데없는 짓을 또 했다).

아이를 배 속에 품은 열 달은 느리고도 빨랐다. 걱정 반 기대 반으로 열 달을 보냈다. 임신 기간 중에 제일 좋았던 것은 임산부 모임이었다. 임신 5개월 때부터 모임에 나가기 시작했다. 걱정이 같았다. 정보도 많았다. 엄마들이 재미있었다. 하루도 찡그리거나 다툰 적이 없었던 것 같다. 마치 나에게는 교회 같은 곳이었다. 예비엄마들의 이야기는 목사님의 설교 같았으며, 일주일에 한 번이라도 참석하지 않으면 전화가 왔으므로.

출산 일정은 모두 달랐다. 아이들이 태어나면서 모임은 잠시 주춤

한 듯했다. 하지만 이내 다시 복구되었다. 몸조리를 끝내고 외출이 가능할 즈음에 우리는 다시 불타올랐다. 일주일에 두 번씩은 이런 만남을 가졌던 것 같다. 식당이나 카페를 갈 수 없으니 대부분 집에서 만났다. 10명이 차례대로 거실을 내어주었다. 돈독한 우정이 생겼다. 사소한 것도 신경을 썼다. 방문자들은 10리터 쓰레기봉투를 미리 준비했다. 다섯 시간 이야기를 하려면 20리터가 필요했다. 두 시간에 한 번씩은 기저귀를 갈아야 했기 때문이다. 두어 명의 아이가 응가를 하게 되면 한 뭉치 물티슈가 덤으로 버려졌다. 가끔은 20리터가 모자랄 때도 있었다. 해산할 때는 집을 깨끗하게 치우고 쓰레기도 버려주었다.

이렇게 사소한 것을 챙겨주기도 하지만 사소한 것이 보이기도 한다. 누워 있는 아이들이지만 외모에 유독 신경을 쓴다. 웬만한 어른보다 거창하다. 여자아이들의 머리에는 리본 핀, 집게 핀, 똑딱 핀 가지각색의 핀이 꼽혀 있다. 머리핀과 핑크색 옷은 중요한 표식이다. 가끔은 하얀 레이스가 달린 치마도 입고 온다. 100일이나 150일 성장 사진을 찍고 올 때다. 그중에 유독 엄마들 눈에 띄는 것은 아이들 왼쪽 가슴에 그려져 있는 마크들이다. 강아지 모양, 말 모양, 알파벳 모양은 아이들이 입고 있는 옷의 가격을 말해준다. "우리 예빈이, 이모보다 더 비싼 옷을 입었네."

엄마는 화장을 할 수가 없다. 우유를 먹고 트림을 시키려면 아이와 얼굴이 맞닿는다. 비비 팩트라도 바른 날이면 아이의 얼굴도 뽀샤시하다. 옷도 마음대로 입을 수 없다. 우스갯소리로 말하는 '부의 상징인 앙

고라'도 입지 못한다. 니트 티셔츠도 입을 수 없다. 앉았다 일어서기를 반복하기에 치마 역시 입을 수 없다. 엄마들이 제일 편한 복장은 편한 청바지와 흰색 면 티셔츠다. 냄새도 나면 안 된다. 처녀 시절 뿌리던 샤넬 NO.5는 화장대 구석에서 먼지와 빠이팅을 하고 있다.

이런 상황이다 보니 엄마들은 아이들에게 더 열중한다. 신생아는 3~4개월이면 훌쩍 커버린다. 브랜드 옷은 한 번 입고 옷장으로 직행이다. 둘째가 같은 성별이면 그나마 다행이다. 물려 입힐 수 있으니 말이다. 둘째가 태어난다고 해도 같은 성별이라고 장담할 수도 없는 노릇이다. 한 번 입고 버릴지라도 몇십만 원의 옷에 투자를 한다. 아이 로션도 신중히 구매한다. 인터넷 서핑은 기본 한 시간이다. 블로그에서 수많은 제품들을 추천해준다. 유해 성분이 없고 천연화장품이라고 엄마들을 유혹한다. 용량도 크지 않은 로션들이 내 스킨 가격보다 비싸다.

여자에서 엄마가 된 후 자신을 꾸미는 일보다 더 중요한 것이 생긴다. 아이를 먹이고, 재우고, 씻기고, 입혀야 한다는 것이다. 즉, 자신이 보살펴야 하는 대상이 된다. 엄마에게서 육아란 인생에서 중대하고 고귀한 일이다. 이런 일을 어찌 허투루 할 수 있을까. 주근깨가 보이게 민낯으로 외출을 해도, 꽃무늬 원피스를 입지 못해도, 어제 입은 티셔츠에서 분유 냄새가 솔솔 풍겨도 엄마는 멈출 수 없다. 어쩌면 자신에게 쏟아야 할 에너지를 아이에게 쓰는지도 모른다. 이를테면 대리만족 같은 것이다.

자신보다 더 소중한 자녀이기에 제일 좋은 것만 해주고 싶은 마음이다. 광고는 엄마들의 고귀한 마음을 이용한다. 적어도 출산 전, 후 임산부나 엄마는 그렇다. TV에서는 아토피로 힘들어하는 아이들을 위해 특별한 크림을 소개하고, 황후의 자손이 먹는다는 분유도 소개한다. 때론 가격이 보통 수준에서 생각하는 것보다 높다. "그렇게 비싼 크림을 써야 하나? 비싼 분유 먹인다고 뭐가 달라지나?" 볼멘소리도 심심치 않게 들려온다. 하지만 육아의 현실을 직접 맞닥뜨리게 되면 생각이 바뀐다. 놀이동산에서 바이킹을 타기 위해 줄을 선다. 소리를 지르는 사람들을 보며 웃는다. 결국 자신의 차례가 되면 제트기가 머리에 뜬 듯 소리를 지른다. 어느 누구도 직접 경험해보지 못하면 모르는 법이다.

그렇다면 엄마의 사랑으로 특별한 것만 주는 것이 옳은 것일까? 문제는 과도한 욕심이다. 자신의 소득 수준을 파악하는 것이 먼저다. 과도한 지출이 있어서는 안 된다. 어느 적정 수준에서 멈춰야 하는지 알아야 한다. 만약 음식장사를 하는데 수입보다 광고비가 많아서야 되겠는가. 과유불급이다. 자신의 울타리 안에서만 놀아야 한다. 밖에 나가봤자 진흙만 묻혀온다.

과한 지출이 지속되면 연쇄반응이 일어난다. 특별한 것은 만족감을 준다. 즐거움이 느껴지니 행복해진다. 행복감을 느끼기 위해 반복적인 행동을 한다. 습관이 된다. 자녀를 사랑하는 마음과 쇼핑의 만족감이 만나면 시너지가 생긴다. 통장이 바닥나거나 빚이 남는다. 의식하지 않으면 빚의 수렁에 빠질지도 모른다. 습관을 의식해야 한다. 엘사의 방을 안나가 계속 두드리는 것처럼.

이주탄작以珠彈雀이라 했다. 작은 것을 얻으려다 큰 것을 손해 보게 된다는 뜻이다. 당장은 아이가 먼저일 수 있다. 하지만 시간이 지나면 모두 부질없는 일이 된다. 만약 아이가 커서 이렇게 말한다면? "우리 집은 왜 돈이 없어?" 이미 때는 늦었다. 특별한 크림과 세자가 먹는 분유를 먹여서 그렇다고 대답할 수밖에 없다.

나도 길을 잃고 미로를 헤맸다. 둘째가 9개월쯤 되었을 때 아토피가 생겼다. 병원에 가보니 로션과 크림을 추천해줬다. 작은 튜브 하나에 3만 원이 넘는 가격이었다. 한 달에 두어 번은 로션과 크림을 사야 했다. 초록색 창에 검색하니 엄마들의 후기가 넘쳐났다. 가격도 아주 착했다. 직구로 구매하면 반값이었다. 검색의 힘을 빌려 국제 배송비가 없는 곳을 찾았다. 절제할 수 있다고 비장하게 달려들었다. 장대한 포부는 완패였다. 로션을 10개 주문하고 유기농 과자, 입욕제까지 샀다. 아들의 아토피는 돌잔치 이후 차츰 사라졌다. 결국 화장대에서 유통기한이 지난 채로 방치되었다. 그날도 지름신은 나를 반겼다.

지름신은 여차하면 달려든다. 가만히 두면 깨물기도 하기 때문에 잘 다스려야 한다. 자신도 함께 단련해야 한다. 어떻게 훈련하고 연마해야 할지 고민을 해보았다.

먼저 자신과의 대화다. 지름신이 강림하는 때를 물어봐라. 진실한 대답이어야 한다. 이러쿵저러쿵 변명은 금물이다. '친구들과 함께 쇼

핑할 때, 소셜 마켓을 이용할 때, 아이들 옷을 살 때, 남편과 싸웠을 때.'

생각이 나지 않는다면 카드 명세서를 보는 것도 방법이다. 일단 대답을 종이에 적는다. 적고 나면 두루뭉술한 원이 보일 것이다. 원 안에 있는 자신이 보인다. 실체가 보이기 시작하면 자신이 어떤 사람인지 알 수 있다. 과시를 좋아하는 사람이라던가, 절제가 되지 않는 사람이라던가, 감정 기복이 심하다던가, 자신이 보이기 시작한다. 쇼윈도 거울 앞 자신의 모습은 진짜가 아니다. 흔히 옷 가게에 있는 거울 같은 것 말이다. 실제로 길지 않은 다리인데 쇼윈도 거울에는 날씬하고 긴 다리를 가진 사람이 비친다. 알고 보면 거울 속 사람은 자신이 아닌데도 속임수에 속고 만다. 진실한 모습을 보아야 한다. 비록, 수선 집에 가서 바짓단을 줄이는 자신이 비참해 보일지라도 현실을 직시해야 한다. 아등바등 우겨봐도 소용없다. 안방에 있는 거울 속 모습이 진짜다.

당신은 자체로 예쁘다. 존재하여 아름답다. 참말이다. 거울이 변해도 당신은 변함이 없다. 그것이 진리이다. 가끔 현실에 지쳐 엉터리 쇼에 속기도 하지만 이 세상 유일한 존재다. 적어도 당신의 보금자리 안에서는 그렇다. 어차피 외부인들에게 잘 보일 필요도 없지 않은가. 그러니 자신의 진실한 모습을 넋 놓고 바라보라. 찬란하게 핀 당신을 맞이하라 내가 증인이 될 터이니.

두 번째는 내적 갈등을 해소하는 일이다. 감정 조절이 불가능할 때 폭식을 하거나 과소비를 경험한 적이 있을 것이다. 의지력으로 해결이 되지 않는다. 뇌는 허점투성이다. 의지력만을 믿어선 곤란하다.

안전망이 붕괴되었는데 자신 안에 있는 의지력이 힘을 발휘할 수 있겠는가. 어디로 튀어도 이상할 것이 없는 럭비공이다. 분명 내적 갈등이 없을 수는 없다. 살아가는 동안 꾸준히 공격한다. 의지력으로 안 되니 수비도 힘들다. 그렇다면 어떻게 하는 것이 안전할까? 다른 비상구를 물색하면 된다. 잠긴 문 두드려도 경비 아저씨 없이는 못 연다. 그러니 열린 문을 수색하는 것이 좋다. 책을 사랑하던 문학소녀였다면 독서에 빠져보고, 꽃을 좋아하던 아가씨였다면 꽃을 키워보고, 영화를 즐기던 색시였다면 영화 감상평을 쓰면 된다. '나는 할 줄 아는 게 없는데'라는 말로 나를 실망시키지 않길 바란다. 우리는 1억 분의 1의 경쟁을 뚫고 수정된 자아다. 그러니 분명히 있다.

"믿고 첫걸음을 내디뎌라. 계단의 처음과 끝을 다 보려 하지 말고 그냥 발을 내디뎌라."

_마틴 루서 킹

나를 믿고 여기까지 와주어 고맙다. 이제 우리는 함께 첫걸음을 내디딜 것이다.

CHAPTER 6

잠깐만요. 뭐라고요?

무덥고 허덕거리는 여름이 지나 무릎이 시려오기 시작한다. 그러면 의례적으로 하는 일이 아이들 옷장 정리다. 혜정이 방 한쪽 벽면에는 서랍장 세 개가 연결되어 있다. 서랍장 위쪽은 보관용, 아래쪽은 사용용으로 구분된다. 계절이 바뀌면 서랍장 하나를 통째로 뺀 뒤 위쪽을 아래로, 아래쪽을 위로 바꿔주기만 하면 된다. 화장실 두루마리 휴지를 채우는 것보다 쉽다.

전날 밤 레고 집짓기를 하면 다음 날은 발이 아프다. 빨강, 파랑 사각 블록들이 발을 쏘아대기 때문이다. 발이 만신창이가 되던 날, 큰 방에 있는 서랍장 네 칸을 비운다.

'더 이상 발아래 블록을 허락할 수 없다.'

외출복과 실내복으로 구분한 뒤, 아이들에게 당부를 한다.

“이제 옷은 여기 있다. 내복은 여기, 외출복은 여기다. 알았제?”

당장 불편함은 해소되지만 사계절이 지나는 동안 네 번의 옷장 정리가 기다리고 있다. 긴팔을 꺼내 넣다 보니 작아진 옷들, 물감으로 얼룩진 옷들, 무릎에 구멍이 난 옷들이 보인다. 정리 타임에 들어간다. 떡 본 김에 제사 지내야겠다. 티셔츠 팔 길이는 혜정이의 팔목을 넘어 팔꿈치를 노리며 등산을 하고 있다. 정리를 마치고 나니 버릴 옷이 한가득이다. 서랍장은 사군자를 치며 여백의 운치를 즐기는 옛 선인이 되어버린다.

‘갭, 올드네이비 최고 70% off’

‘폴로 세일 상품 40% 핫딜’

여백을 채우기 위해 컴퓨터를 켠다. 직구 핫딜 게시글에 눈은 빠르게 움직인다. 원피스, 투피스 세트, 로고 박힌 티셔츠 사고 싶은 것들이 너무 많다. 잔잔한 꽃무늬로 치마를 장식한 원피스가 눈에 들어온다. 깔끔한 진청바지 위에 큐빅으로 장식된 GAP 로고 티셔츠를 입으면 아이 등교 데일리 룩으로 그만이다. 바람이 쌀쌀하니 니트 카디건도 장바구니에 담는다. 이것저것 담다 보니 모니터 상단 바구니에 19라는 숫자가 보인다. ‘200달러가 넘겠구나.’ 결제의 시간이다. 다음 달 들어올 월급을 당겨써야겠다.

핸드폰 알림이 울린다. 카페에 등록해둔 ‘폴로 세일’ 알림이다. 세일 코드가 바뀌면서 중복 할인이 된다는 내용이다. 아들의 옷장 여백을 채울 시간이다. 백화점에 가면 5만 원이 넘는 폴로 옷을 만 원에 해결했다는 생각에 뿌듯하다. "역시 이 맛에 직구 하지."

핫딜이라는 글자가 두 눈에 들어오면 낮과 밤의 구분은 없다. 먼저 사고 보는 거다. 어쨌든 싸게 산 건 사실이다. 그러곤 자기합리화를 한다. '정말 싸게 잘 샀어. 백화점에선 꿈도 꿀 수 없는 가격이지.' 한밤중 울리는 핫딜 알림 소리에도 눈은 번쩍 떠진다. '나는 알뜰한 주부니까. 놓칠 수 없어.' 게시글을 확인한 후에야 다크 서클 내려온 눈을 감는다.

티셔츠 왼쪽 가슴에 새겨진 폴로 마크는 주부들을 유혹한다. 아장아장 걷는 아이들도 폴로 마크가 새겨진 옷은 하나쯤 있다. 둘째가 태어나면 네 명은 폴로 옷을 입고 가족사진을 찍는다. 우리 가족도 그 유혹을 뿌리치지 못했다. 깔끔한 디자인과 폭넓은 사이즈는 가족 티셔츠로 선택되기 딱 좋은 이유다. 굳이 이유를 하나 더 붙인다면 한국에서는 비싼 옷으로 불리기 때문이 아닐까 짐작도 해본다. 어쨌든 한국에서 폴로 가족 티셔츠를 사기 위해 지출해야 할 예산은 20만 원 내외다. 만약 당신이 가족 티셔츠를 구매하려 백화점에 갔는데 반쯤 가격을 깎아준다면 어떻겠는가. "저는 안 깎아주셔도 돼요. 정가로 계산해주세요"라며 카드를 내밀겠는가 말이다.

이런 유혹은 일상생활에서도 흔히 볼 수 있다.

드라마 〈도깨비〉를 보기 위해 채널을 돌리다 손이 멈춘다. '이런 최저가는 만나보지 못했을 겁니다.' 2만 원짜리 비비 크림을 판매하고 있다. 화장을 반쯤 지우고 비비크림을 바른 곳과 안 바른 곳을 비교해 보여준다. 티슈를 얼굴에 묻혀 떼어내도 묻어나지 않는다. 유분기가 없어 오래도록 촉촉한 피부를 연출할 수 있다고 한다. 한 달 전 산 비비크림이 갑자기 내일 바닥이 날 것 같다. 아니다. 딸아이가 장난을 치다가 쏟을 것이 분명하다. 하여튼 분명 없어질 비비크림이다. '사야 한다. 사고 싶다.' 그런데 2+2 상품이란다. 2개가 공짜다. 핸드폰 앱으로 할인쿠폰을 받으면 2천 원이 더 할인된다고 한다. 매진이 예상되는 상황이라며 쇼호스트가 기뻐한다. 어느새 핸드폰을 들고 있다. 그리고 산다. 다음 달 보너스 일부를 당겨써야겠다.

그렇다면 우리는 어떻게 사야 하는 것일까?

만두를 만드는 과정을 TV에서 본 적이 있다. 신선한 재료가 공장으로 들어온다. 부추는 이물질이 들어 있을 확률이 높기 때문에 세척에 신경을 써야 한다고 했다. 물로 여러 번 씻어서 다음 공정으로 옮긴다. 고기는 냉동된 상태로 들어오는데 '얼어 있는 고기를 다듬는 것이 어렵다'고 일하는 사람이 말했다. 각 부위를 다듬고 작게 자르는 과정을 기계가 맡았다. 각 야채들도 신선한 상태에서 씻고 자르는 과정을 거친다. 재료들이 만나는 장소에 반죽과 기계들이 각자 자리에 배치되어 있다. 기계들은 만두피에 만두소를 넣고 급속냉동으로 얼리기 시작했다. 얼려진 만두는 컨베이어벨트를 타고 봉지 속으로 직행했다. 포장이 이루어지고 마트로 이동한다. 만두를 만드는 과정이 카메라에 담겨 내 눈으로 직행했다.

지출의 경우도 마찬가지다. 재료를 다듬고, 자르고, 합치고, 뿌린다. 재료를 다듬는 것은 수입과 같다. 수입이 늘어나면 저축도 늘어날 것이라고 생각하지만 결코 정비례하진 않는다. 그렇다고 반비례한다고 단정 지을 수도 없다. 재료를 잘 다듬는다고 해서 만두가 '맛이 좋다' 또는 '맛이 없다'로 결정되는 것이 아니라는 말이다. 국회의원이라는 이름표를 얻는다고 해서 꼭 나라를 위해 일함을 의미하지 않는 것처럼.

다음은 자르는 단계다. 지출은 잘라야 한다. 한 달 나눠지는 고정지출, 움직이는 유동지출, 의식주에 필요한 각종 지출을 잘 나누고 관리하는 단계이다. 잘 다듬어진 재료를 관리하지 않으면 어떻게 될까. TV에서 본 공장에서는 점심시간에도 만두피를 싸놓고 속 재료를 감싸놓았다. 만두피가 마르는 것을 예방하고 혹시나 모를 일에 대비하기 위해 속 재료통을 덮는다는 것이었다. 예방의 손놀림이 지출에도 필요하다.

다음은 합치는 단계다. 합치는 단계는 적절한 소비를 말한다. 자르는 단계에서 계획한 대로 잘 적용했는지 알아보는 것이다. 만두피를 펼쳐놓고 만두소를 넣는다. 부족하거나 과할 수 있다. 자신에게 맞는 맛을 찾는 것이 중요하다. 어린아이들은 큰 만두가 부담스러울 수 있다. 작은 물만두를 선호하거나 쫀득쫀득 감자피를 싼 만두를 좋아할지도 모른다. 자신의 입맛에 맞는 만두를 찾는 최고의 방법은 계속 만두를 빚어보는 것이다. 만약 적당한 속을 넣지 않으면 홀쭉하고 볼품없는 만두가 될 것이고, 과하게 많은 속을 채우면 만두가 터진다. 제품을 믿고 산 고객의 속을 터지게 할 수도 있다.

이제는 뿌리는 과정이 남았다. 저축을 의미한다. 마트에 공급하는 과정이라 이해하면 편하겠다. 동네 작은 마트에 한 박스를 가져가봐도 결국 냉동실에 넣는 만두는 한 봉지다. 그럼 홈○러스에는? 한 트럭도 모자랄 판이다. 이처럼 맞는 곳에 뿌려야 한다. 주식, 투자, 저축을 적당하게 뿌리는 작업이 필요하다. 혹시 비중을 어디에 둬야 할지 궁금한가? 대답을 해주자면 '어디에서 싹이 트고, 꽃을 피울지 나는 알 수 없다'.

이처럼 모든 지출을 체계화해야 한다. 어떤 옷이 필요하며 내일 어린이집에 가는 아이에게 어떤 옷을 입히고 싶은지 생각하고 메모해야 한다. 한 달 써야 할 생활비는 고정되어 있는데 예쁘고 마음에 드는 옷이라고 사기 시작하면 끝이 없다. 기록하지 않으면 개미지옥은 시작될 것이고 쏜살같이 달려드는 충동을 잠재우지 못하게 된다. 나 또한 나쁜 습관을 가지고 있었다. 그래서 '사고 싶은 것을 참는 것'이 쉬운 일은 아니라는 것을 알고 있다. 하지만 잘 쓰고 잘 살고 싶다면 나쁜 습관을 알고 바꾸어야 한다.

사람은 감정과 이성이 충돌한다고 한다. 친구 따라 아이쇼핑을 갔던 날, 정작 가자고 했던 친구는 빈손이고 자신의 손은 쇼핑백으로 가득 찬 기억이 누구나 한 번쯤 있을 것이다. 이성은 '지금 필요하지 않아', 감정은 '가지고 싶다'라고 말한다. 당신이 선택하고 구매하는 것은 이성보다 감정이 영향을 받았다는 뜻이다. 한마디로 지금 필요하지 않고, 중요하지 않은 제품인데 감정에 이끌려서 사게 된다. 이런 지출이 자주 생기고, 장시간 스며들게 되면 나쁜 습관으로 굳어진다. 즉 당신에게 독이 되어 몸속에 계속 남아 있게 되는 것이다. 그렇다면 나쁜 습관을 바꾸기 위해 당신이 해야 할 일은 무엇일까?

하버드 졸업 축사를 본 적이 있다. 다섯 가지 질문에 대한 이야기였다. "잠깐만요. 뭐라고요? 나는 궁금한데요? 우리가 적어도 할 수 있지 않을까요? 어떻게 도울까요? 무엇이 가장 중요할까요?" 이 다섯 가지 질문은 느닷없이 찾아온 마지막 순간에 '그럼에도 불구하고 당신은 이 삶에서 원하는 것을 얻었습니까?'라는 질문에 스스럼없이 답변을 할 수 있다고 이야기한다.

자신에게 질문을 던지는 것이 어떠한 결과를 가져올까?

나쁜 습관을 바꾸기 위해 제일 필요한 질문은 첫 번째 질문이다. '잠깐만요. 뭐라고요?'라는 질문은 자신의 문제를 느낄 수 있도록 시간적 여유를 주기 때문이다. 감정에 이끌린 선택은 아닌지, 잠깐의 만족감을 위한 선택은 아닌지 판단할 수 있는 시간이다. 문제의식을 가진다는 것은 어떠한 행동을 해야 하는지 결정하는 뿌리가 된다. 온갖 자질구레한 변명과 궁색한 핑계가 질문에서 걸러질 수 있다는 뜻이다. 자신에게 질문하고 대답을 적어본다. 오래하지 않는다. 21일만 해보자. 대답을 적은 공책은 자신의 사용설명서가 될지 모른다.

아인슈타인은 말했다. "똑같은 방법을 반복하면서 다른 결과가 나오기를 기대하는 사람은 정신병 초기 증세다"라고.

이 말에 공감한다. 만약 나쁜 지출 습관을 계속 가지고 있었다면, 만약 해외직구 방법에 대해 궁금해하지 않았다면, 어떠했을까? 나쁜 습관을 벗어던지지 못했을 것이고, 어떻게 해야 할지 생각하지도 않았을 것이다. 결국은 이렇게 책을 쓰고 있지도 않을 것이다. 우리는 살아가면서 계단을 오른다. 첫 계단을 오른발로 딛고 올라서게 되면 왼쪽 발은 자동으로 따라오게 된다. 개인마다 계단의 수가 다르지만 나는 첫 계단에 발을 내디뎠다. 결심만 한다면 언젠가 우리가 원하는 저 꼭대기로 올라갈 수 있다.

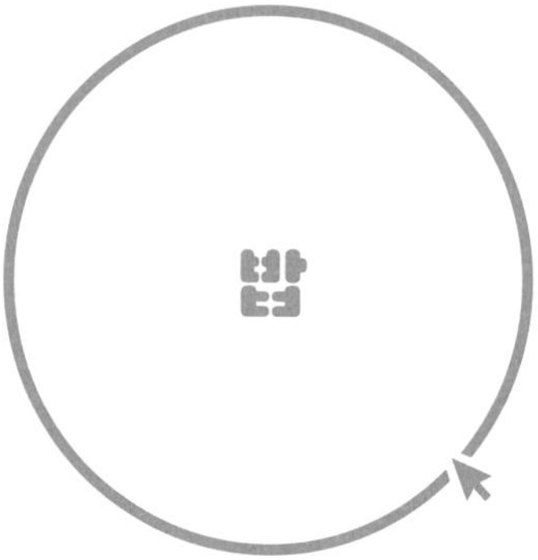

친정 부모님은 내년이면 바라고 바라던 버킷리스트 중 하나를 이루려 하고 있다. 부모님의 버킷리스트는 집이다.

내가 열여섯 살 때쯤으로 기억을 한다. 10년 정도 된 아파트를 큰 빚 없이 아빠 이름으로 등기를 했다. 집을 산 것이다. 이사를 많이 다니진 않았지만 그때만 해도 포장이사란 게 없었다. 엄마는 어린 우리들이 학교를 갔을 때 이삿짐을 쌌다. 당장 저녁에 써야 할 물건들을 분류해 남겨놓고 이사 당일 새벽 일어나셔서 정리를 하셨다. 아침을 먹고 나면 부리나케 설거지를 하고 물기 없이 닦아서 깨지지 않게 신문지를 하나씩 감쌌다. 그때의 이불은 목화솜 이불이었다. 혼자 들지 못할 무거운 이불이었는데도 예쁘게 접고 또 반을 접어 이사용 이불 보자기에 넣었다. 아주 긴 끈을 밑으로 넣어 감고 반대로 빙빙 두 번 감쌌다. 엄마는 어디서 나오는지 모를 힘으로 혼자 열심히 싸곤 하셨다. 그렇게 몇 번을 이사를 하고 나면 이사가 지긋지긋해진다. 이사를 마치면 내가 쓰는 학용품과 책을 정리해야 했다. 그릇에 쌓여진 신문지와 이사 박스는 쓰레기로 변하는 시간이 온다. 그렇게 살아온 부모님이 집을 가진다는 것은 그야말로 경사 중에 경사였다. 몇 년이 된 아파트라 보수 공사를 해야 하는 집이라도 행복해하셨다.

그 집에서 나는 학창 시절을 보냈고 신랑의 첫인사 자리로도 이용했다. 오래된 집에 살면서 조금씩 보수 공사를 하다 보니 깔끔한 엄마 성격에도 한계는 있었다. 울퉁불퉁 찢어진 장판, 곰팡이가 서린 구석자리 벽. 그래서 엄마 아빠는 새로 지어진 다 갖춰진 집을 가지는 게 소원이었다.

어느 날 아빠는 창원 아파트 모델 하우스에 들렀다가 약간 과하다 싶을 정도의 집을 덜컥 계약을 하고 왔다. 짠순이처럼 산 엄마의 지난날들이 힘을 발휘했지만 그래도 조금 부족한 돈을 융통해야 했었다. 엄마 아빠 성격상 아들딸에게 돈 이야기는 지금껏 하지 않았다. 하지만 그때는 예외였다. 몇 달 후면 엄마 아빠가 몇 년을 부어온 적금이 만기가 되는 상황이었는데 급전이 필요했던 것이다.

"현주야, 혹시 돈 좀 모아둔 거 있나? 아빠가 창원 집 계약하는데 몇 달 있으면 적금 만기가 된다. 그때까지 돈 좀 빌릴 수 있겠나?"

부모님 성격상 하지 않던 말이라 고민할 시간도 없이 대답했다.

"네. 600만 원 정도 있어요."

"혜정 아빠에겐 말하지 마라. 괜히 책잡힌다."

자식이 배우자에게 흠 잡힐 일을 어느 부모가 좋아하겠는가?

"괜찮아요. 알아도 뭐라 할 사람도 아니지만 내 돈 있으니 그 돈 편하게 쓰세요."

남편은 시시콜콜 따지는 사람도 아니고 그런 일로 우리 집을 흠잡을 사람 또한 아니었다. '굳이 알릴 필요가 있을까'라는 생각에 아직도 말하지 않았다.

남녀가 결혼을 해도 모두를 공유하진 않는다. 특히 양가의 일이라면 더욱 그렇다. 나쁜 일이건 좋은 일이건 굳이 알리지 않아도 되는 것은 말하지 않는다. 부부 사이에 공유하기 힘든 일들 때문이라도 비상금은 꼭 필요하다. 이때가 내가 조금씩 모아온 비상금이 빛을 발하고 통장 밖으로 뛰쳐나온 날이다.

다른 이유가 생길 수도 있다. 친한 친구들이 갑자기 해외여행을 간다며 계획을 잡는데 나만 쏙 빠지면 기분이 어떨까? 돈이 없어서 못 간다고 이야기할 수 있을까? 아니면 신랑에게 해외여행을 가야 하니 모아 놓은 적금을 깬다고 말을 할 수 있을까? 또 다른 이유도 한번 생각해보자. 하루건너 하루 백화점을 들락거린다. 나올 땐 손에 아무것도 들고 있지 않고 '휴~' 한숨만 나오는 날. 며칠 지나고 같은 백화점 문턱을 넘지만 결과는 똑같다. 빈손.

여자들이 받고 싶은 선물 1위는 무엇일까? 바로 가방이다. 내가 사는 지역에는 명품 매장이 많지 않다. 그래서 가방을 보기 위해서는 대구까지 가야 한다. 친구와 휴일을 같이한다. 혹을 달고 명품 매장을 간 것이 몇 번이고 된다. 뛰지 못하게 막고 만지지 말라고 막는다. 잔소리해가면서 구경을 해도 집에 돌아올 땐 결국 빈손이다. 이 글을 보고 웃는 이가 분명 있을 것이다. '나도 그랬는데' 하고.

밤마다 꿈에 등장한다. 꿈은 며칠이고 나를 찾아온다. 찜했던 가방을 사서 학부모 모임에 당당히 들고 가는 모습. 아직도 그 가방을 사지 못했다. 다시 보러 가지도 못했다. 경험상 결국 빈손으로 돌아올 것을 알기 때문이다.

친정 부모님은 2018년 6월만을 기다리고 있다. 매달 한 번씩은 아파트 부지를 보러 가신다. 휴일이면 우리 집을 오는 것보다 그 아파트가 몇 층까지 올라갔는지 보러 가신다. 계획대로 잘 지어지고 있는지 보기 위해서다. 다녀오신 그날은 아파트 이야기로 거실이 가득 찬다. 이제는 나도 장난삼아 말을 받아친다.

"엄마, 아빠 또 아파트 이야기다. 고만해도 안 되나?"

장난스러운 말에 엄마 아빠는 웃음을 터트린다. 그렇게 엄마 아빠는 그날만을 기다리고 있다. 2018년 6월을.

모든 사람들이 그렇지 않을까? 자신이 간절히 바라고 오래도록 기다려온 그 일을 이뤄내는 날! 그날의 행복은 겪어보지 못한 사람은 상상할 수 없다. 우리는 이제 상상해야 한다. 잠자리에 들기 전에 아무 생각이 없을 때 이루지 못한 버킷리스트를 상상해야 한다. 그 생각은 자신이 바라던 일을 거실 소파 앞에 놓아줄 것이기 때문이다. 지금 앉아 있는 그 소파 앞에. 짜잔!

이제 당신의 버킷리스트를 작성하자. 혹시 자신이 무엇을 원하는지 잘 모르겠다면 지금 당장 책을 덮고 버킷리스트를 작성하라. 그 일이 끝날 때까진 책을 다시 펼치지 말길 바란다.

그럼 버킷리스트를 펴보라. 무엇이든 적혀 있을 것이다. 그중 1순위는 자신이 항상 생각하며 바래왔던 소망이지만 쉽게 이루어질 수 없는 일일

권현주의 버킷리스트

1 유럽 여행 한 달 가기

2 내가 좋아하는 차 내 이름으로 사기(브랜드가 어디라고 말하지 않겠다. 모두들 원하는 그것이다)

3 방학 동안 혜정이와 호주에서 한 달 살기

4 베스트셀러 작가 되기

5 마라톤 완주하기

6 루○○○ 가방 사기

7 조부모 가정 돕기

8 아이들과 콘서트 보러 가기

9 현금 1억 모으기

10 1천 권의 책 읽기

것이다. 전세를 살고 있는 사람이라면 '내 집 갖기'가 1위일 수도 있고 나처럼 백화점을 몇 번이고 들락거린 사람은 '루○○○ 가방 사기'가 1순위일 수 있다.

1순위를 소파 앞에 놔둘 생각일랑 버려라. 제일 먼저 자신이 목표를 삼아야 할 것은 제일 이루기 쉬운 것이다. 우리는 한 가지 버킷리스트만을 작성하지 않았다. 분명히 몇 개의 버킷리스트가 존재한다. 설마 '내 소원은 통일'이라고 쓴 사람은 없길 바란다. 통일은 지금 우리가 무언가를 한다고 해서 이룰 수 없는 것이니 그 항목은 빼주길 간절히 바란다.

말기 암 환자인 열아홉 살 영국 청년의 버킷리스트가 화제가 된 적이 있다. 그는 죽기 전해야 할 일을 적고 또 실천하기 위해 노력을 했다. 그는 인터뷰를 통해 버킷리스트를 시작한 뒤부터 인생이 완전히 달라졌다고 말했다. 런던 경기장에서의 마칭밴드 연주, 스카이다이빙, 커다란 코끼리 안아주기 등 열아홉 살 청년이 바라던 버킷리스트는 상당히 많이 이루어졌다. 총 46가지 중에 33가지를 실천했다고 하니 그 청년의 실천력은 정말 대단하다. 그의 버킷리스트 마지막은 비슷한 처지의 청소년 암 환자들을 위해 한국 돈 17억여 원을 모금하는 것이었다. 그것을 목표로 모금활동을 시작했다. 목표했던 금액을 채우지 못하고 삶을 마감할 수도 있다는 생각에서 자신이 없어도 모금활동을 계속해달라는 호소문을 올리기도 했다. 그의 마음을 알았던 것일까. 10만 명 이상이 모금에 동참했고 17억이란 금액을 넘어 며칠 만에 50억 원을 넘어섰다. 그는 인터뷰에서 이렇게 말했다.

"가능한 모든 순간을 즐기려고 노력하고 있습니다. 암이 방해해도 인생은 충분히 멋집니다."

사람은 언젠가는 생을 마감한다. 짧게 살아가는 인생, 길게 살아가는 인생 둘 중 하나일 뿐이고 어느 누구든 살아가는 동안 행복을 느끼고 싶어 한다. 행복을 느끼고 싶다면 단순히 하고 싶은 일을 하면 되는 것이다. 하지만 우리는 어떤 환경에 처해 있을까?

대한민국 평균 정년은 62세라고 한다. 아무 탈 없이 80세까지 산다고 가정한다면, 살아갈 20년은 모아놓은 돈으로 생활을 해야 한다. 부부는 5천 원짜리 자장면을 하루 두 끼만 먹는다. 그럼 하루에 2만 원, 1년이면 730만 원, 20년이면 1억 4천6백만 원이 나온다. 자장면만 먹고 산다고 가정했을 때의 금액이다. 사람이 어떻게 자장면만 먹고 살 수 있을까? 의류비 지출이나 병원비 지출이 없다 하더라도 아파트 관리비며 공과금은 어떻게 해결할 것인가? 아이를 낳고 엄마, 아빠가 되면 미래에 대한 불안이 찾아온다. 그중 하나가 우리 앞에 놓인 현실노후일 것이다.

내키진 않지만 아이들 교육자금 이야기도 해야겠다. 2011년 여성가족부에서 발표한 자료에 의하면 자녀 1인당 양육 교육비는 최소 2억 6천만 원이라 발표한 바 있다. 터무니없는 금액 같지만 실제로 계산해보면 이렇게 나온다. 나는 2명의 아이가 있으니 5억이 들겠구나!

그렇다면 우리는 29인치 허리를 19인치로 졸라매도 모자랄 판이다. 그런데 여기서 버킷리스트를 실천하라니 너무 현실성이 없어 보이지 않는가. 나의 버킷리스트는 모두 돈과 관련된 것이니 말이다.

다가올 미래의 불안을 해소하기 위해 저축을 해야 한다. 하지만 사는 동안 행복을 느끼려면, 지출을 감수하더라도 만족감을 느끼며 살아야 한다. 둘 다 놓칠 수 없다면 제일 현명한 방법을 생각해야 한다. 과연 어떻게 하면 우리는 만족감과 미래에 대한 준비를 동시에 가져갈 수 있을까?

나 또한 엄마가 되고 미래에 대한 불안을 안고 살면서 여러 가지 고민을 해왔다. 매월 같은 월급이니 먼저 저축할 금액을 빼고 남은 돈으로 생활을 하려고 애썼다. 오이 가격, 감자 가격을 비교하며 야채 가격을 외울 때도 있었다. 그렇게 살다 보니 행복이란 것을 느끼기보다는 '내가 왜 이렇게 살고 있지?'라는 생각이 먼저 들었다. 불행하다 느끼진 않았지만 만족감이 없이 살던 때였다.

그렇다면 우리는 어떻게 해야 만족감과 미래의 불안을 없애면서 잘 살 수 있을까? 나는 이러한 문제를 해외직구라는 것으로 해결할 수 있다고 생각한다. 직구를 해왔던 이들이라면 해외직구가 얼마큼 큰 힘을 발휘할 수 있는지 대충 짐작은 갈 것이다. 당신이 엄마라면, 한 번쯤 들어보았을 해외직구. 이제 그 비밀을 파헤쳐보자. 어디까지 해봤니? '해외직구'.

당신의 급여가 오르거나 사업을 시작해서 200만 원의 수입이 더 생긴다고 과연 통장의 숫자가 올라갈까? 아마 삶의 질은 향상되고 숫자는 그대로일지 모른다. 양념돼지갈비 먹으려다 소고기 갈빗살로 메뉴가 바뀌고, 보세 3만 원 원피스 사려다 백화점으로 향한다. 추운 겨울 거실에서 카디건을 걸치려다 보일러 난방 버튼을 누르고 반팔 차림이 된다.

PART 2

평생 습관이 될 중심잡기 기술

엄마로 살아온 몇 년 동안 결혼 전 가졌던 꿈도 사라지게 만들어버리는 육아를 우리는 경험했다. 이 세상에 여자로 태어나 꼭 한번 경험해보고 싶었던 육아, 하지만 셋을 낳아 키우라면 고개를 절레절레 흔들게 만드는 육아, 그때의 경험이 나를 한 뼘 더 키워준 도구였다. 우리는 육아의 끝이 있다는 것을 알고 있다.

CHAPTER 1

수입과 지출의 비례곡선

맞벌이 부부는 아침부터 아이 등원으로 분주하게 일상을 시작한다. 일어나면 아이 밥을 챙기고 엄마는 화장을 하며 출근 준비를 서두른다. 아빠는 아이를 어린이집에 모셔다 주는 것으로 업무일지의 첫 줄을 채운다. 하루 종일 회사에서 이리저리 치이다가 퇴근해서도 아이들에게 치이는 건 맞벌이 부부의 일과다. 이렇게 열심히 사는데 왜 통장에 숫자는 길어지지 않는 걸까? 곰곰이 생각해볼 때다.

아침 10시. 사무실이 있는 15층 빌딩을 두 번째 돌고 있다. 주차장이 따로 마련이 되어 있지만 테트리스에서 빈자리를 허용하지 않는 것처럼 빼곡히 차가 들어섰다. 어찌 그리 잘 맞추어서 주차를 해놓았는지 딱 올라갈 길만 남겨두고 주차를 해놓는다. 입구에 홀로 선 번호 인식기를 지나 10분 만에 다시 출구 쪽으로 차를 몬다. 회사 건물 모퉁이를 돌아 골목에 들어서면 생선을 말리듯 가지런히 주차가 되어 있다. 골목 끝 다 말린 생선이 빠져나간 자리에 주차를 한다.

친한 친구의 비서로 아르바이트를 시작했다. 친구의 부탁도 있었지만 돈이 필요했다. 내 옷 하나 사려면 몇 번을 생각해야 하는지 모른다. 흔하디흔한 쇼핑몰에서도 옷을 보고 또 보고, 생각해보고 또 생각해보고도 결국 사지 못한다. 여유롭게 쓰던 시절도 있었다. 한 달에 150만 원 적금을 2개 넣고, 생활비 통장의 잔고가 남아 또 저금을 했던 아리따운 시절도 존재했다. 그때가 천국이었나?

하지만 아르바이트를 시작한 지금은 예전과 많이 다른 상황이다. 그러니 일을 할 수밖에 없다. 아이들은 어린이집에 7시까지 맡겨두고 10시부터 5시까지 친구 일을 돕기로 했다. 5시 퇴근 후에도 나의 일은 종점이 없다. 퇴근길에는 마트에 들러 저녁 반찬 재료를 바구니에 담아야 하고 집에 들어오면 아침에 먹은 설거지부터 마무리 지어야 한다. 옷 갈아입을 시간도 없이 빨래와 설거지를 하고 나면 아이들이 올 시간이다.

"엄마 오늘 백설 공주 뮤지컬 보고 왔어. 그 백설 공주 진짜 맞아? 정말 백설 공주가 있어?"

버스가 도착하면 얼마나 재잘거리는지 모른다. 오늘 다녀온 뮤지컬 이야기, 친구들과 나눈 자잘한 이야기들, 뭐가 그리할 말이 많은지 귀가 따가울 정도다. 집에 들어서면 아이들 손을 씻기고 외출복은 벗어 내복으로 환복을 한다. 잠시 아이들을 거실에 두고 주방으로 가서 저녁 준비를 마무리한다. 아이들과 저녁식사를 마무리하면 8시가 된다. 큰아이는 딸이라 머리를 감길 때도 머리를 말릴 때도 시간이 많이 걸린다. 아들이 편하다 느끼는 때는 머리 감을 때와 머리 말릴 때다. 10초면 물기는 사라진다. 저녁을 먹고 씻긴 후 잠자리에 들면 9시가 넘는다. 아이들이 잠을 자고 나면 책과 장난감을 정리하러 다시 거실로 나온다. 몸에 모든 힘이 다 빠져나가는 것을 느낀다. 9시가 조금 넘으면 남편은 퇴근을 한다. 남편도 남은 힘이 없어 보인다. 오순도순 이야기? 그럴 시간 따윈 없다. 둘은 각자의 방으로 향한다. 나는 아이들 옆, 남편은 그의 방. 오늘은 무슨 일이 있었는지 누구를 만났는지 물어볼 시간은 코딱지만큼도 없다.

맞벌이 가정에서 흔히 볼 수 있는 광경이다.

맞벌이는 힘들다. 내가 겪어봐서 안다. 회사 사람들을 보면 친정어머니가 도와주는 집은 정말 복 받은 여자다. 당연 어머니에게 용돈은 드리겠지만 그만큼 믿고 맡길 곳이 어디 있단 말인가? 퇴근 후에 회사 동료들과 회식을 할 수 있는 자유도 가끔 주어지니 말이다. 누구에게 맡기지 못하는 직장 맘들은 회식은 꿈도 꿀 수 없는 이야기다. 전업주부가 일자리를 가질 수 있다는 것 또한 복이다.

맞벌이 부부들의 소득은 얼마나 될까? 외벌이 부부보다는 좀 더 여유로울 것이다. 나 역시 아르바이트를 시작하고 나서는 좀 더 여유로워졌다. 시간을 돌려 생각해보니 여유로웠다는 느낌 외에는 남은 게 없다. 제대로 된 옷 한 벌 사지 않았고 그럴싸한 가방 하나 남아 있지 않았다. 난 도대체 돈을 벌어서 뭘 했단 말인가?

아차, 한 가지는 남아 있다. 둘째의 터닝메카드. 하나 가격이 대략 2만 원 정도였는데 정리하려고 케이스에 넣어보니 30개나 된다. 그럼 60만 원어치의 장난감은 사줬단 이야기다. 좀 어이없지 않은가? 내 옷 5만 원짜리 하나 사는 것도 쇼핑몰을 들락날락했는데, 아이 장난감은 60만 원이다. 글을 쓰고 있는 지금도 입꼬리가 올라간다.

"어이가 없네."

1년여를 열심히 벌었건만 남은 것이 없다. 통장의 잔고가 늘었던 것도 아니고 그렇다고 여유롭게 여행 한번 다녀오지 못했다. 과연 번 돈으로 뭘 했을까? 제대로 된 일자리는 아니어서 많은 돈을 벌었던 것은 아니었다. 하지만 그 돈이라도 없었더라면 아이 장난감 하나 사주는 것도 몇 번을 생각하고 또 생각하며 지갑을 열었겠지. 열심히 살았노라 생각한다. 친구들과 저녁 약속을 하는 것은 1년에 한두 번, 회식도 아이들 맡길 곳이 없어서 매번 나만 빠지는 상황이었다. 직장과 집 외에 다른 곳은 갈 생각도 하지 않았다.

"저녁시간에 현주가 시간이 안 되니 이번 회식은 점심에 하시는 게 어떨까요?"

팀장은 내가 저녁 외출을 하지 못하니 점심에 밥 한 끼 하자며 식당 예약을 잡곤 했다. 그리 살았건만 1년 후에 내 통장은 왜 숫자가 늘어나지 않았을까? 수입을 늘리는 것은 일자리를 구할 수만 있다면 열심히 하면 된다. 번 돈을 어떻게 써야 하는지 어떻게 늘려야 하는지에 대한 개념이 없었다. 나름 가계부도 쓰며 살았고 달의 마지막이 되면 통계도 내보면서 지출 관리도 한다고 생각하고 살았다. 이유가 뭘까?

가계부는 쓰는데 왜 달라지는 게 없을까? 가계부는 왜 쓰는 걸까? 내 지출을 정확하게 보려고 밤마다 그렇게 열심히 쓰는 것이 아닌가? 학교에서도 가르쳐주지 않았고 부모님 또한 가계부를 써야 한다는 말 외에 왜 써야 하는지 어떻게 써야 하는지 알려준 적이 없었다.

가계부를 열심히 글자로 적을 필요도 없는 세상이 되었다. 앱 하나 깔면 은행거래 내역, 신용카드 내역이 자동으로 입력되고 통계까지 내어준다. 식비로는 얼마를 썼으며 경조사 비용, 고정지출 비용까지 모두 각각의 항목에 입력시켜준다. 편한 세상이 되었다. 가계부 앱을 쓰거나, 손수 종이 가계부를 적는다 하더라도 각도 없는 가계부는 헛돌 뿐이다. 몇 년 전 나처럼.

남편이 사업을 시작했다. 큰돈이 들지 않고 아버지 사업과 연관된 일이었다. 아버지에게 도움을 많이 받았다. 한 달 수입이 세 배 넘게 껑충 뛰었다. 복권에 당첨된 기분이었다. 그렇게 꾸준히 수입은 늘었다.

- 건강해야 하니까 영양제를 산다. 미국에서 물 건너온 애로.
- 어린이집에 입혀 보낼 딸아이의 옷이 부족하다. 백화점에 간다. 비싼 옷으로.
- 남편이 추운 겨울 일하기 위해 집을 나선다. 입고 다니는 패딩은 유행이 지났다. 브랜드로 2개 산다.

엄마들은 말한다.

"이번 달 수당이 더 많이 들어왔으면 좋겠다."

설사 수당이 들어오지 않는다 하더라도 살아진다. 절제하면서 사는 것이다. 만약 수당이 들어온다면 사고 싶은 것을 사버린다. 쓰면서 사는 것이다. 결국 수당을 받았거나 받지 않았거나 결국 돈은 없어졌다. 견물생심見物生心이라고 한다. 실물을 보면 그것을 가지고 싶은 욕심이 생긴다. 보통 사람들은 수입이 많아지면 저축을 더 할 수 있을 거라 생각한다. 나의 경험상으로는 아니다. 당신의 급여가 오르거나 사업을 시작해서 200만 원의 수입이 더 생긴다고 과연 통장의 숫자가 올라갈까? 아마 삶의 질은 향상되고 숫자는 그대로일지 모른다. 양념돼지갈비 먹으려다 소고기 갈빗살로 메뉴가 바뀌고, 보세 3만 원 원피스 사려다 백화점으로 향한다. 추운 겨울 거실에서 카디건을 걸치려다 보일러 난방 버튼을 누르고 반팔 차림이 된다.

수입을 늘리려 애쓰는 것보다는 지출을 어떻게 조절할 것인가를 먼저 고민해야 한다. 아무리 많은 돈을 벌고, 구두쇠처럼 아끼고 살아도 결국 남는 것은 장난감 통에 수두룩한 로봇일 뿐. 그것도 산 지 얼마 지나지 않아 팔이 하나 가출해버린다.

처음부터 너무 많은 것을 바라는 것은 욕심이다. 나와 함께 천천히 걸어보자. 처음부터 뜀박질로 내달리기보다는 천천히 걸으면서 가로수의 은행나무 꼭대기도 올려다보자. 산책 나온 강아지를 보며 '아이고 귀여워' 눈길도 주고 자신의 발자국 발자국이 어디를 지나가는지 느끼며 걸어보자. 적응이 된 후에 뛰어도 늦지 않다. 사랑하는 이들과 같은 곳을 보며 행복을 느끼며 살아가기 위해서 천천히 이제 걸어보자. 그 첫걸음을 가계부 앱과 함께 해보는 건 어떨까?

CHAPTER 2

월급은 내 돈이 아니다

"가계부채의 질적 구조 개선을 위해 안심대출 같은 상품을 도입하기로 했다."

"그동안 가계대출에 대한 총량 규제를 실시해 주택담보 대출을 비롯한 대출이 양적으로 개선됐다는 게 업계의 전반적인 평가."

위 이야기는 도통 무슨 소린지 모르겠지만, 대충의 뜻은 가정에 빚이 많다는 것이다. 인터넷 뉴스에서 퍼 온 이야기다. 경제 신문을 봐도 뉴스를 봐도 왜 그렇게 어려운 말들만 써내는지 이해하지 못하겠다. 경제 전문가들이 이야기하는 부분은 와 닿지도 않고 우리 집과는 먼 거리의 이야기 같다고 느껴진다. 나라 일에 관심이 많은 주부들도 많겠지만 어려운 경제용어와 피부로 와 닿지 않는 이야기들은 끌리지 않는다. 혹여나 이 글을 읽고 계신 분들 중에 경제 기자님이 있다면 제발 글을 알아듣기 쉽게 편하게 써주길 바란다.

그래서 나는 어렵게 이야기하고 싶지 않다. 주부의 입장에서 주부의 마음으로 써내려간다.

"엄마! 나 미술학원 보내주면 안 돼?"

"너 지금 피아노 하고 있잖아!"

"우리 반 애들 다 미술학원 다닌단 말이야. 응? 가면 안 돼?"

머리가 아파진다. 지금의 학원비도 13만 원을 내고 있고 학습지와 방과 후 수업 비용만 해도 20만 원을 차지하고 있다. 학원비에 지출을 더 할 수는 없는 노릇이다. 둘째가 학교에 입학하면 학원비가 두 배로 늘어나겠지. 그렇다고 학원 보내달라는 아이를 '안 돼' 하며 나무랄 수는 없다. 아이 둘이 초등학생이 되면 사교육비 월 100만 원 들어간다는 통계가 실감이 난다. 내일은 정말 벼룩시장이라도 가져와서 아르바이트 자리라도 알아봐야 할 판이다.

다음 날 아이들을 보내고 벼룩시장을 가져와 하나씩 살펴보기 시작한다.

'여 홀 서빙 모집/ 월 220만 원 10시~22시'

밤 10시? 그때까지 난 일을 할 수가 없는데~ 패스!

'여성복 판매 알바 직원/ 시급 7천 원/ 초보 가능 주 1회 휴무 10시~6시'

하루 8시간 근무하고 시급도 좋네. 휴일에는 애들을 봐줄 사람이 없어서 안 되는데…… 패스!

사무직, 영업직, 판매직, 식당 홀 서빙 등 많은 구인정보가 보인다.

제일 많이 보이고 월급도 많다는 영업직에 솔깃하다. 결혼 전에도 사무직만 했었고 영업이라곤 영자도 모르는 내가 할 수 있을까?

처진 어깨를 한 신랑이 퇴근을 한다.

"자기야! 혜정이가 미술학원 가고 싶다고 하는데 보낼까?"

무표정한 얼굴로 이야기를 듣는 둥 마는 둥 관심 없는 얼굴이다.

"알아서 해."

항상 같은 말을 하는 남편이 곱게 보이지 않는다.

"지금 학원비랑 방과 후 수업 비용만 해도 33만 원인데 월급은 언제나 올려준대?"

미간에 주름이 생기더니 아무 말 없이 자기 방으로 들어가버린다.

다시 밖으로 불러내서 마무리를 짓고 싶지만, 그러면 또 싸움밖에 되지 않을 것 같아 한숨만 쉬고 빨래를 정리를 하러 간다. 빨래 정리를 다 할 무렵 물을 마시러 남편이 주방으로 향한다.

"자기야! 나 일할까? 일하면 학원비도 벌고 좋잖아. 일하게 되면 빨래랑 청소 좀 해줄 거야?"

"무슨 일을 할 건데?"

"오늘 벼룩시장 가져와서 봤는데 보험 영업직이 그래도 좋지 않겠나? 시간도 자유롭게 쓸 수 있고 월급도 많다는데."

"할 수 있겠나?"

내심 반기는 표정이다.

남편들도 아내가 일하는 것을 반기는 추세다. 외벌이로는 도저히 답이 나오지 않는다는 것을 몸소 느끼고 있기 때문이겠지. 한 달에 300만 원가량의 월급을 받아와도 남편들이 고작 쓸 수 있는 돈은 20~30만 원 내외다. 한 달에 고정적으로 나가는 돈만 해도 보험료, 도시가스, 전기세, 관리비, 사교육비 등 통장에 돈이 들어오면 쏜살같이 알림 문자가 온다. '띠리링' 대부분 같은 날짜에 인출이 되고 통장에 남은 금액을 확인하면 '이번 달도 힘들게 살아야겠구나.' 한숨이 먼저 나온다.

이런 현실을 알고 있으니 남편 또한 아내가 일하는 것을 반길 수밖에 없지 않을까? 아무리 부처 같은 남편이라도 한 달 열심히 일해서 아내에게 뺏기다시피 연기처럼 사라져버리면 '내가 왜 이러고 살지?'라는 생각이 들 것이다. 남편에게 물어보지 않아서 솔직한 대답은 모르지만, 10년을 살다 보면 눈썹 위치, 입꼬리, 눈동자만 봐도 기분이 어떤지 알 수 있다. 내심 마음속에서는 '올레'를 외치고 있을지 모른다.

예전에 대구에 사는 친한 친구를 만난 적이 있었다. 현재는 좋은 여자 만나 결혼을 했지만 몇 년 전까지만 해도 결혼하기 싫다고 했다. 왜 그러냐고 물어보면, 회사에 결혼한 친구들이 만 원 하나에 벌벌 떠는 것 보고 있으면, 자기도 그렇게 될 것 같다면서 결혼은 생각이 없다고 했다.

"내가 얼마나 힘들게 일을 하는데 내 돈 하나 마음대로 못 쓰면 살맛이 나겠나?"라고 푸념하는 소리를 들었다. '아~ 우리 남편도 이런 생각을 하겠구나' 하며 잠시나마 신랑이 안쓰러워졌다. 오래 지나지 않아 그 친구도 눈에 콩깍지가 씌어 결혼을 하긴 했다.

'너도 이제 만 원 하나에 벌벌 떠는 한국 남자가 될 것이야.'

뭐 현실이 그렇다 보니 남편들이 아내가 일하는 것에 대해 긍정적이라는 것쯤은 이해가 간다. 그러니 '여자들이여! 일을 하라'라는 말을 하자는 건 아니다. 아직 아이가 어린 주부라면 좀 더 아이와의 시간을 보내기를 바란다. 아이가 커서 사춘기가 되면 유아기 때 엄마와의 안정적인 유대관계가 많은 영향을 끼친다. 아이가 커서 학교에 입학하고 고학년이 되면 자연스레 엄마의 품을 떠난다. 요즘은 그 시기가 더 빨라지고 있으니 주부들에게도 일할 수 있는 시간, 나만의 시간은 꼭 온다. 그렇다면 아이가 아직 어린 주부들은 어떻게 해야 할까? 그저 지금은 어쩔 수 없으니, 상황이 이러니, 가만히 때만 기다려야 하는 걸까? 제일 먼저 해야 할 일은 아무 생각도 하지 않고 가만히 앉아 있어보길 권한다. 그러고 나서 아래의 물음에 답해보라.

- 당신은 수입과 지출을 정확히 알고 있는가?
- 지출을 관리하기 위해 어떤 목표를 갖고 어떤 노력을 해보았는가?
- 노력을 해보았다면 실천한 기간이 얼마나 되는가?
- 실천한 기간 동안 구체적으로 얼마만큼 효과가 있었는가?

위 내용은 현재의 상황을 알고 목표를 갖고 실천을 하며 효과가 있었는가에 대한 물음이다.

자! 우리는 당장 수입을 늘릴 수 없는 현실에 있다. 그렇다면 지출을 관리해야 한다. 여기서 지출을 관리하라는 말은 먹고 싶은 것을 먹지 말고, 하고 싶은 것을 하지 말고, 가고 싶은 곳을 가지 말라는 것이 아니다. 사람이 하고 싶은 것을 못하면 병이 난다. 과욕만 아니면 웬만해서는 욕구를 해결하고 살자. 그렇다면 돈은 어찌 해결해야 할까? 반문이 생긴다면 당신은 이 책을 끝까지 읽어보아야 한다.

먹고 싶은 것을 먹고, 하고 싶은 것을 하고, 가고 싶은 곳을 가면서…….

CHAPTER 3

지금 필요한 건 뭐?

현재 당신은 통장을 몇 개나 가지고 있는가? 아마 몇 개나 가지고 있는지 옷장을 열어보면 옷장 깊숙이 넣어둔 적금통장을 발견할 수 있을 것이다. 그 통장이 왜 있는지는 알고 있는가? 통장을 열어보자. 무엇이 보이는가? 숫자와 글자만 보인다면 반성해야 한다. 통장은 당신이 살아갈 어떤 시간에 기쁨을 준비하는 것이다. 숫자나 글자가 보이는 게 아니라 당신이 원하는 그 시간에 대한 기쁨을 미리 느껴야 한다. 어떤 이는 '나 살아 있을 때 명품 백 한 번은 꼭 들어봐야겠다'라는 소망이 있을 것이고 어떤 이는 '나 죽기 전에 유럽여행은 꼭 한 번 가보리라.' 다짐을 한다. 옷장을 열어 통장을 보면 당신이 바라는 것, 송중기가 와도 바꾸지 않을 소원이 보여야 한다.

현재 당신은 어떤 소망을 가지고 어떤 다짐을 하는지 잠시 눈을 감고 생각을 해보자. 정말 원하고 있는 것이 무엇인지.

자. 이제 버킷리스트를 작성할 것이다. 그래야 앞으로 해야 할 것과 느껴야 할 것들이 정해진다.

버킷리스트는 이런 뜻이라고 한다.

버킷리스트bucket list: 죽기 전에 꼭 해보고 싶은 일과 보고 싶은 것들을 적은 목록을 가리킨다. '죽다'라는 뜻으로 쓰이는 속어인 '킥 더 버킷kick the bucket'으로부터 만들어진 말이다.

책을 살포시 무릎 위에 내려놓고 졸린 눈을 감아보자. 그리고 생각하자. 당신이 꼭 해보고 싶은 일과 보고 싶은 것들은 무엇인지 상상해보자. (60초 후에 뵙겠습니다.)

이제 종이를 찾아 하나씩 적어보자. 이 버킷리스트를 나에게 보내서 확인받으라는 말은 절대 하지 않을 테니 아주 솔직하게 적어보기를 바란다.

열여덟 살, 고등학교 2학년인 겜돌 군은 항상 핸드폰을 손에서 놓지 않는다. 추운 겨울에는 따끈따끈 난로로 사용해도 손색이 없다. 다만 무더운 여름에 사용할 때는 불편함이 있다. 더운 날씨와 함께 손 폭염을 준다는 것! 그것쯤이야 참을 만한 고통이다.

겜돌 군의 엄마는 식당을 운영한다. 사장님이 식당에 있는 것, 없는 것은 매출의 차이가 크다. 20년 장사를 하면서 크게 느낀 바이기에 쉬는 날 한 번 없이 해가 뜨면 식당으로 향한다. 그 덕에 겜돌 군은 마음껏 게임을 즐길 수 있다. 공부는 하고 싶지도 않고 적성에도 맞지 않다. 당연히 대학은 생각도 없고 갈 수 있는 성적도 아니다. 그저 프로 게이머가 되면 좋겠다는 생각밖에는…….

맑고 선선하던 어느 날, 친구를 만나기 위해 시내로 향한다. 시험 기간이 지나서 그런지 꽤 많은 학생들이 시내 구경을 하고 있다. 친구와 만나기 위해 커피전문점으로 들어간다. 1층엔 언제부터 앉아 있었는지도 모를 사람들이 빽빽이 앉아 책을 보거나 노트북을 만지작거린다. 2층에서 잠시 기다리면 되겠다 싶어 2층으로 한 계단 한 계단 올라 빈자리를 스캔한다.

'맑은 날이라 창가 자리가 좋겠다.'

잠시 앉을 자리를 찾아 두리번두리번. 또 언제부터 와서 앉아 있었는지도 모를 다른 사람들이 빽빽이 앉아 있다.

'거참, 할 일 없이 나와 있는 사람 많구나.'

혼자 중얼거리며 빈자리에 앉았는데, 그 언제부터 와서 앉아 있었는지도 모를 사람들의 목소리가 들린다. 자리에 앉아 있으니 듣고 싶지 않아도 귀로 들어오는 목소리들, 듣자 하니 대학교 미팅 자리인 듯하다. 이때 갑자기 생긴 호기심. 사람을 찾는 듯하며 고개를 살짝 돌려보니 웬걸, 얼굴은 하얗고 짧은 치마에 찰랑찰랑 전지현 머릿결까지! '여대생이 이렇게 예뻤다니.' 지금껏 왜 모르고 살았을까? 게임에만 집중하니 다른 것이 보이지 않을 수밖에.

그날 이후로 겜돌 군은 커피숍의 그들, 언제 와서 앉아 있었는지도 모를 하얀 피부의 여대생들이 머릿속에 둥둥 떠다녔다.

'어떻게 하면 하얀 피부 여대생들과 미팅을 할 수 있을까?'

생각에 잠긴 겜돌 군은 그날로 핸드폰을 놓고 연필을 잡았다고 한다. 과연! 겜돌 군은 대학생이 되었을까?

게임에 집중하는 겜돌 군이 갑자기 공부를 하게 된 사연에 대해 이야기를 했다. 무엇이 느껴지는가? 겜돌 군이 대학에 갔는지 안 갔는지 전해 듣지 못했다. 하지만 내가 말하고자 하는 명확한 단어는 '동기부여'다. 스스로 하고 싶다는 생각이 만들어지면 '제발 하지 마!'라고 소리쳐도 소용없다. 머릿속 맴도는 단어는 '당신이 바라는 것'이며 결국 행동으로 이어지는 것 또한 '당신이 바라는 것'이리라. 우리가 5분 전에 적었던 버킷리스트에 'why? why? why' 세 번을 더하게 되면 움직일 수 있는 용기가 생긴다.

나는 유럽 가족여행을 한 달 다녀오는 것이 버킷리스트 중 하나다. 여기에 'why? why? why?' 세 번을 외쳐보자.

1 우리 혜정이에게 넓은 세상을 보여주고 싶다.

2 한 시간 한 시간을 쪼개어 사는 나에게 한 달만 여유를 주고 싶다.

3 TV에서만 보던 고풍스러운 유럽풍의 건물을 내 눈으로 직접 보고 싶다.

이 세 가지다. 그렇기 때문에 유럽 여행을 계획할 것이고 또 어떻게 해야 하는지 생각할 것이다.

그렇다면 이제 당신의 버킷리스트에 대해 다시 이야기해보자. 여기서도 같이 3why를 물어볼 것이다. 지금 책을 덮고 그 이유를 세 가지 적어보자. (60초 후에 뵙겠습니다.)

어떤 'why'를 적었는가? 설마 글자만 적혀 있다고 이야기하는 사람은 없었으면 좋겠다. 여기서는 지금껏 느껴보지 못했던 환상적인 짜릿함을 느껴야 한다. 하얀 종이에 까만 글씨로 적은 당신의 멋진 버킷리스트는 빠른 시간 내에 직접 만나게 해줄 '당신만의 하얀 피부 여대생'이기 때문이다.

상상해보라. 한 달 동안 쓸 짐을 여행 가방에 하나씩 넣고, 학교에 한 달 동안 교외 체험학습을 다녀온다는 신청서를 쓴 후, 아이와 함께 비행기에 오르는 자신의 모습을.

상상만으로도 행복해진다. 다시 느껴보지 못할 짜릿함이 조만간 눈앞에 펼쳐진다.

"우와~ 살아 있네."

"결국 해냈구나. 브라보!"

상상 속 자신에게 박수와 칭찬을 보낸다.

어떤 이들은 버킷리스트를 작성하지도 않는다. 용기를 내지도 않는다. 작성을 하더라도 목표를 잡지 않으며, 목표를 잡아도 실천하지 않는다. 그들은 결국 1년, 5년, 10년을 같은 시간, 같은 공간, 같은 생각에 머문다. 앞으로 한 발짝 내딛지 못하며 먼 계단의 끝만 바라본다.

"상상은 삶의 핵심이다. 그것은 앞으로 다가올 화려한 삶의 시사회다." 알베르트 아인슈타인의 명언이다. 머릿속에 떠오르는 이미지는 움직이고자 하는 의욕을 불러일으킨다. 한 발을 내디딜 용기를 주고 두 발, 세 발이 더해지면 바라던 목적지에 도착해 있다. 결국 하나의 버킷리스트를 온몸으로 느껴본 이들은 그 맛에 중독된다. 그리고 또 다른 목적지를 탐색한다. 이는 주어진 삶 동안 계속 이어진다. 인생이란 산 아래 엉거주춤 걸터앉아 다른 먼 산을 바라보는 것이 아닌, 현재 서 있는 산을 올라가며 자신의 인생을 즐기는 것이다.

버킷리스트는 당신이 꼭 이루고 싶은 소망이다. 그 소망이 쉽게 이룰 수 있는 것이었다면 지금 버킷리스트 1번에 들어갈 수 있었을까? 당연히 아니다. 분명 어려운 것이고 쉽게 할 수 없는 것이기에 1번 항목에 들어가 있다. 그렇다면 여기서 우리는 하나 더 생각해야 한다. 그 버킷리스트로 인해 당신이 환상적인 느낌을 받으려면 얼마가 필요한가?

지구를 궁금해하는 외계인이 있었다. 지구를 돌고 돌아 초록색 잔디 위에 UFO를 내렸다. 외계인은 계단을 내려오며 초록색 잔디 위를 뛰고 있는 사람들을 보았다. 그중 한 남성에게 다가가 물었다.

"당신은 왜 이렇게 힘들게 뛰고 있습니까?"

얼굴에 흐르는 땀을 닦으며 남성이 대답했다.

"저는 건강해지기 위해 뛰고 있습니다."

외계인은 땀에 젖은 사람을 바라보며 다시 물었다.

"어떻게 되는 것이 건강해지는 것입니까?"

숨을 가삐 몰아쉬던 사람은 생각에 잠겼다.

외계인은 다른 여성에게 다가갔다. 그리고 같은 질문을 했다. 대답은 달랐다.

"저는 몸무게가 48kg이길 원합니다. 그래서 열심히 뛰고 있습니다."

외계인은 왜 48kg가 되길 원하느냐고 다시 물었다.

그녀는 대답했다.

"아이를 낳고 체중이 늘어서 가지고 있던 옷을 입을 수가 없습니다. 처녀 때 입은 25인치 청바지를 다시 입고 싶습니다. 여덟 바퀴째 뛰고 있습니다. 두 바퀴가 더 남았습니다."

적어놓은 버킷리스트 중에 짜임새 있는 계획과 굳은 의지력만으로 이룰 수 있는 것들이 있다. 매해 적는 신년 소망이 10년 동안 같은 이유는 과연 무엇일까. 보통 사람들은 보통의 의지력을 가지고 있다. 매년 같은 결심을 하지만 30일을 채 견디지 못하고 놓아버린다. 그러고는 내년을 기약한다.

'왜 계획한 바를 이루길 원하는가.'

'어떻게 하면 이룰 수 있는가.'

'오늘 하루 자신은 무엇을 해야 하는가.'

자신이 주는 질문 속에 답을 하고 소망하던 일을 이루는 상상을 하면 닿고자 하는 곳에 발길이 놓이게 된다. 당신이 원하든 원하지 않든 시간의 수레는 움직이게 되어 있다. 같은 곳을 빙빙 돌아 제자리에 돌아오든지, 작은 돌덩이가 있더라도 힘을 주고 밀어 목적지에 도착하든

지, 갈림길에 선 당신이 결정해야 할 일이다. 하지만 내년에 똑같은 신년 소망을 빌려거든 차라리 지금 상상해보는 것이 낫다. 당신이 입고 있을 25인치 청바지를.

CHAPTER 4

희열의 공식

우리 집 두 남매는 가지고 싶은 것이 있다. 혜정이는 친구 집에서 보았던 미미인형에 마음을 홀딱 빼앗겼고, 준서는 동그란 색색의 팽이에 마음을 빼앗겼다. 옛날 팽이는 줄이 매달린 막대기로 팽이를 때리면서 돌아가게끔 했는데, 요즘 팽이는 어찌 그리 잘 만들어서 파는지 신기한 장난감이 많다. 내가 봐도 가지고 싶을 정도다.

우리 집 아이들이 장난감을 가질 수 있는 방법은 몇 가지가 있다. 첫째는 할머니 할아버지가 주신 용돈으로 사는 것. 둘째는 칭찬 스티커 30개를 붙이고 선물로 받는 것.

아직 준서는 돈의 개념이 없기 때문에 용돈은 내가 직접 관리한다. 혜정이는 이모가 선물해준 핑크색 지갑에 용돈을 보관한다. 말 그대로 보관이다. 절대 쓰지 않는다. 그렇다면 장난감을 가질 수 있는 유일한

한 가지 방법, 바로 칭찬 스티커를 모으는 일이다. 칭찬 스티커를 붙이는 자리에는 1번부터 30번까지 숫자가 적혀 있다. 칭찬을 받을 때마다 스티커를 붙이는데, 아이들이 해야 할 일을 하지 않았을 때엔 붙였던 칭찬 스티커를 하나씩 떼어버린다.

처음엔 잘할 수 있을까 고민을 많이 했다. '괜스레 귀찮은 일만 더 만드는 것이 아닌가?'라는 생각도 했었다. '어차피 며칠 지나면 포기하고 말 거야'라는 생각이 지배적이었다. 성공하지도 못할 일을 왜 해야 하는지, 일과 집안일에도 시간이 부족한 때였다.

어느 날 책을 읽다가 깨달았다. '왜 해보지도 않고 포기하지? 아이들이 해낼 수 있을지 없을지 아직 오지 않은 시간에 왜 결론을 짓고 있지? 지금이라도 시작해보자.'

외출 후 집에 돌아오면 제일 먼저 손을 씻어야 한다. 우리 집 첫 번째 규칙이다.

"찡아, 준서야, 손 씻었니?"

부드러운 말로 아이들에게 물어본다. 처음 칭찬 스티커를 이용할 때 사용한 작전은 '칭찬세례'다.

"아이고 착해라. 우리 칭찬 스티커 하나씩 붙일까?"

나의 첫 번째 작전은 성공이다. 그 말을 들은 아이들은 소리를 지르며 달려간다.

"엄마! 최고!"

이것이 시작이다. 다음 미션은 굳이 말하지 않아도 된다.

"그다음은 뭘 해야 할까?"

모르는 척 한번 물어보면 어딘가로 '다다다' 뛰어간다. 이럴 때는 우사인 볼트가 눈앞에 나타난 듯하다.

당연히 세 번째 미션도 걸림돌 없이 직진이다. 그 후 엄마에게 달려와 이렇게 외친다.

"엄마! 검사."

"아주 잘했어! 우리 아들, 딸 완전 최고."

아이들은 멋지게 작전을 수행하고 각자의 아지트로 향한다.

목표는 왜 중요할까? 우리 아이들에게 목표란 어떤 의미로 다가올까? 내가 아이들에게 칭찬 스티커를 주는 데는 몇 가지 이유가 있다.

첫째, 아이들은 눈에 보는 물건마다 가지려고 한다. 엄마가 '요술램프 지니'라도 된 것처럼, 말하면 뭐든 이루어질 거라 생각하는 듯하다. 가지고 싶은 것을 단 한 번에 사주게 되면 소중함을 알지 못한다. 당연히 아끼려는 마음을 갖지 않고, 소중히 다루지 않으며, 무엇이든 원할 때 소유할 수 있다는 헛된 욕심을 부리게 된다. '세 살 버릇 여든까지 간다'는 말도 있지 않은가. 물려주지 말아야 할 헛된 욕심은 앞으로 살아가야 할 아이들에게 치명적인 약점이 될 수도 있다.

집에 있던 인형에 눈을 그리고 입을 그리고 머리를 만들어준다며 물감을 칠한 적도 있다. '없어지면 엄마가 또 사줄 거니까!' 이런 생각을 하는 듯하다. 어떤 물건이든 아껴 쓰고 그 속에 마음을 담으면 '코코밍'이 나타난다는 전설을 모르는 듯하다(혹시 코코밍을 모른다면 웃으며 넘어가주길).

둘째, 움직여야 하는 이유이다. 일단 아이들은 엄마의 잔소리를 듣기 싫어한다. 감기의 예방은 손 씻기에서 시작된다. 아이들이 아프지 않길 바라는 엄마의 마음은 알지 못한다. 그냥 잔소리로 듣는 것이다. 손 씻기는 보이지 않는 세균을 없애기 위한 일이 아니라, 가지고 싶은 것을 가질 수 있게 움직여야 하는 능동적인 이유로 바꿔준 것뿐이다. 분명 시간이 지나 손 씻기 습관이 길들여지면 칭찬 스티커는 사라질 것이다.

셋째, 자동으로 움직인다. 몇 번을 하다 보면 왜 해야 하는지 이유를 스스로 알게 된다. 아이들에게 귀찮은 일들이 칭찬받는 좋은 행동이 되고 또 대가도 주어진다. 내일이 되면 스물세 번째 스티커를 붙이게 되고 앞으로 몇 개만 더 붙이면 아이들이 원하는 장난감을 가질 수 있다.

매일 그 시간이 되는 것을 기다린다. 그러다 보면 며칠 후 마지막 1개를 붙이기 위해 더더욱 애를 쓴다. 마지막 스티커를 붙이고 나면 세상을 다 얻은 듯 환한 미소로 엄마에게 외친다.

"엄마, 칭찬 스티커 다 붙였어. 베이블레이드 사러 가자!"

이 책은 아이 교육법을 말하기 위한 책이 아닌데 왜 이런 이야기를 할까 궁금한 이들이 있을 수도 있겠다. 아이와 어른은 똑같다. 다들 집에 큰아들 한 명쯤은 데리고 살지 않는가. 큰아들 외에도 큰딸도 있다. 이 세상에서 제일 이기기 어려운 상대는 자기 자신이라고 했다. 자신에게 칭찬 스티커를 붙이는 이유를 줄 것이다. 칭찬 스티커를 다 붙이면 당신이 그토록 하고 싶고, 갖고 싶었던 버킷리스트가 눈앞에 펼쳐진다.

사실 나는 쌍꺼풀 수술을 했다. 열다섯 살 때부터 내 눈이 싫었다. 사진을 찍을 때면 쫙~ 찢어진 눈, 매서운 눈이 더욱더 도드라졌다. 열여덟 살 때부터는 눈에 쌍꺼풀 테이프를 붙이고 다녔다. 눈을 깜박거릴 때 붙인 티가 나는 게 너무너무 싫었다. '스무 살이 되면 돈을 벌어 제일 먼저 쌍꺼풀 수술을 하고 말리라' 다짐을 했었다. 1년, 2년, 5년이 지나도 원하던 수술은 하지 못했다. 계속 미뤄왔던 거다. 월급이 통장에 숫자로 찍히고 나면 해야 할 게 왜 그리 많이 생각이 나는지, 나는 결국 15년 후에야 쌍꺼풀을 가질 수 있게 되었다.

그때의 기분은 어찌 표현할 수가 없다. 부기가 빠지고 외출을 할 수 있을 때쯤에 제일 먼저 했던 일은 화장품 가게에 가서 비싼 섀도를 사는 것이었다. 쌍꺼풀이 없는 눈 때문에 눈 화장을 잘못하면 라면 먹고 잠든 눈이 되곤 했다. 그래서 화장품 가게로 달려갔다. 가끔 눈을 감고 그때의 기분을 상상한다. 상상하다 눈을 뜨면 그때의 기분이 느껴진다. 그렇게 좋은 기분이 생겨나면 다시 계획을 세운다. 작은 목표 하나를 이루고 나면 그때의 환상적인 기분을 또 느끼고 싶어 다른 목표를 세우겠지. 이것이 살아가는 이유가 될 수 있지 않을까? 당신이 가졌던 소망들을 하나씩 이루는 시간들로.

나는 꿈이 없던 사람이었다. 어떤 계기로 꿈이 생겼고, 꿈을 이루기 위해 책을 쓰고 강단에 서면서, 새로이 생긴 꿈을 이루기 위해 목표를 세웠다. 목표를 이루기 위해 지금도 하나씩 목표를 적는다. 1년의 목표를 잡고, 세분화하여 한 달로 목표를 쪼갠 후, 다시 주간 목표, 하루 목표로 나눈다. 그리고 하루의 일과를 정리한다. 엄청 대단해 보이는가? 사실 대단한 것은 하나도 없다. 글을 읽고 있는 당신도 할 수 있고, 또 내가 이룰 수 있게 도와줄 것이다.

없던 꿈을 지금 바로 만들라는 것은 아니다. 엄마로 살아온 몇 년 동안 결혼 전 가졌던 꿈도 사라지게 만들어버리는 육아를 우리는 경험했다. 이 세상에 여자로 태어나 꼭 한번 경험해보고 싶었던 육아, 하지만 셋을 낳아 키우라면 고개를 절레절레 흔들게 만드는 육아, 그때의 경험이 나를 한 뼘 더 키워준 도구였다. 우리는 육아의 끝이 있다는 것을 알고 있다. 요즘은 초4병이라고 부른다고 한다. 초등학교 4학년이 되면 사춘기가 시작되고 또래들과 밖에서 노는 시간들이 점점 많아진다고 한다. 초4병을 먼저 경험한 친구가 말해줬다.

아이들은 점점 커가면서 부모의 그늘을 벗어나는데 아이들이 전부였던 엄마는 허탈해질 수밖에 없다. 그때를 대비해서라도 조금씩 목표를 만들어보자. 큰 것이 아니라도 좋다. 작은 화분 하나를 키우는 것으로 시작해도 된다. 처음부터 큰 산을 옮길 수 없듯이 한 삽 한 삽 옮기는 것이 시작이다.

시작이 서툴 수 있다. 쉽게 생각 정리가 안 될 수도 있다. 하지만 포기하지만 말자. 당신도 나도 쉬운 것은 아무것도 없다.

이쯤 되면 또 하나의 궁금증이 생길 것이다. 해외직구에 대한 책인데 왜 직구 하는 방법은 알려주지 않고 목표를 세우라고 하고 꿈을 가지라고 할까?

"해외직구는 개미지옥이다"라는 말이 있다. 해외직구를 해보았던 사람은 공감할 것이고, 직구를 경험하지 못한 사람이라면 '무슨 말이지?'라고 생각할 것이다. 여기서 나는 감히 말한다. "나 없이 해외직구 하지 마라. 내 말을 알지 못하고 알려고 하지 않는다면 해외직구의 '해' 자도 꺼내지 마라. 야금야금 통장 다 털린다."

직구를 하다 보면 국내 10만 원짜리 물건이 해외에서 5만 원에 판매되는 것을 심심치 않게 볼 수 있다. 보통 사람들이라면 '우와, 싸니까 사야 해!'라는 생각에 사고, 사고, 또 사고, 이것도 사고, 저것도 사고, 지금 당장 쓸 수 없는 것도 산다. 결국 당신의 비상금을 '개미지옥'에 털어넣고 온다. 내가 겪은 처참한 경험담은 다음 장에서 다시 다루도록 하겠다.

이쯤이면 왜 장난감 이야기를 했고, 칭찬 스티커 이야기를 했는지 감이 오는 똑똑한 독자가 있을 것이다. '해외직구를 잘 이용하는 방법'이 당신의 버킷리스트를 이룰 수 있게 해줄 도구가 될 것이다. 나의 법칙은 개미지옥을 경험하지 않고, 해외직구를 안전하고 효율적으로 이용할 수 있게 안내할 것이다.

CHAPTER 5

밥을 하는 방법

"쾌속 취사가 완료되었습니다. 쿠쿠."

우리 집 큰아들(남편의 애칭이다)은 가끔 밥을 한다. 쿠쿠가 다 알아서 해주지만 김치냉장고에서 쌀을 꺼내고 씻는다. 밥물을 맞춰서 넣기만 하면 되는 쿠쿠인데도 큰아들이 하는 밥은 항상 된밥이다. 차라리 진밥이 낫지, 나는 된밥을 싫어하는 사람이다(아, 이제 생각하니 우리 집 큰아들이 된밥을 일부러 했을 것 같다는 생각이 문득 뇌리를 스친다).

아이들과 숙제로 실랑이를 하고 있을 때면 가끔 해주는 큰아들의 밥은 내가 한 밥과 너무 다르다. 같은 쿠쿠이고 같은 쌀인데도 물의 양에 따라 밥맛은 달라진다. 참 밥물이라는 것이 신기할 따름이다.

해외직구도 그다지 다르지 않다. 누가 해외직구를 하느냐, 어떻게 하느냐에 따라 독이 될 수도, 득이 될 수도 있다. 하루에 한 번, 1년 365

일, 10년째 밥을 해온 내가 밥물을 잘 맞추는 것처럼, 해외직구를 해본 사람만이 실패 뒤에 그 진가를 맛볼 수 있다.

해외직구를 하기 위해서는 여러 가지 준비물이 필요하다. 해외 결제 카드, 이메일, 직구 방법이 그것이다. 나는 그런 준비보다는 당신의 마음의 준비를 먼저 하라고 말하고 싶다. 왜 해외직구를 하는지? 어떻게 해야 하는지? 'why'와 'how'를 항상 생각하면서 나의 직구 비법을 익히길 바란다.

우리 옆집에 신혼부부가 이사 온 적이 있다. 아무래도 신혼이다 보니 이것저것 해야 할 일이 무척이나 많았나보다. 결혼 전부터 엘리베이터에는 '공사 중' 안내판이 오래 붙어 있었고 우리 집엔 태어난 지 얼마 안 된 둘째가 있어 아주 민감한 때였다. 아직도 생생히 그때가 기억이 난다. 밥을 먹는 둥 마는 둥 밥에 물을 부어서 김장김치 하나 얹어 후루룩 마시고 아이를 재웠는데, 옆집의 공사 소리. 드르륵 쿵. 드르륵 탁탁.

옆집 남편은 인테리어 회사를 다닌다고 했다. 그래서인지 자주 와서 이것저것 참견하고 지시하는 목소리를 자주 듣곤 했었다. 아무래도 신혼집을 꾸미는 일이라 많이 기대하고 있는 듯했다. 몇 달 후 입주를 하고 친하게 지내다 보니 언니 동생 사이가 되었고 이런저런 이야기를 들을 수 있었다.

"못을 박는 일이 많아 시끄럽죠? 미안해요"라며 옆집 동생이 케이크를 가지고 왔다. 커피 한 잔을 하며 이야기를 하다가 다친 손을 봤다.

왜 그런지 물어봤더니 못을 박다가 실수로 손을 다쳤다고 했다.

"못 박는 일이 그렇게 어려운 일인지 몰랐어요"라며 웃음을 지었다. 보통의 여자가 결혼 전 못을 박아본 적이 얼마나 있을까. '못을 박는 게 뭐 어려워?' 하면서 덤빈 모양이다. 가끔 살다 보면 가정생활에도 각자의 역할이 정해지는 것을 볼 수 있다. 단지 남자, 여자만이 아니라 자질구레하게 생기는 일들을 해결하기 위한 역할분담.

- 부모님이 아프셔서 병원에 가게 되면 자잘한 보험처리를 한다.
- 주기적으로 자동차 엔진오일을 교환한다.
- 거실 형광등이 깜박거린다.
- 화장실 구석 곰팡이를 제거한다.

살다 보면 해결해야 할 사소한 문제들이 발생한다. 해결하는 사람은 남자가 해야 할 일, 여자가 해야 할 일로 구분되는 것이 아니라 성격상 꼼꼼하고 작은 일도 잘 챙기는 사람이 하면 된다. 그렇다면 자신이 어떤 일을 잘하는지 알아야 하지 않을까? 상대방이 어떤 일을 못하는지 또한 알아야 하지 않을까?

자기주도 학습이란 말을 들어봤을 것이다. 이것은 자기 자신의 학습능력을 스스로 알고 시간관리, 감정관리, 공부관리를 스스로 알아서 하는 것을 말한다. 아이들을 키우는 엄마라면 많이 보았을 단어다.

두 학생이 있다. 이들의 성적은 차이가 난다. 한 학생은 1, 2등을 다

투는 상위권, 한 학생은 하위권, 두 학생에게 주어지는 시간은 24시간 동일하다. 잠을 자는 시간도 비슷하고, 밥을 먹고 학교에 가고 학원에 가는 시간도 비슷하다. 두 학생의 태어날 때부터 IQ 차이가 많아서 성적에 차이가 나는 걸까?

상위권 학생은 공부하는 방법이 하위권 학생과 다르다. 즉! 같은 시간을 공부하지만 시간을 어디에 어떻게 배분할 것인지를 알아서 결정한다. 이런 결정을 상위권 학생이 잘하는 이유는 뭘까? 바로 메타인지 meta-認知 때문이다. 본인이 알고 있는 것과 모르는 것을 정확하게 구별할 수 있다. 모르는 것에 대한 시간 배분과 집중력이 차이를 나타나게 한다. 이런 메타인지가 단지 공부에만 활용될까? 사업, 경제 등 다양한 분야에서도 메타인지는 중요하게 발현될 수 있다.

예를 들어, 어떤 사장님이 있다. 이 사장님은 물건을 제조하고 영업하고 유통하는 시스템으로 돈을 벌려고 한다. 이분은 사교성이 뛰어나서 어느 누구를 만나도 말을 쉽게 걸고 10분이면 사람들과 친해진다고 한다. 그럼 이분은 사업을 어떻게 구상해야 할까? 제조는 전문 분야가 아니니 공장이 따로 있는 OEM 시스템을 구축해야 할 것이고, 영업 능력이 뛰어나니 영업 중심으로 첫 사업을 스타트해야 할 것이다. 만약 이분이 제조 전문가라면? 당연히 사업 구상 자체가 바뀌게 된다. 이처럼 메타인지는 여러 분야에서 널리 쓰이는 기본 방법 중 하나다. 이것이 가정생활에도 꼭 필요하고 한 가정의 중심인 주부들이 꼭 알아야 하는 방법 중 하나라는 사실은 몇 번을 강조해도 지나치지 않다.

그렇다면, 해외직구에 메타인지 적용은 어떻게 하는 것이 제일 좋을까?

나는 첫째 딸이 어렸을 때부터 해외직구를 했다. 강좌를 들었던 수강생들은 알고 있는 사실이지만 짧지 않은 시간 동안 쓴 돈이 무려 몇천만 원이다. 하나씩 따져보면 수없이 많지만, 실수로 인해 이렇게 누군가에게 도움이 되고 있으니 아까운 생각은 없다. 나는 왜 그렇게 많은 실수를 하고 과하게 지출을 했던 것일까?

그때는 몰랐지만, 곰곰이 생각을 해보면 아이를 키우면서 받는 육아 스트레스를 쇼핑으로 해결했었다는 생각이 든다. '다른 사람은 5만 원에 샀다는데 난 3만 원에 샀네?' 뿌리 없는 희열을 느끼면서 스트레스를 풀었다. 그때는 정말 필요하다 느꼈지만, 결국 옷장의 한 귀퉁이, 싱크대 구석에는 쓰지 않는 물품으로 가득하다. '언젠가는 쓸 물건이야. 나는 돈을 엉뚱한 곳에 쓰지 않았어.' 자기만족을 하며 자신의 지출 습관을 정당화하곤 했다.

사람은 자기결정을 합리화한다. 친구를 따라간 백화점에서 우연히 발견한 예쁜 옷을 덜컥 사고는 생각한다. '잘 샀어. 정말 필요한 물건이었잖아.' 스스로 정당한 지출이다 생각하고 두 시간이 지나면 마음속 갈등이 시작된다.

"이 옷을 입으면 좀 뚱뚱해 보이는 것 같은데 반품을 할까?"

"이 코트는 날씬해 보이는 효과가 있는 것 같아. 정말 잘 샀어!"

갈등은 시작된다. 옷에 달려 있는 태그를 떼지 않고 '반품을 할까? 말까?'를 두고 입고 벗고를 반복한다. 결정을 내리지 못한 채 옷장에 태그를 대롱대롱 달고 계속 고민만 한다.

환절기가 되면 아이들 겨울옷을 준비해야 하는 때다. 그럼 무턱대고 겨울 아우터가 필요하니까 백화점에 가서 예쁜 것을 골라 올 것인가? 여기에서 메타인지는 중요한 포인트다. 단순히 머릿속 생각이 아닌 글로 적는 현재 당신의 상황.

자, 우선 생각을 정리해보자.

첫 번째로 당신이 할 일은 종이를 준비하는 것이다. 처음엔 아무 종이라도 괜찮다. 구석에 있는 먼지 쌓인 다이어리라도 괜찮다.

냉장고가 텅텅 비어 동네 마트에 간다. 오늘 저녁반찬은 돼지두루치기다. 재료는 목살과 각종야채가 필요하다. 종이에 간단히 적어서 마트에 간다. 2만 5천 원을 지출했다.

냉장고가 텅텅 비어 동네 마트에 간다. 배가 고프다. 만두가 눈에 띈다. 삼겹살도 먹고 싶다. 우유도 없는 것 같다. 배변활동에 도움이 되는 요구르트도 사자. 8만 7천 원을 지출했다.

필요한 것들을 종이에 적어 마트에 가면 과한 지출을 막을 수 있다. 누구나 한 번쯤 경험해봤을 일이다. 당장 볼펜과 종이를 준비하자. 그리고 적자.

미국 조지아 대학교의 토머스 스탠리 박사의 『백만장자 마인드』는 미국의 성공한 사람들을 분석한 책이다. 그 책에 소개된 1, 2위를 차지한 성공 요인 중 첫 번째는 '자기관리가 철저하다'였다. 자기관리는 생각을 적는 습관에서부터 시작된다.

두 번째로 할 일은 현재 가지고 있는 물건의 색상, 크기를 적는 것이다. 지금은 가을이라 아이들 아우터를 산다고 했다. 그럼 당신은 무엇을 적어야 할까? 현재 아이들의 신체 사이즈를 적는다. 그리고 아이들 옷장을 열어 입을 수 있는 옷과 입을 수 없는 옷을 구별한다.

예를 들어 적어보도록 하겠다. 우리 아이는 현재 딸 아홉 살 23kg 130cm, 아들 다섯 살 16kg 110cm이다. 현재의 몸무게와 키를 적는 것은 중요하다. 왜냐하면 우리는 해외직구로 물품을 저렴하게 구매할 것이고 입혀보지 못하고 살 것이기 때문이다. 실패를 줄이기 위해서는 현재 상황을 정확하게 분석하는 일이 매우 중요하다.

그다음엔 작년에 입었던 겨울 아우터를 모두 정리하여 꺼내놓는다. 색상과 사이즈를 적고 더러워져서 입을 수 있는지 없는지를 확인하는 작업을 한다. 현재 우리 딸 혜정이의 아우터는 제이크루 퍼플-8T / 제이크루 네이비-7T / 한국 보세 회색-120을 가지고 있다. 모두 조심히 입어준 덕분에 허름하거나 찢어져서 입지 못하진 않지만 팔 길이가 너무 짧아 꼭 둘째 옷을 입은 것 같은 느낌이다. 입혀보면 이 옷을 입을 수 있는지 없는지 결과가 나올 것이다. 혜정이가 작년보다 많이 커서 현재 퍼플만 입을 수 있다. 그럼 퍼플, 네이비, 회색 외에 다른 색으로 1차 색상 결정이 났다.

어른들도 마찬가지지만 항상 같은 옷을 입는 것보다는 다른 색상을 입어주면 새 옷의 느낌을 더 받을 수 있고 빨리 지겨워지지 않는다. 아이들도 마찬가지이니 작년에 입었던 옷의 색깔과는 다른 옷을 고르는 편이 낫다. 가끔 이 작업을 하지 않고 옷을 급하게 구매하는 경우가 있는데 그런 경우 항상 네이비를 사게 된다. 그 옷을 입었을 때 아이가 예뻐 보였고 사람 심리 상 같은 계열의 옷을 꾸준히 사게 되는 것이 보편적이기 때문이다. 선택의 폭을 넓히기 위해 적어놓자. 그래도 결국 네이비를 사게 된다 할지라도 일단 선택의 폭을 넓혀놓고 생각하자. 그리고 현재 있는 아우터의 브랜드명을 적어놓는다. 한국 옷도 브랜드마다 차이가 있듯이 외국 브랜드마다 차이가 있다. 같은 사이즈인데도 작은 경우를 종종 볼 수 있다. 브랜드명을 적어놓으면 차후 유용하게 쓰일 수 있다.

세 번째로 당신이 할 일은 현재 있는 옷의 가격을 기억해내서 적어놓는 것이다. 쇼핑에 항상 따라다닌 것이 지름신이다. 지름신을 만나게 되면 위 작업은 모두 물거품이 된다. 현재 있는 옷의 가격을 적는 것은 두 가지 측면에서 큰 효과를 발휘한다. 첫째, 지출범위를 줄인다. 만약 지름신이 강림해 샀던 옷이라면 그 달 생활비에 부담을 주었을 것이다. 그때의 기억은 지출의 상한선을 잡게 해준다. 이제 사야 할 옷의 가격은 그 가격보다 훨씬 작은 범위 안에서 결정될 것이다. 둘째, 가성비를 생각하게 한다. 저렴하게 샀지만 가격 대비 성능이 좋았다면 성공한 쇼핑이다. 아우터의 경우 충전재, 옷감, 가격, 사이즈 등 고민해야 할 거리들이 많다. 그만큼 꼼꼼히 살펴야 한다는 말이다. '귀찮아서, 브랜드라서, 싸니까.' 어느 한 곳에 구멍이 날 수밖에 없다. '이 가격에 이 정도면 만족하겠어.' 자신만의 기준이 생긴다. 기준을 맞추기 위해 노력하는 자신을 발견하게 된다.

CHAPTER 6

다르게 생각하면 안 보이던 것들이 보인다

저녁을 먹고 아이들은 양치질을 하기 위해 화장실로 들어간다. 매일 알아서 해주진 않지만 아이들이 원하는 것이 바로 코앞에 다가올 때는 "엄마, 나 다 씻었어. 검사!"라고 외치며 주방 싱크대로 달려온다. 아이들은 원하는 걸 갖기 위해서 알아서 척척 움직여준다. 칭찬 스티커는 정말 위대하다. 해야 할 일을 모두 완료하면 각자 하고 싶은 일을 한다. 설거지를 끝내고 하루 빨래를 정리하고 나면 나에게도 드디어 자유의 시간이 찾아온다. 하루 일과 바인더 정리, 목표 피드백, 독서, 블로그 글쓰기 해야 할 것들이 많지만 제일 먼저 저학년용 국어 공책을 꺼낸다.

89일 차 9월 25일 월요일

2018년 5월에 가족과 함께 해외여행을 다녀왔다.

2018년 5월에 가족과 함께 해외여행을 다녀왔다.

2018년 5월에 가족과 함께 해외여행을 다녀왔다.

잠들기 전, 쓰기만 하면 이루어진다는 세 개의 소원!

하나씩 써내려간다. 몇 글자 되지 않기에 시간이 오래 걸리지 않는다. 한 글자 한 글자 한 땀 한 땀 정성 들여 쓴다. 보고만 있던 혜정이가 말을 건다.

"엄마. 뭘 그렇게 쓰고 있어?"

핸드폰으로 게임을 하던 혜정이가 다가와서 힐끔 쳐다본다.

"응! 소원을 적는 중."

입가에 살짝궁 미소를 띤 채로 대답한다.

"그걸 왜 적어? 엄마 소원이 뭔데?"

내 머리 위로 고개를 쑥 내민 혜정이는 '뭐 이런 걸 쓰고 있어? 이루어지긴 하는가'라는 표정으로 멀뚱멀뚱 눈만 깜빡이고 있다. 그러고는 자기 방으로 발길을 돌린다.

이틀이 지나고 같은 시간에 쪼그리고 앉아 소원을 적는다. 혜정이의 표정은 같은데 행동은 다르다.

"나도 써볼래."

줄 공책을 가지고 온다. 혜정이는 살포시 다가와 커튼 뒤에 숨어 한참을 조용히 앉아 있다. 나는 어떻게 하는지 알고 싶어 조용히 기다린다. 당장 커튼 뒤에 숨은 혜정이의 공책을 보고 싶지만 기다려주기로 한다. 삼십 분이 지나도 나오지 않고 계속 있기만 하던 혜정이가 드디어 커튼 뒤로 얼굴을 내민다.

"나도 적었어. 보면 안 돼!"

단호한 말을 하고는 공책을 숨겨버린다.

다음 날 같은 자리에 앉아 소원을 적기 시작하는 혜정이를 보고 나름 소원 적기를 잘했다는 생각을 한다. 아직도 공책에 어떤 말이 적혀 있는지 모른다. 공책을 보고 싶은 마음이 굴뚝같지만 얼마나 철통보안을 하는지 학교를 갈 때도 가방에 넣고 다닌다.

한 달 뒤 혜정이와 함께 하고픈 소원이 하나 더 생겼다. 그것은 바로 일본 여행이다. 내년 1월이 목표다. 여행 가기 전 해야 할 일을 정리하며 같이 이야기한다. 먼저 할 일은 일본에 대해 알아보기 공부다. 기본적인 인사말은 해야 한다며 일본어를 주고받는다. 아이와의 약속은 꼭 지켜야 한다는 소신이 있는 나를 보면 아마 내년 1월 일본 여행은 지켜지리라 믿는다. 소원을 적는 것이 현재 생활에 어떤 변화를 주는지 혜정이의 말과 행동을 보아도 알 수 있다.

한 가지 더 해야 할 일이 있다. 목표를 이루기 위해서는 마음가짐도 중요하지만 현실적인 돈의 문제가 남아 있다. 대부분의 버킷리스트에는 돈이 필요한 경우가 많다. 돈을 어떻게 마련할 것인가도 생각해야 할 문제다.

여행 사이트를 보면 2박 3일 기준으로 대략 80만 원, 4박 5일의 경우 대략 200만 원의 돈이 필요하다. 그럼 이 경비를 어떻게 마련할 것인가? 한 달에 20만 원을 저축하면 열 달이면 200만 원이니 이에 따라 지출 계획을 세우고 목돈을 만들면 된다. 비상금을 만들거나 버킷리스트를 이루기 위해 돈을 모으는 것은 단기적인 계획으로 이루기 어려울뿐더러, 이루어진다 하더라도 목돈이 지출되게 되면 몇 달 동안 후유증에 시달리기 쉽다.

계절이 바뀌면 지출되는 항목이 매해 비슷하다. 겨울이 되면 아이들과 남편의 패딩을 살펴본다. 여름이 되면 물놀이 준비에 래시가드와 수영복을 알아본다. 해가 넘어가도 사야 하는 항목은 크게 바뀌지 않는다. 작년과 비슷한 생활패턴을 하면서 20만 원 저축을 하는 것이 가능할까? 홈쇼핑 세 번은 참아야 하고, 배달음식을 주문하는 횟수도 눈에 띄게 줄어야 가능하다. 생각을 해보자. 겨울 패딩을 준비해야 한다면 얼마의 예산을 잡고 있는가? 여름철 물놀이 용품은 대형마트에 가서 담아 오지 않는가? 현재의 생활방식을 고수하면서 이루지 못한 소원을 얻어내기란 만만한 일이 아니다. 일상생활에서 변화가 있지 않는 한 울타리 밖 세상으로 나아갈 수 없다.

예를 들어보자. 한국에서 아이들 겨울 외투를 살 때, 브랜드 옷으로 사 입힐 계획을 잡는다. 엄마들은 얼마의 지출 계획을 잡을까? 예산을 적게 측정해도 20만 원 내외다. 솜으로 만든 걸 디자인만 예쁜 옷은 분명 지금은 좋아 보일지 모르지만, 한 계절도 입지 못하고 헌 옷 수거함으로 들어간다. 충전재가 솜일 경우 금액은 저렴해진다. 오래 입히지 못하고 매해 겨울 패딩을 구입해본 엄마들은 겨울 외투충전재에 신경 쓰게 된다. 가볍고 따뜻한 구스의 매력에 빠져본 엄마들은 가격이 높아진다 하더라도 하나만 고집한다. 제품의 질과 가격 모두 만족스러우면 좋겠지만 현재의 시장 환경은 그러하지 못하다.

그렇다면 좋은 제품과 착한 가격을 모두 만족시킬 수는 없을까? 한 가지 방법을 제안하자면 역시즌을 이용하는 것이다. 해외직구라면 예상보다 더 저렴하게 구매할 수 있다. 아이들 겨울옷을 사야겠다는 계획을 미리 잡았다면, 겨울옷은 여름에, 여름옷은 겨울에 구매한다. 이것이 내가 수강생들에게 알려주는 노하우, 역시즌 구매법이다.

하버드대학교는 미국의 명문대 중 하나다. 이 학교에서 두 그룹으로 나누어 연구를 했다. 조사 후 중간 조사 결과는 60%의 학생은 목표가 뚜렷하지 않았고 27%의 학생은 목표가 없었으며 10%의 학생은 대략적인 단기 목표를 갖고 있었다. 나머지 3%의 학생들은 매우 명확하고 장기적인 목표를 갖고 있었다. 이 장기적인 추적조사는 25년 후 놀라운 결과를 보여주었다. 그 결과는 다음과 같다. 3%의 명확하고 장기적인 목표를 가지고 있던 학생들은 25년 후 사회 각층의 지도자가 되어 있었다. 60%의 목표가 뚜렷하지 않은 학생들은 평범한 중산층, 27% 목표가 없었던 학생들은 자신이 원하지 않는 삶을 살며 사회의 최하층에 속하게 되었다.

이처럼 목표라는 것은 하버드에 다니는 명문대 학생에게도 삶에 큰 영향을 미친다.

한 달의 목표와 계획을 세우는 것이 작게 느껴질지도 모르지만, 이것이 삶에 소리 없이 스며들 때는 25년 후 바라고 바라던 삶을 찾을 수 있다. 처음 내가 가졌던 목표는 아주 작은 것이었다.

'읽고 싶은 책을 편하게 앉아 볼 수 있는 나만의 책상을 가지고 싶다.'

'당장 사면 되는 것이 아닌가?'라는 생각을 할지도 모르지만, 한 달 목표에는 책상의 예산 금액은 없었다. 내가 원하는 것을 갖기 위해 생활비 지출에서 벗어나지 않는 울타리 안에서 해결하고 싶었다. 하나씩 하나씩 준비해 갔다. 독서대, 읽고 싶은 책, 책상, 의자, 컴퓨터를 마련하기 위해 계획을 짜고 두 달 만에 지출 예산 범위 내에서 원하는 것을 가질 수 있었다. 원하던 물건을 두 달 만에 가졌을 때의 기분은 어떨까? 만약 사고 싶었던 그 기분에 덜컥 몇십만 원을 지출해버렸다면 아마 다음 달 카드 대금에서 후회를 한 번 할 것이고 몇 달간 흔히 말하는 '지지리 궁상'처럼 살았을지 모른다. 그 후 몇 달이 피곤하지 않았을까? 하지만 선과 후를 바꾸면 사는 동안이 재미있고 행복하고 기대감으로 휩싸인다. 또다시 다른 목표를 위해 몇 달간 기대하고 계획하고 지금의 현재를 살게 된다.

쌀밥에 현미 조금

당신은 지금까지 책 내용의 반가량을 읽었다. 행복을 주는 가계부를 살펴보았고, 정리를 마친 서랍장의 여백이 얼마나 홀가분한지도 훑어보았다. 이제 중요한 문제 하나를 짚고 넘어가려 한다.

당신은 어떻게 살고 싶은가? 일명 '소확행'이라 불리는 작은 행복에 만족하며 살고 있는가? 물론 소확행은 일상의 소소한 행복이다. 그리고 확실한 행복이 될 수 있다. 아이들이 잠든 밤 10시 남편과 매운 닭발에 소주 한 잔이 행복일 때도 있고, 텐트와 삼겹살을 준비해 가까운 산으로 향해 휴일을 보내는 것이 행복일 수도 있다. 일상 속에서 파랑새를 찾은 것과 같다. 소확행은 라면이다. 시간이 적게 걸린다. 맛있다. 양은냄비 하나면 설거지가 끝이다. 내일도 다시 찾는다. 그렇다면 매일 먹는 라면은 어떨까? 매일 먹는 인스턴트는 엄마의 걱정을 산다. 질린다. 집밥이 그립다. 올리브유에 담근 치킨이 먹고 싶다.

분명한 것은 소소한 행복은 말 그대로 작은 행복이라는 것이다. 라면을 먹을 때도 있지만 오래 푹 삶은 찐한 곰탕도 먹어야 한다. 라면과 곰탕의 환상적인 하모니가 중요하다. 늘 있는 하루에 작은 행복은 보물찾기 놀이를 할 때의 보물이다. 여기서 중요한 것은 놀이라는 것이다. 진짜 보물은 아니지 않은가. 참된 보물을 찾는 것은 큰 목표로 두고 소확행은 일상을 버티는 힘으로 두는 것이 좋다는 것이 나의 생각이다.

어느 유튜버의 동영상에서 본 내용이다. 미국의 어떤 학생이 '클로키'라는 자명종 시계를 만들었다. 흔한 자명종이 아니다. 광고 없이 한국 돈으로 2억 원어치를 판매했다고 하니 분명 뭔가 있긴 하다. 그럼 클로키는 뭘까? 클로키는 정해진 시간이 되면 알람이 울리면서 양옆 바퀴가 움직인다. 이리저리 온 방을 헤집고 돌아다닌다. 먼지 쌓인 침대 밑, 화장대 다리 사이를 유명 가수가 전국 투어를 하듯 돌아다닌다. 가끔은 문틈에 끼어 표류할지도 모르지만 시끄러운 소리는 멈추지 않는다.

나 같은 사람에게 맞춤형 시계다. 일어나야 하는 걸 알면서도 '5분만, 딱 5분만'을 외친다. 어젯밤 잠이 들 때는 '내일은 6시에 일어나서 조깅을 가야지.' 다짐하면서 결국 다음 날도 똑같은 아침이다. 나는 의지력을 통제하는 사람이 성공한다고 생각한다. 성공이라고 해서 투피스 정장을 차려입고 벤츠에 오르는 여성을 뜻하는 것은 아니다. 매번 같은 결심을 하지만 이루지 못하는 '어떤 것'을 이뤄내는 것이 성공이라고 생각한다.

클로키는 모든 사람들이 원하지만 의지력만으로는 침대를 탈출하는 것이 힘들다는 것을 부각시킨 상품이다. 여기서 알 수 있는 것은 환경설정이다. '아침 일찍 일어난다'는 결심도 중요하지만 실행할 수 있는 여건을 만드는 것도 중요하다. 환상적인 컬러와 금손의 조합으로 칙칙한 눈이 매력적인 눈매로 둔갑한다고 해도, 약속이 없다면 말짱 꽝이다. 생활습관을 바꾸는 데 도움이 될 것 같았다. 그래서 구입을 했다.

클로키가 아침 6시를 알린다. 큰 방 한쪽 벽면은 4개의 창문이 있다. 아침이면 4개의 창문으로 햇빛이 들어온다. 천장을 보고 바로 누운 날이면, 감은 눈 위로 따가운 빛이 들어오기도 한다. 그럴 때면 암막 커튼을 사버릴까 잠결에 고민한다. 따가운 빛과 시끄러운 알람 소리는 남편의 술주정만큼 싫다. "제발 술 먹으면 조용히 자라"라고 말하지만, 알람시계나 남편은 내 말을 듣지 않는다. 온 방을 헤집고 다니는 클로키를 잡기 위해 이불을 발로 걷어찬다. 어깨만큼 오는 서랍장의 구석, 다리가 긴 화장대 밑을 살펴보지만 시끄럽게 '띠링 띠링'거리는 클로키를 찾을 수가 없다. 지난밤 꿈에서도 누군가를 찾아 헤맸다. 밤새 찾아다닌 사람이 누군지는 모른다. 하지만 열심히 찾아다닌 기억은 뚜렷하다. 잠이 깬 후에도 나는 그 무엇을 찾아야 한다. 한 뼘 정도 열려 있던 화장실 문 안에서 시계를 발견한다.

'이딴 걸 왜 사가지고 이 난리고!'

타일이 이어져 있는 구석으로 확 던져버리고 싶은 마음은 굴뚝이지만, 깨진 플라스틱 파편을 치우는 것이 싫어서 참는다. 한숨을 한 번 쉬고 침대에 털썩 주저앉는다. 머릿속에서 갈등이 시작된다. '다시 잠을 자야 하나? 잠이 깨버렸는데 일어나야 하나?' 이불 속으로 들어가도 잠을 다시 잘 수는 없을 것 같다. 아침 조깅을 하기로 했으니 옷을 챙겨 입고 나가야 하지만 나는 아직 침대에 앉아 있다. 베란다 밖에서 칼바람 소리가 들려오기 때문이다.

'조깅만 운동인가 뭐. 요가를 하자!'

인기 유튜버의 영상을 보면서 요가를 시작한다. 아침이라 그런지 몸이 말을 듣지 않는다. 내 몸이나, 남편의 술주정이나, 말을 안 듣기는 매한가지인가보다. 익명의 사내(여인일지도 모른다)를 밤새 쫓아다닌 탓인지 허리는 고함을 지른다. 우두둑, 우두둑. 40년을 쓴 무릎도 말을 안 듣는 것은 마찬가지다. 손을 최대한 펴고 허리를 굽혀도 발까지 닿지 않는다. 손은 종아리 어디쯤에서 안간힘을 쓴다. 인테리어 할 때 전신 거울을 두지 않은 것이 안심이 된다. 대역죄를 지은 죄인처럼 어깨는 꾸부정하고 추레한 뒤태를 내 눈으로 보지 않아도 되니 말이다.

대역죄인 역할은 그만하고 고픈 배를 달래야겠다. 빵과 모닝커피를 담아 베란다로 향한다. 아직 날씨는 쌀쌀하다. 하지만 커피를 두고 백작을 기다리는 우아한 귀부인 역할은 포기할 수 없다. 어느새 7시다. 역할놀이는 그만하고 아이들을 깨워야겠다. 현실로 돌아와 나도 출근 준비를 해야 한다. 간단히 화장을 하고 옷을 입고 시계를 보니 7시 45분이다. 15분의 여유로 아침 설거지를 한다. 혹시나 옷에 물이 튈까 앞치마를 하는 여유도 생긴다. 아이들도 잔소리하지 않는 엄마가 좋은지 알아서 양치질과 세수를 한다.

"준비 다 됐제? 이제 나가도 되겠나?"

평소와 다른 다정한 엄마의 말투에 아이들도 기분 좋게 현관을 나선다.

워킹 맘으로 산 지 몇 달, 지옥 같은 아침을 보냈다. 하지만 오늘은 다르다. 대역죄인과 귀부인 놀이를 하는 여유도 생기고, 악마처럼 지저귀던 잔소리도 들리지 않는다.

'오늘도 지각이네. 아침부터 지점장 눈치 보며 사무실로 들어가야겠네.'

출근길에 이런 혼잣말을 하지 않는 것만 해도 오늘은 성공이다. 여유롭고 활기찬 아침이다.

환경설정은 실행의 첫 칸에 넣어야 한다. 출산 후 허리에 남은 셀룰라이트를 없애기 위한 다이어트도, 1년에 천만 원을 모아보겠다는 확고한 다짐도, 아이들에게 인스턴트 대신 맛있는 집 밥을 먹이겠다는 소신도 마음속 결심만으로 이루지 못한다. 생각만으로 끝낼 거라면 '나는 압구정 로데오 거리에 있는 10층 건물을 살 거야'라고 생각하는 것이 더 나을지 모른다. 기분만은 최고니까.

다짐만 하고 실천을 하지 않을 건데 무슨 제한이 있겠는가. 이런 것은 어릴 적 했던 말로도 충분하다.

"우리 집에는 자석 필통 100개는 있다 왜!"

자석 필통을 자랑하던 친구는 내 말을 듣고 대답한다.

"그럼 내일 가지고 와봐라."

우리는 집에 있지도 않은 자석 필통을 만들려는 것이 아니다. 다짐하고 결심하는 것들은 현실로 이룰 수 있다. 많은 사람들이 출산 후 다이어트에 성공하고 돈을 모으는 것을 보면 전혀 근거 없는 이야기는 아니라는 것 또한 알고 있다. 노후를 준비하고 여행을 가고 비상금을 만들겠다는 것은 충분한 가능성이 있는 일이다. 한사코 '나는 돈을 모을 생각이 없어요'라고 말하는 사람이 있다면 강요하지는 않겠지만, 대한민국은 자유시장경제다. 사유재산을 인정하고 경제활동이 자유로운 나라다. 의무는 아니지만 돈을 모아 윤택한 생활을 할 권리는 있다. 나와 당신은 넓은 들판에서 좋은 풀을 먹을 수 있는 환경에 있다. 굳이 목을 길게 빼고 나뭇가지의 잎을 따지 않아도 된다는 말이다. 그리고 일단 해보면 어렵지 않은 일이라는 것도 알게 된다.

비상금을 만들고 싶을 때, 수입은 꾸준한데 모이는 돈이 없을 때, 그럴 때는 돈을 꾸리는 환경을 만들면 된다.

나는 5개의 통장을 매달 사용한다. 1번 통장은 앞서 말한 '유명 기업에서 활자만 남기고 가져가는 통장'이고, 2번 통장은 '전월의 나에게 대출해준 통장'이고, 3번 통장은 '입금만 가능하고 출금은 아주 불편한 통장'이다. 나머지는 총수입 관리, 사업자 통장으로 나뉜다.

모든 자동이체는 1번 통장에서 나간다. 한 달 생활비도 1번에 보관한다. 고정적으로 나가는 돈은 통계를 마친 상태이고, 현금도 한 달에 두 번만 1번에서 인출한다. 이때 중요한 것은 2번이다. '전월의 나에게 대출해준 돈'은 신용카드 대금을 의미한다. 이것을 1번과 묶지 않은 이유가 있다.

제일 관리가 되지 않는 것이 신용카드다. 빨래 바구니가 필요해 다○소에 방문을 한 적이 있다. 3~5천 원 정도 예상하고 갔다. 아이들을 데리고 가지 않는 것이 포인트인데, 그날은 실수를 했다. 매장에서 나올 때 2만 원짜리 신용카드 전표도 함께였다. 가쓰오부시를 사러 홈○러스에 방문한 적도 있다. 대략 5~6천 원 예상했고, 필요한 것 몇 가지만 사려 결심했다. 그날도 큰 실수를 했다. 혹을 붙여 갔다. 매장에서 나올 때 내 팔목 길이만큼 긴 17만 원짜리 신용카드 전표도 함께였다.

이처럼 카드 대금은 나의 예상 범위를 벗어나는 경우가 많다. 비록 치킨을 두어 번 줄여야 하는 사태로 초과 생활비는 발생하지 않았지만, 나 또한 이런 경우가 많기 때문에 생각해낸 것이 카드대금을 따로 관리하는 통장을 만든 것이다. 이럴 경우 한 달에 한 번씩 결제대금을 이체해야 하는 수고가 발생한다. 하지만 이런 수고가 없다면 카드 청구서를 살피는 것이 마구마구 귀찮아진다.

3번 통장은 나의 비상금 통장이다. '절대 인출이 불가능하다'라고 말하진 못한다. 은행 직원과 미팅하는 날은 가능하다. 하지만 그것도 귀찮다. 시간을 쪼개 4시 이전에 가야 한다는 압박은 나를 정말 귀찮게 하는 일이다. '차라리 옷을 안 사고 말지.'

이렇듯 통장의 환경을 미리 설정하는 것이다. 이것 외에도 돈에 관한 환경설정은 많다. 일부러 신용카드 한도를 줄인다든가, 냉장고 정리를 위해 일주일은 마트를 가지 않는다든가, 아이디어는 무궁무진하다. 다른 이들의 좋은 정보를 모아보는 것도 좋지만, 스스로 생각하고 결심하고 구상하여 시작하면, 마치 남학생이 긴 생머리 여학생에게 끌리듯 자연스럽게 자신의 것이 된다. 어쩌면 느지막이 첫사랑이 시작된 듯 설렐지도 모른다.

TIP

★ 돈이 지나가는 길을 보고 길목에 걸림돌이 있는지 확인하라.

★ 각 통장의 역할을 정하고 그에 맞는 규칙을 정하라.

★ 돈이 모이는 환경을 조성하는 것이 중요하다.

엄마는 가족의 품에서 진가를 발휘한다. 자신의 희생이 헛되지 않음을 알고 자신의 삶이 값어치 있음을 안다. 비록 까칠하게 구는 아이들이 심술궂게 말을 할지라도, 퇴근한 남편이 술 한잔 거하게 섭취하고 들어와 횡설수설할지라도, 우리는 가족의 한가운데에서 살아야 한다.

PART 3

엄마는 숲이다

사람들은 항상 돈이 없다고 말한다. 폐지를 주우며 리어카를 끄는 할아버지도 돈이 없고, 마트 앞에 주차한 벤츠의 주인도 돈이 없는 것은 매한가지다. 돈이 없다고 생각하면 고통이 시작된다. 고통 속에서는 삶이 무의미하다. 많을수록 좋다는 의식이 바뀌지 않는 이상, 살아가는 동안 고난의 연속일 것이다. 하나 말해주자면, 세일러 문도 변신하지 않으면 평범한 학생일 뿐이다. 부유한 인생을 원한다면 둔갑용 지팡이를 꼭 쥐어야 한다.

CHAPTER 1

머니 사이클

엄마는 숲이다. 예전부터 숲은 존재했다. 지금도 생존한다. 때로는 정사각형 블록을 가지런하게 쌓아올린 도심 속에 살아 있고, 도시와 도시를 잇는 고속도로 좌우에도 살아 있다. 어디에 있든 숲은 고귀한 존재다. 그리고 절실하고 그립다.

엄마는 가족의 품에서 진가를 발휘한다. 자신의 희생이 헛되지 않음을 알고 자신의 삶이 값어치 있음을 안다. 비록 까칠하게 구는 아이들이 심술궂게 말을 할지라도, 퇴근한 남편이 술 한잔 거하게 섭취하고 들어와 횡설수설할지라도, 우리는 가족의 한가운데에서 살아야 한다. 돈을 말하기에 앞서 이런 이야기를 하는 이유는 당신은 숲처럼 아름답고, 때로는 도심 속에 갇혀 볼 수 없는 숭고한 소나무이기 때문이다. 이 점은 변하지 않는 진리다. 우뚝 솟아 변함없는 산처럼 자신이 있는 둥 우리의 터를 다지자.

초등학교 시절 엄마는 치맛바람을 날리며 학교 행사, 어머니회 행사를 빠짐없이 참석했다. 작은 삼각 깃발이 하늘에 흩날리며 시끌벅적한 가을 운동회가 있는 날이면 엄마는 3단 찬합에 7색 김밥과 반찬, 과일을 가득 담아 학교로 왔다. 선생님의 도시락은 물론이고 엄마가 없던 친구들의 도시락까지 챙겼다. 나는 영실이 집 둘째 딸이라 불렸고, 부유하진 않지만 안정적인 학교생활을 했다. 초등학교 시절은 평범했고 빼빼 마른 꼬마로 엄마의 사랑을 흠뻑 받으며 6년을 보냈다.

5년 후 빼빼 마른 꼬마는 키가 150cm가 되었고, 겉모습이 변한 만큼 집안 사정도 변해갔다. 1997년 IMF. 그때 나는 고등학생이었다. 아버지의 직장이 흔들렸고, 엄마는 전업주부에서 일을 하는 중년 여성이 되어 있었다. 엄마는 새벽 5시에 일어나 고된 몸을 움직여야 했다. 삼남매의 아침밥을 준비하고, 저녁까지 학교에 있는 언니의 도시락을 챙겼다. 학교 갈 시간이 다 되면 엄마는 우리를 깨우고 일터로 향했다. 나는 까치집이 된 머리로 터덜터덜 걸어 나오면 분주하게 움직이는 엄마의 뒷모습을 볼 수 있었다.

그때는 돈을 경멸했다. 더불어 돈의 힘도 알았다. 돈은 괴물 같은 큰 손을 펴고 삼남매를 올린 다음 그 도끼 같은 눈을 부릅떴다. 계곡처럼 깊은 손 주름 사이에서 허우적거리며 밀레니엄을 맞이했다.

스물한 살 생일엔 서울에 있었다. 기상시간은 6시였고 귀가시간은 10시였다. 미친 듯이 달렸다. 괴물을 손아귀에 넣으려 애를 썼다. 괴물에게 구박당하던 시절은 끝나는 듯했다. 하지만 다시 굴복하고 말았다. 퇴사였다.

마흔이 되어 알게 된 사실이 있다. 돈은 그래프를 그리며 온다는 것이다. 그리고 돈을 경멸하지 말아야 한다는 것도 알았다. 내 몸보다 큰 괴물과 싸워봤자 이길 수 없다. 이긴다는 말이 무색하다. 그저 같이 살 방법을 강구하는 편이 낫다. 잘 이용하고, 잘 다루는 것. 그것이 내가 하는 일이고, 또 내가 좋아하는 일이다.

돈을 모으는 일도 즐겁지 않다면 아무 소용이 없다. 한 움큼 가지면 두 움큼 잡으려 할 테고, 두 손이 모자라면 입고 있는 옷가지라도 벗어 던져 모으려 할 것이 뻔하기 때문이다.

2년 전 서울에서 강의를 들은 적이 있다. 강사는 이렇게 말했다.

"여러분은 한 달에 돈을 얼마를 벌고 계시나요? 지금보다 두 배를 벌면 만족하시나요? 만약에 한 달에 천만 원을 번다면 어떨까요? 과연 돈을 모을 수 있을까요? 한 달에 천만 원을 버니, 차가 달라질 겁니다. 벤츠 S클래스를 타겠죠. 그럼 그 차를 타고 어디를 가시나요? 시장 골목에서 국수 먹겠어요? 아니요. 호텔 뷔페로 갑니다. 한 달 천만 원을 버는데 해외여행 한번 안 가실래요? 비싼 5성급 호텔로 가겠죠. 그럼 스파는 안 하시나요? 돌아올 땐 가족 선물도 다 사옵니다. 한 달에 2천, 3천을 번다고 생각해보세요. 과연 이렇지 않을까요?"

나는 고개를 끄덕였다. 나의 지난날이 생각났기 때문이다. 남편의 월급만큼 수입이 더 생기던 나를 돌이켜보았다. 강사의 말은 현실이었다. 나는 돈을 통제하지 않았다. 수입이 늘었던 만큼 씀씀이는 더 커졌고, 돼지고기 먹으러 갔다가 소고기 먹고 왔다.

사람들은 항상 돈이 없다고 말한다. 폐지를 주우며 리어카를 끄는 할아버지도 돈이 없고, 마트 앞에 주차한 벤츠의 주인도 돈이 없는 것은 매한가지다. 돈이 없다고 생각하면 고통이 시작된다. 고통 속에서는 삶이 무의미하다. 많을수록 좋다는 의식이 바뀌지 않는 이상, 살아가는 동안 고난의 연속일 것이다. 하나 말해주자면, 세일러 문도 변신하지 않으면 평범한 학생일 뿐이다. 부유한 인생을 원한다면 둔갑용 지팡이를 꼭 쥐어야 한다.

남편이 사업을 시작했을 때 일이다. 한 달 수입은 꽤 좋은 편이었다. 생활비를 여유롭게 쓰고도 300만 원이 넘는 돈을 저축할 수 있었다. 어느 날, 시부모님 차를 타고 식당으로 가고 있었다. 어머님이 말씀하셨다.

"TV 보니까 ○○○ 아나운서는 재활용 옷 수거함에서 아이 옷을 가져온다 하더라. 어미야. 집 앞에 재활용 수거함 있제? 한번 가봐라. 좋은 것도 많다더라."

나는 아무 말도 할 수 없었다. 과일 얼룩이 묻은 아이 옷을 지워지지 않는다는 이유로 버렸다. 그리고 이월상품이지만 내복을 3개 더 샀다. 나는 속으로 생각했다.

'충분히 살 여유가 있는데 왜 남의 옷을 주워 입히노.'

그때 '펑' 하는 소리와 함께 차가 비틀거렸다. 타이어가 펑크가 난 것이었다. 긴급출동을 불러놓고 나는 차에서 내렸다. 남편에게 다가가 말을 했다.

"어머니 하신 말씀 들었나? 요즘 누가 얻어 입히노. 당신이 말 좀 해 봐라."

나의 재촉에 남편이 어머니에게 다가갔다. 무슨 말을 하는지 듣지는 못했지만 그날은 어머니의 표정이 좋지 않았다.

6년이 지났다. 굴곡이 심한 돈의 그래프는 바닥을 치고 있었다. 한여름이었다.

여름방학이 되니 아이들이 보채기 시작했다. 아랫집 언니네도 마찬가지였나보다. 언니에게 전화가 왔다.

"애들이 심심해한다. 야외 물놀이 장이라도 갈래? 거기는 입장료도 없고 먹는 것만 가지고 가면 된다더라. 가자."

상황이 좋지 않아 워터파크는 그림의 떡이었다. 그러니 수영복은 쓸 일이 없었다. 작년에 입었던 수영복을 찾기 시작했다. 장롱 속 서랍장 끝에 수영복과 수영모가 있었다. 래시가드를 사주겠다고 약속을 했었지만 그해에도 사주지 못했다. 할 수 없이 등이 X자로 파인 수영복을 입고 갔다. 수영복 위에 걸칠 만한 카디건도 없었다. 그늘막이 있으려니 생각하고 집을 나섰다.

물놀이를 마치고 돌아온 딸은 등이 따갑다며 울었다. 야외 수영장에 가보니 그늘막이 없었다. 땡볕에서 노느라 살갗이 익어버린 것이었다. 빨갛게 익은 등을 보며 나도 같이 울었다. 수영복 하나 사는 것도 재고 또 재야 하는 현실이 싫었다. 매달 생활비는 적자였고 아이들 옷 하나 사주기도 벅찬 나날들이었다. 밤이 되면 아이들을 재워놓고 재활용 옷 수거함으로 가야 했다.

돈의 사이클을 많이 겪었다. 제일 마음이 아팠을 때가 '래시가드 사건'이 있었을 때다. 지금도 생각하면 눈시울이 붉어진다. 한동안 혜정이의 등에는 하얀 X선이 있었다. 집 안에서 나시를 입고 촐랑거리던 딸의 뒷모습을 보면서 혼자 눈물을 감춘 적도 많았다. 주방으로 달려오던 둘째에게 들켜 추궁을 당하기도 했다.

"엄마 왜 울어?"

엄마들이 제일 아픈 순간은 아이들이 원하는 것을 해줄 수 없는, 자신의 부족함을 느낄 때다. 어릴 적 힘들었던 시간보다 더 많이 아팠고, 오래 아팠다. 지금도 눈물이 나는 것 보면 아직 상처가 아물지 않았나 보다.

하지만 아픈 기억 때문에 돈에 집착하는 사람이 되고 싶지 않았다. 비록 아이들에게 넉넉하게 해줄 수는 없지만 돈으로 해결되지 않는 다른 보석을 안겨주고 싶었다. 괴물을 잡으려 애쓰는 건 부질없는 것이란 걸 알기에, 내가 선택한 것은 포근한 가정이었다. 하교를 하고 집으로 들어서면 핑크빛 온기가 느껴지게 해주는 것, 그것이 돈으로 줄 수 없는 나만이 줄 수 있는 다이아몬드였다.

이제 돈을 보는 시선이 바뀌었다. 돈이 많아야 한다고 생각하지 않는다. 학교를 마치고 온 딸에게 맥도날드 스낵랩 3개를 고민 없이 사주기만 하면 된다. 돈을 경멸하지 않는다. 힘이 있다고 생각하지 않는다. 돈을 손아귀에 넣으려 버둥거리지 않는다. 그러니 마음이 안락하다. 이제 나에게 돈은 괴물이 아니다. 아홉 살 꼬마에게 위협적이던 회색 시멘트 담벼락이 더 이상 두려움의 존재가 아니듯, 이제 나에게 돈은 공포의 대상이 아니다.

최소한의 돈만 있으면 된다고 생각하면 마음이 편안해진다. 그러면 자신의 삶에 만족을 느낀다. 일상이 감사하다. 사이클은 돌게 되어 있다. 현재 상태보다 나은 형편이 되면 가득 찬 행복을 깨닫게 될 것이다. 먼저 돈을 바라보는 눈길이 바뀌면 인생이 신선해진다. 자신의 삶이 궁상맞게 느껴지지 않는다. 벽에 꼽혀서 야금야금 전기를 축내는 콘센트를 뽑을 때도, 시장에서 천 원 깎자고 흥정하는 모습도 재미있는 추억이 될 수 있다.

오늘도 추억을 쌓으려 재래시장으로 간다. 그리고 글을 쓴다. 나는 나답게 돈을 쓰고, 또 돈을 번다.

TIP

★ 부를 얻을 방법은 많다. 그러나 부를 다스리는 방법은 한 가지뿐이다. 자신을 보살피는 것이다. 항상 감사하는 마음은 자신을 지키는 첫걸음이다. 일상에 감사하고 시간에 감격하자. 그러면 부는 당신을 뒤따라올 것이다.

CHAPTER 2

비우고 공부하다

첫째 아이와 둘째 아이는 네 살 터울이다. 주변 지인들에게 우스갯소리로 말하곤 한다. '첫째 키우고 좀 살 만하니 둘째가 생겼다' 10년을 육아로 보냈다. 육아의 시간은 길고도 긴 터널이었다. 마치 고속도로를 달리다 캄캄하고 긴 터널을 빠져나왔는데, 잠시 후 다른 터널을 마주한 느낌이었다. 물론 육아는 행복한 시간이었다. 한 뼘도 안 되는 발로 소파를 지지대 삼아 걷던 딸, 엄마를 보며 방긋 웃어주는 아들, 감기에 걸려 콜록 거리는 엄마에게 "엄마, 아파? 호~!" 하며 안아주던 아이들, 무엇과도 바꿀 수 없는 생애 값진 경험이었다. 그리고 현재진행형이다.

터널로 들어가면 파랑, 빨강, 노랑 불빛으로 가득하다. 차에게 방향을 알려주는 지시등이다. 터널은 언제 끝나는지, 그 끝에 무엇이 있는지 모른다. 짙게 깔린 어둠을 색색의 형광등과 우렁찬 호루라기 소리가 함께할 뿐이다. 나에게 육아는 터널이었고, 책은 지시등이었다.

나는 엄마가 처음이었다. 그래서 배워야 했다. 책을 읽었다. 앞 장에서도 말했지만 고등학교 졸업 후 책을 읽지 않았다. 고등학교 교과서가 재활용품으로 구별되면서 책과 결별했다. 재회는 서른이 되면서다. 터널은 피할 수 없었고, 기왕이면 터널 속에서도 행복해지고 싶었다. 재회의 기쁨이었을까. 책은 육아만 알려주지 않았다. 해외직구 방법, 부자가 되는 마인드, 부의 지름길을 알려주었다. 물론 맛없는 책은 라면 받침이 되기도 했다.

내 나이 마흔이다. 컴퓨터를 잘 다루는 편에 속하지만 새로운 기기는 어색하다. 스마트폰 앱을 설치할 순 있지만 사용하기는 낯설다. 터치보다는 마우스가 편하다. 나는 그렇다.

카카오 스토리가 유행할 때까지 괜찮았다. 아마 둘째를 임신했을 때즈음으로 기억한다. 첫 게시물은 혜정이가 그린 사람이었다. 눈동자는 점 두 개였고, 입은 얼굴의 반을 차지했다. 손가락은 세 개밖에 없으며, 머리카락은 두 가닥만 솟아 있었다. 그래도 머리핀은 있었던 것 같다. 아마 자신을 그린 걸로 추정된다. 게시물 밑에 댓글이 달렸다. '엄마를 그린 거가?' 언니의 반응이었다. 본문의 내용을 잘못 적었는데 수정하는 방법도 몰랐다. 나는 그랬다.

다음으로는 트위터, 페이스북, 인스타그램으로 차츰 이어졌다. 도무지 할 수가 없었다. 수정은 어떻게 하는 것이며, 설정은 어디를 눌러야 하는 것인지 알 수가 없었다. 친구의 비서로 일할 때 절실히 느꼈다.

'배워야 하는구나!'

아침에는 뽀송뽀송한 얼굴을 찍어 SNS에 올린다. 점심시간에는 입으로 들어가야 할 음식을 카메라에 넣는다. SNS에 올린다. 페친들의 댓글에 회신을 한다. 저녁에는 일기를 쓴다. 속상했던 일, 슬펐던 일, 기뻤던 일을 SNS에 올린다. 막역한 페친들이 위로나 축하를 한다. 스마트폰은 하늘이 내린 선물이다.

"SNS를 책으로 배웠어요."

나는 10년이 지나도 책으로 배울 것 같다.

최근에는 책이 더욱더 간절해진다. TV를 보는 시간보다 책을 읽는 시간이 더 많다. 해외직구도 책으로 배웠다. 글을 쓰는 방법도 책으로 배웠다. 아이를 다루는 기법도 책으로 배웠다. 지금껏 안다고 확신했던 것은 한낱 모래알에 불과했다. 신기하고 야릇한 세상이었다.

야릇한 세상을 알려면 호기심이 필요하다. 바로 궁금증이다. 그리고 실마리를 찾아야 한다.

나는 일주일에 한 번은 도서관에 방문한다. 대출회원증으로 다섯 권을 빌릴 수 있다. 도서관에 방문하기 전에는 다이어리를 편다. 북 리스트에서 하나를 고른다. 도서관에 방문하면 같은 종류의 책이 주르륵 진열되어 있다. 책의 목차를 보고 다섯 권을 고른다. 집으로 돌아오면 책을 읽는다. 나만의 방식으로 해석하고 실마리를 적는 것으로 매듭짓는다.

많은 사람들이 독서할 시간이 없다고 한다. 엄마는 아이들이 등교를 하면 집안일을 시작한다. 두어 시간 걸린다. 전날 딸이 화장실에서 액체 괴물 묻은 손을 씻기라도 한 날이면 삼십 분이 더 걸린다. '액체 괴물'이란 말이 왜 생겼는지 알 것 같다. 바닥에 딱 달라붙은 '진품 괴물'이다. 베란다에 있는 화분에 물을 준다. 바닥에 자글자글 흙이 남았다. 베란다에도 '괴물'이 산다. 오후가 되면 마트를 다녀온다. 이것도 두어 시간 걸린다. 저녁을 준비하면 수학 숙제를 봐준다. 옥신각신 싸운다. 11-3=11. 11에서 3을 빼면 11이라고 한다. 왜냐하면 3을 빼고 남은 것이 11이기 때문에 11이라고 한다. 거대한 꿀밤이 날아간다. 저녁 드라마도 봐야 한다. 재벌 3세인 남자 주인공은 아들을 친자가 아닐 거라고 의심하기 시작했다. 과연 여자 주인공은 어떤 변명을 할까. 이리 뒤집고 저리 뒤집는 부침개 같은 드라마는 본방이 진리다.

나도 전업주부였기에 이해한다. 깨끗이 정돈된 집을 원했고 직장동료들과 이야깃거리에 동참해야 했다. 그러면 독서는 '폼 잡기 위한 자세'에 그친다. 카페에서 책을 보는 사람들이 있어 보이고, 가방에서 발견되는 책 한 권이 고상해 보인다. 그럴 때면 겉표지의 제목이 중요해지고, 자신의 호기심을 해결해줄 책이 아니라 하나의 장식품에 머무르게 된다.

책 한 권이 인생을 바꿔놓을 수 있다. 내가 바로 그 증거다. 나에게 『왓칭』은 민들레 씨앗이었다. 들판을 민들레로 가득 채울 종자였다. 이제 한 평 남짓 꽃이 폈지만 신비롭게 에워싼 민들레가 들판에 가득할

날이 멀지 않았음을 알 수 있다.

『왓칭』은 사칙연산과 같았다. 기초가 되었다. 오묘했다. 검증의 시간이 있어야 했다. 손가락으로 세어보듯. 나는 확인하고 싶었다. 생각을 비웠다.

13년생 아들의 이름은 준서다. 준서는 고집이 매우 세다. 친정엄마가 준서와 그네를 타러 놀이터에 갔다가 고개를 흔들며 돌아왔다.

"준서가 고집이 보통이 아니네. 니 고생 좀 하것다."

그렇다. 황소고집이다. 준서는 그네를 타면 밀어달라고 한다. 그래서 나는 두 손으로 민다.

"너무 쎄. 한 손으로 밀어야지."

한 손으로 민다.

"너무 약해. 좀 더 세게 밀어야지."

무한 반복이다. 더 이상 참을 수 없어 화를 내는 일도 종종 있다(사실 매일이었다). 변덕스러운 고집은 나를 정말 힘들게 했다. 하루는 『왓칭』을 읽고 실천해보기로 했다. 말도 안 되는 고집을 피우는 준서 앞에서 '제3자의 입장'으로 나를 보았다. 분명 고집을 꺾지 않는 데는 이유가 있을 것 같았다.

'풍선에 화를 넣어 머리 위 하늘로 띄운다. 점점 멀어져가는 것이 보인다. 더 올라가더니 점처럼 작아진다. 화가 사라졌다.'

답답함이 풀렸다. 신기했다. 그리고 생각했다. '왜 이러는 걸까?' 그러고 보니 생각이 났다. 장난감 사달라고 보채던 아들에게 단호한 모습을 보이려 "안 돼!"라고 말했다. 아마 그 일 때문에 화가 나서 다른 트집을 잡은 듯 보였다. 준서의 마음이었다면 나 역시 속상했을 것 같았다. 나만의 입장이 아닌 준서의 입장으로 생각하니 안아줄 수 있었다. 어렴풋이 어렸을 때 기억이 났다. 나는 종이 인형에게 입힐 드레스를 사달라고 졸랐다(당신이 생각하는 그 종이 인형이다. 즉! 안 비싸다). 학교 앞 문구사에서 꿀밤 한 대를 맞았고, 사주지 않는 엄마가 미웠다. 엄마가 없는 틈에 연탄재를 마당에 뿌리고 친구 집에 갔다.

『왓칭』을 읽어본 독자들은 알겠지만 믿기 어려운 내용이다. '과연! 정말! 사실이야?' 궁금했다. 그래서 내가 아는 기존의 사실들을 버렸다. 비웠다는 말이 더 정확할지 모르겠다. 내가 명확하다고 믿었던 논리적인 사고방식을 털어내었다. 비우기 시작하니 보이기 시작했다. 내가 진실이라 믿었던 감정들이 둔해졌다. 지긋지긋한 불만들이 사라졌다. 남편과의 감정싸움도 차츰 줄어들었다. 마치 세 살 꼬마가 사탕 하나에 홀라당 넘어가 엄마에게 등 돌리듯 나쁜 감정들은 외면하며 사라졌다.

배움은 어디서나, 언제나 가능하다. 우리는 수능을 준비하는 열일곱 살 고등학생이 아니다. 정리, 증명, 풀이 따위에 수명을 걸고 매달리지 않아도 된다. 대학 등록금 또한 필요 없다. 기차가 허리를 짓밟는 출산의 고통을 이겨낸 엄마들이다. 무엇을 못하겠는가. 돈이 필요하지도 않다는데(책을 사면 돈이 든다. 도서관으로 가면 공짜다).

식탁이든, 아이 책상이든, 소파에서든 가능하다. 있어야 할 것은 단한 가지뿐이다. 당신이 알아야 할 궁금증이다. 재미라면 더할 나위 없이 베스트다. 어차피 시간은 흐르게 되어 있다. 막을 수도 없다. 그 시간에 무얼 하든 선택은 자유다. TV를 시청하든, 강의를 듣든, 사우나에 가든, 당신이 결정할 문제다. 하지만 시곗바늘이 2천 번을 돌아간 뒤에 희열을 맛보았는지 자신에게 물어보라.

돈은 낙엽과 같다. 땅에 떨어진 것을 보면 줍고 싶다. 한 번씩 줍기도 한다. 그렇지만 곧 내 손을 떠난다. 사계절이 돌듯, 돈도 돌고 돈다. 그런 걸 보면 흥부가 부자가 되고, 놀부가 거지가 되는 것도 당연한 이치 같다. 가을이 되면 산으로 가는 것처럼 돈을 줍기 위해 우리는 떠나야 한다. 지혜의 세계라면 흡족할 것이다. 책이 싫거나 책에 알레르기가 있다면, 유튜브로 배우면 된다.

자신에게 물을 주고 영양분을 뿌려라. 그러면 반드시 낙엽을 뿌리는 날도 온다.

TIP

★ 도서관을 이용하자. 배우고 싶은 지식이 끝도 없이 펼쳐져 있는 곳이다.

CHAPTER 3

시행착오를 최소한으로

가끔 무료강좌를 연다. 많은 인원을 초대하기보다 대여섯 명을 초대한다. 참여한 엄마들이 강좌 내용을 온전히 흡수하길 원하기 때문이다. 사실 해외직구는 간단하다. 반면에 더없이 오묘하다. 해외직구의 진의는 빈틈없고 알뜰한 소비인데, 대체로 이 의미를 잃고 만다. 안타깝지만 이것은 사실이다. 엄마들의 대답이 간단명료할 것 같지만, 의외로 답변을 어려워하는 것만 봐도 알 수 있었다. 나는 엄마들에게 묻는다.

"왜 해외직구를 하려고 합니까?"

"해외직구로 당신은 무엇을 얻고 싶으신가요?"

해외직구 방법은 초록색 창에 몇 글자 두들기면 나온다. 매우 친절한 블로그들이 상세히 알려준다. 내가 운영하는 카페에만 해도 수십 가지의 직구 방법이 나와 있다. 우리는 마음만 먹으면 어떤 정보든 얻을 수 있는 세상에 살고 있다. 나도 검색대를 지지하고 싶지만, 이득이 많을 것이라고 말하진 못하겠다. 과연 해외직구 방법을 알아낸다고 해서 효과적인 지출이 가능할까?

미안하지만 정신 차리지 않으면 호랑이에게 물려가기 딱 좋은 세상이다. 9시가 넘으면 광고가 도착한다. '띵동' 광고는 9시 10분 즈음이면 카톡으로 온다. 잘 때까지 광고는 멈추지 않는다. 카드사에서 대출받으라는 전화, 최신 휴대폰으로 교체하라는 전화, '치킨 할인권'을 주는 광고 알람, 미니시리즈도 반으로 잘라 광고를 하는 세상이다. 우리는 필요한 물건을 사고 기업은 그 돈으로 광고를 하고, 뫼비우스 띠처럼 끝없이 반복되는 과정 속에 사는 것이다.

모두 알다시피 엄마는 전쟁에 참가한 영웅이며, 명석한 두뇌와 전략적 사고를 지닌 지략가다. 그러나 가끔은 사라지지 않는 가면우울증을 겪기도 한다. 그렇다 하더라도 둥지로 귀가할 나약한 영웅은 아니다. 주인공에게는 '이래도 되나 싶을' 고난과 역경이 오곤 하는데, 거대한 난관에도 능숙하게 헤쳐 나간다.

나는 영웅들을 이렇게 예측한다. 이 책을 읽는 당신은 아마도 30~40대 여성일 것이다. 당신은 침대에 반쯤 누워 책을 들고 있고, 주방에는 취사 버튼을 눌러놓은 밥솥이 곧 말을 할 것이다. 장난감 1~2개가 바닥에 있지만 머리카락 한 올 허락하지 않는 깔끔한 성격일 것이다. 당신은 조만간 하원할 아이들을 기다리고 있다.

아이가 열 살을 넘기면 엄마의 품을 떠난다. 엄마는 밥하고 설거지하고 청소하는 사람이고, 아빠는 아이들에게 줄 용돈을 수확하는 사람이다. 아파트 언니들과 대화에 빠지지 않는 소재는 아이들의 행동이다. 보편적인 청소년들의 행동이지만, 엄마 아빠들이 너무 서글퍼지니 '모든 청소년들이 이러한 생각을 한다'라고 말하진 않겠다. 하지만 일부는 현실이다.

어쨌든 위대하고 거대한 광고 속에 살고 있고, 부모의 자리는 점점 작아지는 실정이다. 이제 두 가지 문제를 생각해볼 차례다. 자녀를 키우면서 돈은 절실한 요소가 되었고, 각종 제품들은 호시탐탐 유혹하는데 엄마들의 대책은 뭘까?

일화 하나를 소개할까 한다. 몇 개월 전 겪었던 일이다.

무더운 여름이 끝나고 선선한 바람이 부는 가을. 여느 날과 다름없이 학교를 마친 딸의 전화를 받았다.

"엄마, 토요일에 친구들이랑 시내 가도 돼?"

나는 갑작스러운 통보에 선뜻 말이 나오지 않았다.

"응? 어디 가려고 그러는데? 시내 길 아나?"

한동안 멈칫했던 엄마가 거절할 거라 예상한 듯 목소리는 작아졌다.

"길은 모르는데…… 그래도 갈 수 있는데……."

단칼에 거절할 생각은 없었지만 나지막한 목소리를 들으니 마음이 약해졌다. 그리고 무슨 말을 해도 엉뚱한 발상을 뒤집지는 못할 것 같았다.

"음, 알았다. 일단 친구 엄마들이 허락하면 가라. 알았제?"

다음 날 어김없이 딸의 전화가 왔다. 여섯 명의 엄마들이 허락했다고 말했다. 전화기 너머로 들려오는 밝은 목소리는 들떠 있었다. 짹짹거렸고 우렁찼다.

다행히도 토요일 아침은 파란 하늘에 하얀 물감을 살짝 뿌려놓은 듯 맑았다. 만나기로 한 장소에 도착하니 고만고만한 아이들이 계단에 앉아 있었다. 열 살, 여섯 명, 여학생.

시내 가까운 주차장에 차를 세우고 신난 아이들을 잠시 불러 앉혔다.

"얘들아, 오늘 이모는 지킴이야. 위험한지 안전한지 살피기만 할 거야. 알제? 싸우지 말고, 혹시나 친구들이랑 헤어지게 되면 이모한테 전화해. 핸드폰이랑 지갑 잘 챙기고, 알았제?"

학교와 학원 외에는 혼자 다니는 일이 거의 없는 초등학교 3학년. 아이들은 두 명씩 짝을 지어 걸었다. 하얀 얼굴은 연신 웃고 있었고, 마치 구름 위를 걷는 듯 들떠 있었다. 신난 아이들이 처음 들어간 곳은 서점 옆에 위치한 팬시점이었다. 거기에는 아이돌 사진첩은 물론이고 장난감과 큐빅 핀, 문구용품들이 모여 있었다. '나는 당신을 위해 태어났어요. 돈이 아깝지 않을 거예요.' 유리 선반에 진열된 온갖 제품들이 속삭였다. 이렇게 멋진 물건을 사지 않고는 못 견디겠다는 듯 아이들의 손은 빠르게 움직였다. 매혹적인 물건을 장바구니에 담고 저마다 계산대로 향했다.

다음으로 간 곳은 인형 뽑기 가게였다. 천 원을 기계에 넣고 닭발처럼 생긴 갈고리를 조종했다. 연달아 실패하니 아이들 얼굴이 일그러져

갔다. 엄마가 준 용돈을 지갑에서 계속 꺼내기 시작했다. 이대로 두었다간 꼬깃꼬깃 접어온 용돈이 바닥날 지경이었다. 지갑을 보면서 우울해하고 있는 아이, '오늘은 꼭 인형을 뽑고 말겠다'는 얼굴로 지갑을 열고 있는 아이, 두 번째 뽑기 기계에서 큰 인형을 뽑은 아이. 각자 다른 얼굴로 인형 뽑기 가게를 장식했다.

"배 안 고파? 간식도 못 먹고 여기서 돈 다 쓰겠는데?"

여기저기 기웃거리기를 두 시간째, 아이들이 가져온 용돈은 바닥을 보인 듯했다. 시내 구경을 마치고 아이들과 공원으로 향했다. 아이들에게 물어보고 싶은 것이 있었기 때문이었다. 아이들과 함께 다녀본 시간 동안 느낀 것이 많았다. 아이들은 공원 귀퉁이 작은 테이블에서 조그만 하얀 손으로 삐뚤빼뚤 쓰기 시작했다.

- 오늘 친구들과 시내 구경은 어떠했는지?
- 집에서 가져온 용돈은 얼마였는지?
- 지금 남은 용돈은 얼마인지?
- 용돈을 쓰고 현재 남은 물건은 무엇인지?
- 오늘 쓴 돈을 스스로 벌어본다면 무슨 일을 할 것인지?

다 쓰고 난 후 한 명씩 읽어보기로 했다. 친구들에게 돈을 빌려준 아이, 용돈을 다 써버리고 친구에게 돈을 빌린 아이, 용돈을 남겨온 아이.

나는 그날 두 가지를 확실히 깨달았다.

첫 번째는 돈을 관리하는 데는 연습이 필요하다는 것이다. 아이에게 '돈을 아껴 써라' 결정적 한 방을 날릴 수도 있었다. 하지만 그렇게 하지 못했다. 잔소리로 그칠 것이 빤했기 때문이었다. 때로는 물고기에게 창살을 던지는 것보다 떡밥을 뿌리는 것이 나을 때도 있다. 딸은 집안일을 돕고 나는 돈을 준다. 이것은 연습이다. '나가서 땅을 파봐라. 돈이 나오나!' 어릴 적 엄마가 자주 하셨던 말이다(놀이터 철봉 아래 땅을 파면 돈이 나오긴 했다).

연습은 나이를 따지지 않는다. 관에 들어가는 것도 연습해보는 시대에 무얼 망설이겠는가. 돈을 만드는 연습은 노동의 정직한 무게를 깨닫게 해주고, 돈을 쓰는 연습은 달달하고 노련한 광고에 빠져 허우적거리는 자신의 모습을 보게 해줄 것이다. 잘 살기 위해서는 잘 쓰는 방법을 익혀야 한다. 이때 시행착오는 본품에 따라오는 샘플이다. 어쩔 수 없다. 시행착오를 최소한으로 줄이는 일밖에 피해 갈 길은 없다.

두 번째는 질문을 해주는 지킴이의 역할이다. 공원에서 아이들에게 질문을 했을 때 한결같이 한 말은 '아깝다'였다. 자신이 했던 행동을 후회하고 있었다. 아마 시내 구경을 마치고 집으로 향했다면 느끼지 못했을 것이다. 미루어보건대 내가 했던 질문은 아이들이 잊었던 기억을 떠올리게 했다. 지킴이는 질문을 해주는 사람이다. 지킴이는 시행착오를 최소한으로 줄이는 방법을 스스로 깨닫게 해준다. 지킴이는 자신이나 배우자, 또는 자녀가 될 수 있다. 멘토가 있다면 더할 나위 없이 최고다.

거의 모든 사람들이 부의 물결에서 헤엄치고 있다. 좋은 직장을 갖길 원하고 타인보다 높은 연봉을 받기 위해 애쓴다. 돈을 가지기 위해 끝없는 바다를 헤엄치는 것과 같다. 거듭 말하지만 어디로 가는지도 모른 채, 무의미한 몸놀림은 힘만 빠질 뿐이다. 그러니 부표가 있다면 잡자. 그리고 잠시 쉬자. 부질없는 손과 발이 편안히 쉴 수 있게 시간을 주자. 그러다 보면 자신을 에워싸고 있는 영역이 보인다. 그제야 볼 수 있고 알 수 있는 것이다.

하나 덧붙이자면, 엄마에서 작가로 인생이 뒤바뀐 여자의 말에 귀를 기울인다고 해서 침몰하진 않으니 믿어보길.

CHAPTER 4

빠른 변화, 쏟아지는 신제품, 그리고 견디는 방법

"오늘 스쿨버스 타고 집에 오다가 봤는데, 공주 분식집 앞에 3반 애들이 있더라고……."

여학생들은 말하기를 좋아한다. 나 또한 말하기를 좋아하는 열여섯 살이었다. 학교에서 하루 종일 말을 해도 마침표는 없었다. 단짝친구와 나는 각자의 집으로 돌아간 후에도 전화로 만날 수 있었다. 영어 선생님이 입고 온 체크무늬 치마는 촌스럽다는 둥, 1반 어떤 애가 누구랑 싸워서 머리카락이 한 뭉치 빠졌다는 둥, 마치 탁구공을 튀기듯 주거니 받거니 말풍선을 만들었다. 매일 저녁식사를 마친 후에는 전화기를 잡았다. 긴 수다는 고3인 언니가 학교에서 집으로 돌아오기 전까지 계속되었다. 거실 벽과 연결되어 있는 귀여운 캐릭터 전화기였는데 세워 놓으면 인형 같았다. 동그란 눈과 빨간 입이 있는 펭귄 모양이었다. 몸에 착 붙은 손도 있었는데 '나는 날개가 있지만 날지 못해'라며 말하는 듯했다.

어느 날 전화기를 들고 한 시간가량 단짝친구와 통화를 했다. 여전히 대화의 쟁점은 영어 선생님의 옷차림과 국사 선생님의 머리카락의 개수, 그리고 학교생활에 따라다니는 자질구레한 가십거리였다. 그때 갑자기 현관문이 쾅 닫히더니, 아빠가 내 방으로 들어오셔서 호되게 야단을 치셨다. 나는 그날 펭귄이 나는 것을 보았다. 사실이다. 날개는 펴지지 않았지만 분명히 날았다. 펭귄은 긴 꼬리 전선과 함께 사라졌고 나는 다시 펭귄을 볼 수 없었다. 며칠 뒤에 알게 된 사실인데, 일하던 아빠가 집으로 몇 통의 전화를 하셨고 나와 단짝친구는 무시무시한 양의 침을 튀기며 열변을 토하고 있었기에 연결이 되지 않았다는 것이었다. 그 일 이후 엄마의 레이더는 작동을 시작했고 나는 낙담했다.

펭귄이 사라진 후 빼빼 마른 열여섯 살 여학생은 저녁이면 운동을 하기 위해 집을 나섰다. 여남은 발걸음마다 가로수가 있어서 무섭지 않았다. 가로수를 수십 개 지나면 공중전화박스에 도착했다. 전화박스는 나란히 세 개가 연결되어 있었는데 마치 학교 화장실처럼 느껴졌다. 줄을 선 학생이 많다는 것과 "빨리 좀 나오시죠" 하고 언제나 보채는 투덜이들이 있다는 것, 그리고 옆자리는 몇 명이 들락거리는데 내가 선 자리는 열리지 않는다는 것. 학교 화장실처럼 생긴 공중전화박스는 어디서나 볼 수 있었다. 나와 같은 목적을 가진 이들이 많았기에 성황을 이루었고 짧은 황금기를 누리고 사라졌다. 시티폰이 나왔기 때문이다.

20년 전의 이야기라 젊은 세대는 이해 못 하겠지만 그때는 그랬다. 휴대전화가 나오기 전이었고, 있었다 한들 학생에게는 쇼케이스 안의 1등급 한우였다. 지금은 통화하기 꺼려지는 사람에게 카톡이나 문자 메시지로 자신의 감정을 털어놓기도 한다. 외국에 살고 있는 가족에게 안부전화를 하는 것도 현지 시간만 괜찮으면 무료에 무제한으로 할 수 있다. 세상은 거대한 물결이 일렁이듯 변하고 있고, 속도 또한 급변하고 있다.

S사가 휴대전화 시장을 독점하던 때가 불과 15년 전이다. 현재는 미국, 중국, 일본, 영국 등지에서 수많은 제품들이 쏟아져 나온다. 매일 눈맞춤을 하는 TV는 물론이고, 매일 움켜쥐고 놓지 않는 휴대폰도 마찬가지다. 매일 먹고 입고 만지는 것들이라고 다를까.

"나를 선택해주세요. 이 선반에서 꺼내주면 나와 똑같은 친구 하나를 더 가질 수 있어요!"

홈○러스에서 자주 경험하는 일이다. 1+1 행사는 사랑이다. 카트를 끌고 계산대를 통과하기 전까지 모른다. 즉 끝이 나봐야 알 수 있다. 자신에게 아리따운 그리움으로 남을지 지긋지긋한 악몽으로 남을지.

우리는 수요보다 공급이 많은 시대에 살고 있다. 선택의 폭은 상상할 수 없을 만큼 넓어졌다. 자신이 절실하면 지구 반대편에서도 가져와 손에 넣을 수 있다. 때로는 터무니없이 비싼 한정판 운동화를 사기 위해 살을 에는 추위에 새벽부터 줄을 설 수도 있다.

여기서 짚고 넘어가야 할 것이 하나 있다. 바로 명료한 지출의 기준이다. 기준이 궁색하면 지름신의 꾐에 넘어가게 된다. 온갖 제품에 눈을 돌리고 가지려 몸부림을 친다. 어쩌다 취하지 못하게 되면 불만을 토로한다. 만약 당신에게 지출의 기준이 없다면 찢어진 주머니에 동전을 넣는 것과 같다. 아니면 시내 한복판에서 배춧잎 지폐를 살포하는 행위이거나.

"돈을 더 버는 방법은 없을까? 매달 왜 이렇게 돈이 없는 거야."

대한민국 대부분의 사람들이 바라고 있다. 친구보다 더 멋진 차와 좋은 집을 원한다. 많은 돈을 가지기 위해 애쓴다. 자신을 성장시키고 높은 곳에 오르려 힘쓰고 있다. 책상에 앉아 글을 쓰고 있는 나 또한 성장하려 매일 고민을 한다. 제법 바람직한 일이니 칭찬해줄 만하다. 나는 오늘도 고래가 되어 칭찬을 먹는다. 호로록.

나는 계곡에서 그릇을 씻는다. 그릇은 물살에 휩쓸려 이내 떠내려간다. '펑' 산신령이 나타난다. "이 그릇이 네 그릇이냐? 요 그릇이 네 그릇이냐?" 둘 중 어떤 것을 선택할까.

나무꾼이 그랬듯 나도 두 가지 선택지를 두고 고민한다. 선택지는 '자신의 성장'과 '지출의 기준'이다. 둘 다 중차대한 일이지만 하나를 고르라면 나는 '지출의 기준'이 든 그릇을 선택하겠다.

이유는 간단하다. 견고한 큰 그릇에 많이 담을 수 있기 때문이다. 크기만 해서는 안 된다. 튼튼해야 한다. '깨진 독에 물 붓기'. 여기에 딱 어울리는 말이다. 똑똑한 독자들은 무슨 뜻인지 알아챌 것이다. 그리고 지금쯤 고개를 갸우뚱거리며 질문할 것이다. "도대체, 어떻게?"

독자들처럼 나도 이 문제를 오래도록 고민해왔다. 그러는 동안 하나 깨달은 것이 있다면 '정답은 없다'는 거다. 그렇다. 까다롭고 복잡한 현실에서 '11-3=8'이라는 뺄셈 공식을 대입할 수는 없다는 것만은 여러분도 안다. 여기서 중요한 사실을 덤으로 알게 되었다. 모든 것은 마음가짐에서 시작한다는 것을.

바로 자신의 지출 기준을 명확히 세우려는 의지다. 문득 스치고 지나가는 아이디어가 자신의 튼튼한 그릇이 될 수도 있다. 그러니 부디 '그릇 만들기'를 포기하지 않았으면 좋겠다. 이제 내가 만든 '그릇'을 이야기할 차례다.

5년 전쯤으로 기억한다. 홈쇼핑 방송을 보다 신기한 주방용품을 보았다. 보관할 식재료를 비닐에 넣고 공기를 빼면 압축이 된다. 이름은 정확하게 기억나지 않는다. 택배 상자가 뜯기고 신제품이 무신경해질 때쯤 싱크대 구석으로 들어갔다. 그리고 나오지 않았다. 다시 볼 수 없었기에 이름은 잊었다. 문제는 이런 일이 한두 번으로 끝나지 않는다는 것이다. 불멸의 신제품은 끝도 없이 나를 유혹했다.

싱크대 선반 안에는 먼지 쌓인 주방용품들이 많다. 요리가 서투른 손이라 주방용품이 눈에 더 들어온다. 신개념 제품들이 나의 요리 실력을 월등히 높여주리라 기대하지만 대개는 오래가지 못한다. 기껏해야 한두 번 쓴다는 것을 알면서도 왜 같은 행동을 반복하는 것일까. 이 점이 나의 의문이었다.

대체로 상품을 구매하거나 광고를 보고 있을 때는 알아채지 못했다. 하지만 보통 한 달 안에는 판가름이 난다. '역시 바보 같은 짓을 했군!' 그래서 생각을 바꿔보았다. 효과는 좋았다.

첫 번째는 사고 싶은 의욕이 샘솟으면 '나에게 팔려고 또 수작을 부리는군. 꿋꿋이 해봐'라며 코웃음을 지었다. 마치 여자를 꾀려 필사적으로 애정공세를 펼치는 남자인 듯 생각했다. 지나치기 훨씬 수월했다. 그리고 시간이 지나면 언제 그랬냐는 듯 의욕은 사라졌다. 굳이 없어도 되는 물건에 헛돈을 쓰던 나는 사라졌다. 몇 번을 지나치고 나니 처음부터 사고 싶은 생각조차 꿈틀거리지 않았다.

'내가 실수를 하려고 할 때 옆구리를 쿡 찔러주는 사람이 있다면 얼마나 좋을까. 만약 그런 사람이 없다면 내가 되면 안 될까.'

두 번째는 관망이다. 기다림이라고 해도 좋다. 일주일을 참고 지켜보는 것이다. 하루가 지나면 '살까? 말까' 삼 일이 지나면 '사지 말까?' 일주일이 지나면 '없어도 괜찮을 거야!'로 바뀐다. 사람에겐 기억하는 것만큼이나 잘 잊어버리는 것도 필요하다. 어릴 적의 기억이 별로 없다면 그 또한 지극히 정상이다. 스스로 판단했을 때 중요하지 않은 정보를 굳이 갖고 있어야 할 이유가 없기 때문이다. 사람은 각인된 정보만을 기억한다. 그리고 저장된 정보를 꺼내 사용한다. 우리에게 싱크대 한구석을 차지할 그 무엇은 기억해야 할 이유가 없다. 과감히 딜리트 키를 눌러 삭제하는 것이 옳다. 이 방법은 꽤 유용하다. 자신이 선택할 오류를 선별해낼 수 있기 때문이다. 필요한 것은 시간이요, 당신이 할 일은 그저 가만히 기다려주는 것뿐이다. 그러면 답이 온다. 일주일이 지나도 꼭 사야겠다면 사면 된다. 중요한 것은 자신이 선택한 상품을 오래, 소중히, 아끼고, 쓰임새 있게 사용하느냐 하는 문제다. 숙고의 시간에도 흔들림이 없었다면 자신의 손에 들어올 이유가 명확하다는 것이다.

나는 다 같이 짠순이가 되자고 하는 게 아니다. 다만 과한 지출을 볼 줄 아는 눈이 필요하다는 이야기를 하는 것뿐이다. 분명 살아갈 동안 많은 소비를 하게 된다. 그리고 항상 부족하다 생각한다. 생각을 슬쩍 바꾸기만 해도 허점이 보일 것이다. 돈의 허점이 보이는 날, 행복한 돈을 가지게 된다.

TIP

★생각을 바꾸면 돈이 모인다. 유혹임을 알아채는 눈과 기다리는 시간이 필요하다.

CHAPTER 5

가치 있는 소비

어린 시절 환경을 돌아보면 가끔 감당하기 힘든 추억이 함께 떠오른다. 나에게 각인된 환경은 전학이다. 횟수로는 네 번의 전학을 다녔다. 기억을 되살려보면 초등학교 두 번 중학교 두 번, 지역으로는 경상도 세 번 충청도 한 번이다. 나는 남해에서 태어났다. 첫 전학은 부산이었다. 같은 경상도 지역이었고 말투의 생김새를 다르게 느낄 만한 경험이 없었다. TV에서 나오는 말이 표준어라는 사실을 인지하지 못했던 어린 나이였다. 이를 깨준 건 충청도 공주로 전학을 갔던 때였다. 중학교 1학년이었는데 경상도에서 전학 온 까무잡잡하고 키 작은 아이에게 선생님은 표준어로 말씀하셨다(내 기억에는 남자 선생님이었고 다정한 표준어였다).

"현주야. 한문책 있니?"

말투의 생김새를 알지 못하는 키 작은 나는 대답했다.

"한문책예? 없는데예."

작아 보이는 것이 싫었던 나는 당당하게 말하려 했다. 하지만 잠깐의 침묵 위로 한바탕 웃음이 쏟아졌다. 한문책을 가져오지 않았다는 것이 웃음거리인지, 당당하게 말하려 애쓰는 모습이 웃음거리인지 가늠하기 어려웠다. 이내 들리는 친절한 아이들의 말에 이유를 알 수 있었다.

"재 뭐라고 했니? 없는데예? 어디서 온 애니? 하하핫."

아이들의 웃음은 당황한 나의 얼굴을 보고 더 커졌다. 내 사투리가 친구들에게 비웃음거리가 된다는 사실을 처음 알았던 날이다. 그 후로 나는 처음 보는 사람들과 말을 하지 않았다. 학교를 가기 위해 버스를 타도 말을 하지 않았다. 단지 버스를 같이 탔다는 것 외에는 인연의 고리가 없는 사람들이 굳이 고개를 돌려 바라보는 시선이 싫었기 때문이다. 친한 친구들 외에는 말을 건네는 것이 두려웠다. 새 학년이 되어서도 마찬가지였다. 먼저 다가오지 않는 친구는 그냥 지나쳤다. 아이들에게 주목받는 것이 싫어서 무척이나 말을 아꼈다. 특히 국어 수업이 있는 날이면 불안했다. 더욱더 안절부절못하는 날은 내 번호가 달력의 숫자와 일치하는 날이었다. 선생님은 달력의 숫자를 부르며 일어나서 크게 읽게 하셨다. 나는 센 억양이 불쑥 튀어나올까 노심초사했고, 짝꿍끼리 나누는 사소한 잡담에도 예민하게 반응했다. 사람들 앞에 서는 것은 놀림거리가 되었다. '한문책의 기억'은 25년이 지난 지금까지도 강한 트라우마로 남아 있다.

마흔 살이 된 나는 지금 강의를 하는 사람이 되어 있다. 나의 자질구레한 실수와 잡다한 경험이 때론 도움이 되기도 한다는 사실을 알았다. 그리고 강의와 책을 준비했다. 물론 강의하면서 '한문책의 기억'이 이따금씩 상당한 공포를 주기도 했다. 떨쳐버려야 했다. 기억을 없앨 순 없지만 공포를 줄여야 했다. 그래서 나는 결심했다. 많은 사람들과 만나기로. 지나가는 사람들에게 말을 걸면 두려움도 없어질 것 같았다.

두 달 정도 노점상을 해보기로 했다. 친한 지인이 양말 공장을 운영했기에 물건을 받기는 쉬웠다. 문제는 어디서 해야 할지 결정하는 것이었다. 그래서 광역시로 갔다. 밀집되는 공간을 찾아 헤맸다.

7월의 어느 날, 나는 노점상 자리를 알아보러 혼자 울산에 갔다. 6차선 도로 위에는 석방을 애타게 기다리는 죄수처럼 차들이 줄지어 서 있었다. 차의 에어컨 열기는 내리쬐는 강렬한 햇빛과 뒤섞여 지글거리는 철판 위를 걷는 것 같은 착각을 불러일으켰다. 나는 계속해서 걸었다. 배가 고파졌다. 혼자 먹기 꺼려져서 점심을 지나쳤던 탓이었다. 인도 한 귀퉁이에 땅콩빵을 파는 아줌마가 보였다. 동병상련이었는지도 모른다. 점심식사로는 부족하지만 땅콩빵과 물로 허기를 채웠다. 아이들에게 주려고 5천 원어치 빵을 더 샀다. 땅콩빵이 든 갈색 종이봉투를 손에 들고 차로 향했다.

오 분쯤 걸었을까? 인도 위에 종이박스를 펼치고 누워 있는 할머니가 있었다. 그 앞에는 방울토마토, 오이, 대파가 담긴 소쿠리가 있었다.

그늘막도 없이 땡볕에 누워 계셨고 전문적인 장사꾼은 아닌 듯했다. 집에서 직접 키운 야채나 과일인 듯했고 그 양도 많지 않았다.

아무 생각 없이 훑어보고 지나치다 몇 걸음 뒤 멈춰 섰다. 그리고 왔던 길로 다시 돌아갔다. 아마 평소 같았으면 그냥 지나쳤을 테지만 그날은 마음에 뭔가 하나 덧붙어 있었다. 할머니에게 말을 걸었다.

"할머니, 방울토마토 얼마예요?"

다행히 몸을 일으키시며 3천 원이라고 말씀하셨다. 다른 말을 할 수 없었다. 방울토마토 두 봉지와 몇 가지 야채를 담고 만 원을 드렸다. 내가 할 수 있는 것이라곤 필요한 것을 사고 자리에서 일어나는 것뿐이었다. 약간의 걱정스러운 말도 쉬이 꺼낼 수 없었다. 되레 상처가 될 수도 있다는 생각에서였다.

걸으면서 흘렀던 땀은 차에 시동을 걸면서 서서히 식었다. 땀에 젖은 옷이 차갑게 느껴질 때까지 할머니의 모습이 머릿속에 남아 있었다.

집에 돌아온 후 아이들에게 주려 싱크대에 방울토마토를 부었다. 씻으려 만져보니 반 이상이 말라 있었다. 얼추 짐작했던 일이었다. 너무 작다며 투덜대는 아이들에게 "내일 또 사올게"라고 말했다.

그날 쓴 만 원은 나를 반성하게 했다. 그리고 만 원의 가치에 대해 생각하게 했다. 자주 가는 동네 과일가게보다 품질은 떨어졌지만 돈이 아깝지 않았다. 설령 한 장의 지폐가 할머니에게 큰 도움이 되지 않았더라도 나는 기분이 좋았다. 만 원을 쓰면서 남긴 여운은 아직도 남아 있다. 돈이라는 것에 대한 가치를. 그 후 '가치 있는 만 원을 썼다'라고 생각할 만한 일은 한동안 생기지 않았다.

두려움을 없애려 시작했던 일이 돈에 대한 가치를 심어주었다. 그렇다고 소비를 하면서 의미심장한 가치를 따지거나 괜찮은 사람이 되어야 한다는 것을 말하려는 게 아니다. 돈을 어떤 생각으로 쓰냐에 따라 마음이 카멜레온처럼 변한다는 것이다. 기분에 휩쓸려 '몇만 원 쓰는 것쯤이야, 뭐 어때?'라는 생각보다는, '몇만 원을 쓰는 것이 나에게 무슨 가치가 있지?'라는 생각이 앞선다면 어떨까 하는 것이다.

나 또한 지금까지 가치 없는 소비를 해왔는지도 모른다. 홈쇼핑에 홀딱 빠져 며칠 동안 택배 아저씨와 매일 인사를 나누기도 했고, 대형마트에서 할인행사를 한다는 이유로 잡아왔던 야채들이 냉장고에만 있기도 했고, 친구를 따라갔던 곳에서 입지도 않는 니트를 덜컥 사버리고 옷장 속에 넣어두기도 했다. 이런 지출은 생활 속에 거의 대부분을 차지한다. 아마 노점상 할머니의 기억이 없었다면 지금도 현재진행형일지 모른다.

가치 있는 소비는 생각처럼 어려운 것도 아니고 굳은 의지력이 필요하지도 않다. 단지 시간이 필요할 뿐이다. 현관을 나와 버튼을 누르고 엘리베이터를 기다리듯 시간을 주면 된다.

'나는 지금 무엇 때문에 돈을 쓰려 하는가?'

이것에 대한 답이 '신기해서' 또는 '잠깐의 만족감 때문에'라면 시간을 더 갖길 권한다. '신기해서'라는 이유로 시작하는 호기심은 금세 풀리기 마련이다. 이것은 실크 천 아래 철장에서 비둘기가 나오는 마술의 비결을 알아내는 것이 아니다. 단순한 호기심이 해결되면 쓰레기로 변한다는 것이 문제다. 아니면 집 안 구석을 차지하는 짐이 되기도 한다. 굳이 터무니없는 지출을 감행해야 할 필요가 있을까?

'잠깐의 만족감 때문에'라는 이유로 지출을 한다면 끝이 없다. 나와 당신 그리고 모든 사람들은 욕구를 가지고 있다. 만족감에는 마지막이 없다. 생을 마감하는 사람들은 '다 부질없다'고들 말한다. 이 말이 맞다. 오늘은 잠재운 만족감이 내일 다시 눈을 뜨고 말을 건다. "오늘은 이걸 가지고 싶어. 사줘."

그렇다면 돈은 어떻게 써야 가치 있어지는 걸까? 개인적인 차이야 있겠지만 대표적인 것 한 가지만 말하고 넘어가려 한다. 그것은 '오래도록 남을 기억이나 추억을 주는가'다. 우리는 흔히 "어제 뭐 했니?"라는 질문에 선뜻 대답하지 못한다. 기억에 남을 만한 일이 없었기 때문이다. 평범한 날이었으니까. 하지만 특별한 기념일이나 행사가 있었다면 묻지도 않았는데 먼저 말을 한다. 과연 쇼핑몰에서 어제 주문한 빨간색 니트는 당신에게 어떤 추억을 가져다줄까? 단순히 '니트를 입은 모델이 예뻐서'는 아니었을까.

자기만족감

남편이 중학생 때부터 살아온 오래된 아파트에서 신혼살림을 시작했다. 결혼 전에 벽지며 장판, 인테리어까지 모두 바꾸었기 때문에 제법 아늑한 신혼집이라고 할 수 있었다. 남편과 나는 그 집에서 아이 둘을 낳고 키웠다. 그사이 반짝이던 실크벽지는 알아볼 수 없는 상형문자로 채워졌고, 덕지덕지 붙은 스티커는 오랜 시간 붙어 있느라 너덜거렸다. 우연히 포털사이트에서 셀프 인테리어를 발견하고 집을 꾸미려 계획했다. 큰 방만 바꾸려 했기에 한 달을 계획했지만 6개월 넘게 마무리하지 못했다. 인테리어가 거실과 주방으로 확장되었기 때문이었다. 힘든 작업은 봄에 시작해 초가을에 끝났다.

그동안에 자주 몸살을 앓았고 파스가 떨어질 날이 없었다. 어설픈 솜씨여서 군데군데 흠도 보였다. 하지만 만족감만은 최고였다. 페인트칠을 하다 팔이 아파 멍하니 서 있기도 했고, 작은 키로 의자를 딛고 올라서다 넘어지기도 했다. 아파도 행복했다. 완성시킨 벽을 보며 머리에 꽃 꽂은 처녀처럼 실없이 웃기도 했다. 나는 내가 자랑스러웠다.

긴 시간 매달린 프로젝트를 훌륭히 마친 직장인이나, 유년 시절 자신이 받지 못한 만점의 꿈을 자녀에게서 찾는 부모이든, 하루 종일 구석구석 먼지를 털어내고 대청소를 끝내고 커피 한 잔의 여유를 갖는 주부이든, 어쩌면 우리는 하루하루의 크고 작은 성취감들을 섭취하며 세상을 살아가는지도 모르겠다. 물론 소파와 한 몸이 돼서 TV 리모컨을 손에 쥐고 놓지 않는 시간도 가끔 있지만, 매주 같은 형식의 개그 프로는 질리게 마련이다('와' 하며 언제 소리를 지를지 예측이 가능해진다).

돈은 만족감을 주고 사라진다. 돈을 쓰면 물건을 얻을 수 있고 그것은 만족감을 준다. 우리는 지갑에서 돈을 내밀면서 특별한 만족과 한심한 만족을 경험하곤 한다. 자신의 과거 경험을 기꺼이 꺼낼 용기를 가지면 한심한 만족을 피해 갈 수 있다. 또한 적은 지출로 특별한 만족감을 얻을 수 있는 기초를 마련할 수도 있다. 예를 들자면 드레스룸에 빼곡히 걸린 옷들이다. 버리지도 입지도 못하는 옷은 한심한 지출의 결과다. 이러한 일들이 계속 이어지면 결국 올가미에 걸린 톰이 되어버린다. 제리에게 항상 골탕을 먹던 톰 말이다.

나는 돈에도 톰과 제리가 있다고 주장하고 싶다. 톰은 열심히 제리를 쫓아가지만 이기지 못한다. 명석한 두뇌는 제리의 것이었다. 부를 창출하는 것도, 적은 지출로 특별한 만족을 얻는 것도, 허무한 만족을 뿌리친 사람들의 것이기 마련이다. 똑똑한 소비는 같은 돈을 지출하고 성취감과 만족감을 두 배로 가진다는 의미다. 과연 어떻게 가능할까?

먼저 자신이 지나온 시간을 돌이켜보면 된다. 현재까지 수입을 통계 내본다. 첫 월급부터 시작하면 좋겠지만 너무 길다면 결혼생활 기간 동안만으로라도 한정 지어보자. 여담인데, 남편의 압축 기장된 농협 통장을 본 적이 있다. 입금 내역이 한 줄의 숫자로 요약되어 있었는데 상상도 못 할 만큼 어마어마한 돈이었다. 물론 그 돈이 오롯이 지출 내역으로 옮겨졌지만 말이다.

하여튼 내 말은 그 어마어마한 숫자를 알아보라는 것이다. 당신도 지출 내역으로 옮겨진 후이겠지만, 그렇다 하더라도 계속 같은 방식을 유지하는 것이 옳은 것일까? 아마 당신도 숫자를 보며 나만큼 당황할 것이다. 허공을 쳐다보며 '휴' 한숨을 뿜을지도 모르고, 어깨에 힘이 빠지고 몸이 축 늘어질지도 모른다. 하지만 당신은 곧 알게 될 것이다. 허공을 보는 눈이 다시 반짝이고 내려갔던 입은 다시 올라가게 될 것이다. 마치 꽉 막힌 도로에서 지름길을 알려주는 현지인을 만난 듯 반갑게 '소비'를 맞이하게 될 것이다.

TIP

★ 성인이 된 후의 수입을 통계 내보자. 그리고 남은 것은 무엇인지 곰곰이 생각하고 적어보자.

CHAPTER 6

습관이란 너란 놈은 정말

결혼을 한 후 나는 집안일에 매진했다. 남편이 출근을 하고 나면 청소기를 들었다. 강화마루 바닥이 반질반질 윤기가 나면 기분이 좋았다. 스팀청소기를 돌릴 땐 뒤로 걸어야 제맛이다. 그래야 발자국이 남지 않기 때문이다. 청소가 끝나면 싱크대로 갔다. 물기 묻은 그릇을 닦아 제자리에 넣고 나면 다시 한 번 뿌듯함이 밀려왔다. 할 일의 반을 해결한 것 같았다. 남은 것은 저녁식사를 준비하는 일이었다. 내가 해야 할 일이 끝날 때쯤이면 남편이 왔다. 집밥을 좋아하는 우리는 아이가 태어나기 전까지 오붓한 저녁식사를 할 수 있었다.

첫아이가 태어난 후 저녁을 준비할 시간이 없었다. 남편이 퇴근한 후 저녁식사가 준비되어 있지 않으면 얼굴이 굳어진다는 것을 느꼈다. 이런 상황을 몇 번 겪다 보니 이상한 증상이 생겼다. 남편이 현관 비밀번호를 누르기 전까지 저녁 준비를 마쳐야 한다는 압박감이었다. 걷지 못하는 아이를 등에 매고 밥상을 차렸다. 허리는 욱신거렸고 어깨와 목은 항상 뻐근했다. 몸이 아파 힘들었다. 하지만 나를 더 압박한 것은 매일같이 반복되는 저녁식사였다.

몇 년이 흘러 둘째가 태어나고 나는 워킹 맘이 되었다. 독박 육아에 직장생활을 해야 하는 힘든 시간이 다가오자 차곡차곡 쌓아놓은 감정들이 머리를 내밀었다. 그중 하나는 저녁 준비였다. 나는 퇴근시간이 되면 불안해졌다. 늦은 시간까지 아이들은 어린이집에서 돌봐줬고 아이들은 엄마를 만나면 재잘거리기 시작했다. 하지만 나는 아이들의 이야기를 온전히 들을 수가 없었다. 온 신경을 저녁 준비에 쏟고 있었기 때문이다.

"오늘은 뭐 해서 먹어야 하지? 냉장고에 뭐가 남았지?"

오랜 시간 동안 나를 압박하던 생각들은 사실이 되어갔다. 그것이 진실인 듯 믿어버리니 날카로운 신경질은 나 자신이 되어 있었다. 남편을 향한 가시는 점점 날카로워지고 있었다.

"나는 뭐지? 밥 차리고 애 보고 일하고 난 도대체 뭐야?"

나만의 생각은 나쁜 습관을 만들어냈다. 어느 순간 나를 돌아보는 계기가 생겼을 때 날카로운 감정을 빼고 조심히 이 문제를 꺼냈다. 남편은 황당하다는 얼굴로 자신은 아무렇지도 않다고 말했다. 중요한 사실은 남편은 아무렇지도 않았다는 것이었다. "힘들면 하지 말고 대충 먹자"는 말과 함께.

나쁜 습관은 나의 생각에서 시작되었다. 남편의 굳은 얼굴이 저녁식사 때문이었다는 나만의 생각이 나를 예민하게 만들었다. 나는 그 생각이 사실이라고 믿었다. 저녁이 되면 항상 불안해했다. 그런데 나의 생각은 만들어낸 허상에 불과했다. 사실이 아니었다. 나쁜 생각은 나쁜 행동을 만든다. 그리고 혼자 폭주하게 한다. 나는 이 사실을 너무 늦게 깨달았다. 시간이 지나니 허탈해졌다.

'내가 왜 그렇게 살았지? 대화가 없던 우리들의 문제였을까? 다른 문제도 분명히 있을 거야.'

나는 나름대로 정해진 생각들을 정돈해야 했다. 망상이 만든 나쁜 습관을 찾아야 했다. 그래야 질문을 바꿀 수 있기 때문이었다. 질문을 바꾸어야 참된 답을 찾을 수 있었다. 나는 스스로에게 물었다. '내가 가진 불만과 불안이 진짜인가? 어디서 나오는 불안일까?'

나쁜 생각이 만든 나쁜 습관

- 나는 월급 없는 식모인가. 휴일에도 집안일은 끝이 없다:

  휴일에는 내 시간이 필요해. 나 건들지 마.

- 딸아. 넌 엄마처럼 살지 마라. 더 많이 배워라:

  공부에 집중해야 한다고 잔소리하게 된다.

- 가만히 있으면 불평, 불만이 머릿속에서 떠나지 않는다:

  다른 생각 하지 않게 TV만 보게 된다.

- 성취감? 만족감? 어디에서도 느껴지지 않는다:

옷이나 가방, 액세서리를 사 모으기 시작한다.

한때 생각으로 시작된 나쁜 습관들이다. 완전히 내던졌다 장담하지 못하지만, 나는 지금도 노력 중이다.

좋은 뿌리에서는 열매가 탐스러운 법이다. 내 생각은 뿌리였다. 내가 키운 나무는 열매가 좋지 않았다. 늦게 깨달았지만 지금이라도 깨우친 것에 감사하다. 만약 생각이 바뀌지 않았다면 지금도 고통 속에 살고 있었을 것이다.

나의 생각과 그로 인한 나쁜 습관, 그리고 만족하지 못한 삶은 연결되어 있었다. 마치 셔츠의 단추처럼 밀리면 계속 엉뚱한 자리이고 결론은 삐뚤어질 뿐이었다. 다른 자리에 들어간 단추는 풀 수밖에 없다. 그리고 위치를 잘 맞추어 왼손과 오른손이 화합해야 한다. 그래야 평온한 삶을 누릴 수 있다.

만약 당신이 약간의 문제를 인지하고 있다면, 그래서 조금의 변화를 원한다면, 남편과 아이들의 말과 행동이 내 삶에 흘러들어 생각을 조정한다고 인정하면 된다.

'나는 게으른 것 같아요' '나는 아이들에게 나쁜 엄마 같아요' '나는 아무것도 못하는 사람인가봐요'. 당신이 만일 이런 생각을 하고 있다면 단연코 말하건대, 그것은 틀렸다. 가족들을 위해 희생하는 시간에 아픈 상황일 뿐이고, 분명 탐스러운 열매를 가질 수 있다. 그 증거는 당신이 살아온 시간에 오롯이 존재한다. 시시콜콜 재잘거리는 풋풋한 학생이었고, 친구들을 웃게 만드는 매력을 가진 여성이었고, 오랜만에 만난 동창에게 "하나도 안 늙었네"라는 칭찬을 들을 중년이 되었으니까. 더 많은 증거는 차고 넘친다. 그러니 사랑스러운 당신에게 한번 웃어 주길 바란다.

습관도 유산이다

여섯 살 난 둘째 아이에게는 장난감만이 최고의 선물이다. 세 살 때인가 누나가 가지고 온 터닝메카드 하나에 마음을 빼앗긴 적이 있었다. 남자아이들에게 인기가 많았던 캐릭터는 에반이었다. 대략 2만 원 정도의 장난감이었는데 너무 인기가 많아 품절 상태가 계속되었다. 타돌, 베노사, 옥타 등 다른 캐릭터의 상품들은 쉽게 구할 수 있었다. 하지만 인기 좋은 에반, 타나토스, 미리네는 사고 싶어도 물건이 없어 살 수가 없었다. 대형 마트에서 판매를 시작하면 몇 시간 전부터 줄을 서야 하는 광경까지 펼쳐졌다.

이렇게 희소성을 무기로 판매 전략을 펼치는 건 장난감만이 아니다. 몇 년 전 허니○○ 과자도 이런 전략을 펼쳤다. 한동안 SNS에 과자봉지와 함께 인증 샷을 찍어 자랑하던 때가 기억난다. 전략적인 마케팅이 성공했고 많은 사람들이 가질 수 없는 희소성에 가치를 부여했다.

마케팅 이야기를 하려던 것이 아니니 다시 우리 아이 이야기로 돌아가보자. 아들은 TV에 새로운 캐릭터가 등장하면 곧장 엄마에게 달려와 매달렸다. 얼마나 귀엽고 예쁘게 혀 짧은 소리로 애교를 떨던지 귀여워서 하나씩 사주기 시작했다.

어느새 회사에 출근하면 대형마트 지점으로 전화를 걸고 있었다. 재고가 있는지 매주 두 번씩 전화를 걸었고 회사 동료인 언니도 살 때 같이 주문해달라며 부탁을 했다. 어느 날 장난감 정리함을 구매를 하고 쭉 정리를 해보니 부서진 장난감 외에 50개의 터닝메카드가 층층 계단으로 앉아 있었다. 단순 계산을 해봤다. 2만 원짜리 50개는 100만 원…….

아들은 TV에서 나오는 것마다 다 사달라고 한다. 만화와 만화 사이에 하는 광고 덕분에 모르는 것이 없는 아들이 되었다. 며칠 전에는 가스레인지 청소를 하는 내게 다가와 말을 했다.

"반짝반짝 청소 스펀지 사줄까? 정말 신기해. 원 플러스 원이래. 정말 최고지?"

어리석은 엄마가 여기 있다. 아무 조건 없이 넋 놓고 장난감을 사서 대령한 엄마가 컴퓨터 앞에 앉아 있다. 이런 책을 쓰고 있다고 해서 대단하다 생각한 사람이 있다면 그것도 진실이 아님을 알아주길 바란다. 나는 아주 어리석고 평범한 사람이다. 그저 실수를 인정하고 나와 같은 고민을 하고 있는 엄마들에게 말을 하는 이야기꾼일 뿐이다.

이제 아들은 터닝메카드 이후에 팽이에 관심을 쏟게 되었다. 장난감 이름은 '베이블레이드'이다. 이것 또한 결코 저렴하지 않다. 희소성이 있는 캐릭터는 4~5만 원을 훌쩍 넘어간다. 하지만 터닝메카드처럼 쉽게 아들 품에 안기지 않는다. 물론 사달라며 조르는 아들이 여전히 귀엽다.

"오냐, 사줄게."

하지만 이런 말은 나오지 않는다. 칭찬 스티커 30개를 붙여야 원하는 장난감 하나를 고를 수 있고 정리되지 않은 장난감이 있다면 쓰레기통으로 직행한다. 원하는 것이 있을 때는 그에 대한 노력의 결과로 주어지고, 정리하는 것은 책임이어야 한다는 것이 나의 소소한 철학이 되었다. 아이는 아직 논리적인 엄마의 충고를 이해하지 못한다. 그래서 몇 개월 동안 습관을 잡기 위해 단호한 행동을 했어야만 했다. 처음엔 사주지 않는다고 울기도 하고 거실에 대자로 드러누워 소리를 지르기도 했다. 아무런 반응을 보이지 않으니 점점 줄어갔고 이제 스스로 칭찬 스티커를 붙이기 위해 일거리를 찾아다닌다.

어젯밤에는 속상해서 울고 있는 누나를 위해 손수건을 내밀었다. 조용히 손수건으로 누나의 눈물을 닦아주었다. 그리고 나에게 다가와 속삭였다.

"나 착해? 칭찬 스티커 붙일까?"

아들은 이렇게 말했지만 나는 당연히 해야 할 일을 한 것뿐이라며 칭찬만 해주었다. 그리고 안아주었다. 지금은 장난감을 소중히 다룰 줄 알고 잃어버리지 않게 스스로 챙기기도 한다. 책임감도 조금씩 느끼는 듯하다.

남편이 저녁 늦게 이런 말을 한 적이 있다.

"돈 벌어서 뭐 하게. 혜정이한테 다 뺏길 거면서."

과연 유산이 돈뿐일까? 자신의 가치관도 유산이 될 수 있고 경제관념도 유산이 될 수 있다.

우리는 역사에서 많은 것들을 배운다. 설령 당시에는 일깨우지도, 알려지지도 못했더라도, 후세에 길이 남는 여운을 주곤 한다. 이는 아이들에게 남기는 가치관과도 결부된다. 자녀들을 키우는 과정에서는 보이지 않던 개념들이 커튼콜이 내려오면 비로소 선명해지는 것이다. 하지만 그때는 이미 늦은 상태다.

부모의 행동, 가치관, 경제관념은 자녀에게 밑바탕이 된다. 어찌 보면 당연한 결과다. 부모는 아이들이 의지하는 유일한 버팀목이며, 하나밖에 없는 내 편이기 때문이다. 당연히 따라쟁이가 될 수밖에 없다. 아이를 키우는 동안 생계에 부딪혀 부모의 의미를 알지 못했더라도 상관없다. 출발하기 제일 좋은 시기는 머릿속에서 종이 울릴 때니까.

유산은 어마어마한 돈도, 거창한 논리도 필요하지 않다. 단지, 자신의 올바른 행동을 보여주기만 하면 된다고 나는 생각한다. 제일 먼저 시작해야 할 것은 자신의 나쁜 습관을 똑바로 바라보는 일이다. 고치려 억지를 쓸 필요는 없다. 객관적인 시선으로 바라보고 느끼면 자연히 움직여지게 된다. 스스로 알고, 깨달으며, 고쳐 나가는 모습이 자녀에게는 최고의 유산이 될 것이다. 자신의 습관이 자녀에게 대물림된다는 것을 잊지 말고 어떤 유산을 물려줄 수 있을지, 어떤 인생을 물려줄 수 있을지 생각해보는 하루가 되었으면 좋겠다.

한두 번 현미밥에 건강체 되나

여자라면 명품가방 하나쯤은 가지고 있다. 나도 여자이기에 명품가방에 눈길이 간다. 백화점 1층에 들어서면 눈은 허둥지둥 갈 길을 잃곤 한다. 정신을 차리고 가고 싶었던 매장에 들어서면 하얀 장갑을 끼고 있는 직원이 웃음으로 맞이한다. 어깨에 걸쳐보고, 손에 들어보고, 거울을 본다. 이 명품가방을 집으로 들고 가야 할 것인지 고민에 싸인다. 하지만 선뜻 카드를 내밀지는 못한다.

'이 가방을 메고 다니면 얼마나 좋을까? 내가 몇 백만 원짜리 명품을 들고 다니다니…….'

이런 상상도 잠시, 현실이 눈에 보인다. 500만 원짜리 명품가방이 안겨줄 빚의 무게를 생각하면 뒤돌아설 수밖에 없다.

한때 그 가방을 가지기 위해 투지를 불살랐다. 남편에게 "생일선물로 가방 사줘" 조르기도 해보았고, 친구들과 함께 "가방아, 내가 갈 때까지 기다려라" 외치며 계를 모으기도 했다. 하지만 결국 갖지 못했다.

시간이 지나 장롱 정리를 하면서 깨달은 것이 있다. 준명품인 M사의 하얀 도트백도 장롱 속에 갇힌 신세라는 것을. 나의 하얀 도트백은 몇 개월의 행복감을 주고 장롱으로 들어갔다. 인간은 익숙함과 공존하기에, 하얀 도트백은 익숙해져갔다. 그리고 새로운 것에 관심을 쏟았다. '내 것으로 만들겠다'라는 생각은 있었지만, 쉽게 행동으로 옮겨지지 않았다. 왜냐하면 결국 새로운 대상이 나타날 것을 알았기 때문이다.

그리고 나는 생각했다. 만약, 떨어지는 가치에 지출하지 않았다면, 상승하는 가치를 따라 움직였다면 어땠을까? 이것이 내가 여러분에게 말하고 싶은 요지다. 여러분이 굳이 명품가방을 사고 싶다면, 옆구리를 쿡쿡 찌르며 말릴 수야 없지만, 한 번 더 생각해보길 권하고 싶다. 그래도 기어이 사고 싶다면 몇 가지 조언을 하려 한다.

해외직구의 기본 개념을 이해한다면 저렴하게 구매할 수 있을 것이다. 제일 중요한 것은 타이밍이며, 얼마나 열렬히 찾아 헤매는가다. 핫딜은 누구도 예상할 수 없고 장담할 수 없다. 찜했던 상품이 잘 출몰하는 곳을 누벼야 한다. 열정과 부지런함이 함께여야 한다.

카드 할부는 이용하지 않아야 한다. 빚을 내어서도 안 된다. 매우 간단한 충고 같지만 실천하기 힘든 일이다. 그러니 더욱더 열정을 다해 돈을 모아보길 권한다. 생활비 중 유동적인 식비를 아끼거나 의류비 지출을 줄이면 한 달에 20만 원 정도는 여유롭게 모아진다. 만약 의지력에 빈틈이 생긴다면 '같은 생각을 가진 이'와 함께하는 것이 효과적이다.

제일 중요한 것이 남았다. 행복을 오래 누려야 한다. 이는 카드 할부를 사용하지 말라는 말과 상통한다. 쉽게 가지지 못하면 아끼기 마련이다. 결코 적은 돈이 아니다. 그래서 행복은 오래 유지하길 바란다. 만약 적은 돈으로 가질 수 있었다면 갈망하지도 않았을 것이다. 가을비가 보슬보슬 내리는 날, 가방이 코트 안으로 직행하는 날이 많았으면 좋겠다.

비상금 모으기

평일 저녁은 시끄럽다. 첫째 아이가 친구들과 학교에서 있었던 이야기를 늘어놓는다. 둘째 아이도 질세라 어린이집에서 있었던 일들을 시시콜콜 이야기한다. 나는 저녁을 먹고 설거지를 하면서 조잘거리는 아이들의 말을 듣는다. 9시 전까지 해야 할 일이 많다. 아이들의 말에 공감해주기, 팽이싸움 하기, 숙제 도와주기 등을 한다. 나는 책을 읽고 싶지만 한 페이지도 넘기지 못한다. 한 문단을 넘기지 못하고 책을 덮는 날도 흔하다.

나는 TV보다 책을 좋아한다. 하지만 아이들과 함께 있을 때면 저자가 주는 맛깔난 음식을 소화할 수가 없다. 그래서 나는 아이들이 없는 시간에 따뜻한 요리를 펼치기로 했다. 현재 내 상황에서 결정할 수 있는 것은 구멍 난 시간에 적절한 요리를 배치하는 것뿐이었다. 시간만 있다면 책에 둘러진 띠지까지 먹을 판이었다.

생각보다 돈을 모으는 노하우는 별로 중요하지 않다. 모으려 작정하면 보이는 것이 돈이다. 문제는 어떤 것들을 포기하고, 무엇을 선택할지 결정하는 일이다.

우리는 지금까지 돈을 쓰면서 살았다. 그만큼 소비하며 얻는 것들에 익숙해졌다는 말이다. 어느 날 TV에 출연한 어떤 사람이 '이렇게 하니 부자가 됐어요'라며 말해도 시청자들은 경청한 후 채널을 돌린다. 불장난처럼 덤벼보다가도 매해 결심하는 다이어트처럼 무산되고 만다. 자신감이 하락세를 탄다. 또 두어 번 시도하는 일이 있어도 결론은 같다.

내가 해주고픈 조언은 '내가 포기할 수 없는 책'을 찾았듯이, 당신도 '포기할 수 없는 무엇'을 찾으라는 것이다. 일단 '그것'을 찾고 나면 하고픈 욕심이 생긴다. 미래도 눈에 보인다. 나에게 온 24시간을 온전히 내 것으로 사용할 수 없듯이, 당신도 돈을 온전히 사용하지 못한다고 결론을 내고 나면, 마음이 편안해진다. 이를테면 운동선수들이 음악을 들으며 자신을 다스리는 것과 같다. 마음이 평온해지면 보이지 않던 것들이 보인다. '그것'을 따라가게 되면 점점 의욕이 생긴다. 자신감이 상승한다. 남편의 도움 따위도 필요치 않다. 그러면 버려지는 돈이 자연스레 보인다.

여기서 말하는 '그것'은 당신의 의지력을 샘솟게 하는 것이다. 이루지 못한 '꿈'일 수도 있고, 가지지 못한 '자신 명의의 아파트'일 수도 있다. 만약, 선택하지 못했다면 나처럼 책도 좋다. 나 또한 책을 읽으면서 '그것'을 키워가는 중이다. 작가 마야 안젤루의 말을 기억하자. "모든 위대한 성과에는 시간이 필요하다."

"자신이 할 수 있다고 생각하든, 자신이 할 수 없다고 생각하든 당신이 옳다." _헨리 포드

나는 이것을 조금 바꾸어 이야기하고 싶다. 자신이 이 남자를 선택했든, 다른 남자를 선택했든. 당신이 어떤 선택을 하든 당신은 똑같다. 한마디로 300 벌어오는 남편이든, 600을 벌어오는 남편이든 당신이 저축하는 돈은 똑같다는 것이다. 남자, 여자로 한정짓는 것이 아니라 어떤 사람이든 경제관념의 문제라고 이야기할 수 있다.

PART 4

해외직구는 절약이다

나의 메시지를 알려야 하는 의무감에 이 자리에 앉아 있다. 해외직구를 시작하는 엄마들에게 말하고 싶다. 해외직구는 아끼기 위해서 시작한 하나의 도구일 뿐이다. 절약하기 위해서 우리가 선택한 것일 뿐이다. 해외직구는 돈을 아낄 수 있을 때에만 있미 있다.

CHAPTER 1

해외직구는 돈을 아끼는 것에서 출발한다

나는 해외직구가 돈을 아끼는 어떤 방법보다도 월등히 좋은 절약법이라고 생각한다. 국내에 유통되는 외국 브랜드 제품을 저렴하게 구매할 수 있기 때문이다. 그리고 구매 직전 결제하는 데까지 여러 단계를 거치기 때문에 한 번 더 생각할 수 있는 시간적 여유가 충분하다. 물론 직구에 이제 막 입문한 사람이라면 많은 경험을 하면서 깨닫는 것이 분명하게 있어야 가능한 일일 것이다.

만약 당신이 가계부를 적으면서 한숨을 쉬는 일이 많다면 해외직구에 도전해봐야 한다. 또한 맞벌이를 하면서 아이들을 키우는 바쁜 워킹 맘이라도 마찬가지이다. 이 글을 읽고 있는 사람이 아이 옷을 계절마다 사야 하는 엄마라면 더욱 더 관심을 가지고 정보를 살펴야 한다. 즉 당신이 생활하는 데 필요한 물건을 소비하는 입장에 있는 사람이라면 어떻게 소비를 하는 것이 현명한 것인지 알아야 할 필요가 있다.

분명히 이것은 돈을 아끼고 잘 쓰기 위해서 알아야 하는 정보 중 하나다. 하지만 이러한 정보가 알고자 하는 이들에게 과하게 노출되는 것 또한 사실이다. 우리는 정보의 바다 속을 헤엄치며 살고 있다. 핸드폰, PC, 글로벌한 검색 플랫폼까지 알아야 하는 것 외에 몰라도 되는 것들까지 알아가고 있다. 이 때문에 직구의 근본적인 이유는 사라지고 일명 '직구는 개미지옥'이라는 말이 생겨나게 되었다. 나도 이런 개미지옥에서 살다 온 사람으로서 지금 이 글을 쓰고 있다.

유독 겨울이 춥게 느껴지던 2월이 지나 3월이 다가오고 있다. 봄바람이 살랑거리면 어디로라도 외출을 하고 싶어진다. 인근 병원에서 육아교실을 오픈한다는 친구의 전화 한 통이 걸려온다. 겨울 몇 달간 집에서 아이와 전쟁 아닌 전쟁을 치르고 있었으니 이제 화려한 외출을 해야 할 때가 되었나보다. 인터넷으로 육아교실 봄 학기를 등록한다. 혼자 가기는 쑥스러워 조리원에서 친하게 지냈던 엄마에게 전화를 걸어 같이 가자고 이야기를 한다. 흔쾌히 나와 같이 수업을 신청한다.

아직 누워만 있는 아이지만 신체발달이 중요하다는 이유로 베이비마사지 수강 신청을 한다. 12만 원이라는 돈이 크게 느껴졌지만 아이를 위해 쓰는 돈이라 생각하니 나한테 쓰는 헬스클럽 등록비보다 싸게 느껴진다. 수업이 시작되는 날 설레는 마음으로 세 시간 전부터 준비를 시작한다. 혼자 외출을 할 때면 삼십 분 정도의 시간만 잡으면 되지만 아이와 함께 나갈 때는 더 많은 시간을 확보해야 한다. 어떤 돌발 상황이 발생할지 모른다.

접종을 하기 위해 첫 외출을 하던 그때를 잊을 수가 없다. 남편이 잠시 회사에서 외출을 해서 데려다주기로 약속이 되어 있었는데 시간을 맞추느라 급하게 준비하는 바람에 기저귀를 챙기지 못했었다. 접종을 하기 위해 기다리던 시간에 아이는 기저귀에 똥을 쌌고 찝찝했는지 자지러지게 우는 아이를 어쩔 줄 몰라 하던 그날이 너무 생생하게 기억난다. 그날 이후 외출을 할 때면 잊어버린 것이 없는지 분유, 젖병, 보온물통의 온도체크, 기저귀, 손수건, 물티슈, 지갑 체크하고 또 체크하는 버릇이 생겼다.

여유롭게 준비를 하고 십 분 일찍 집을 나선다. 아직 쌀쌀한 바람이 불어오니 아이가 감기에 걸릴까 종종걸음으로 택시를 타기 위해 빠른 걸음을 한다. 수업하는 문화센터에 도착하니 나보다 훨씬 빨리 도착한 조리원 동기가 앉아 있다. 오랜만에 만나서인지 시간 가는 줄 모르고 이야기보따리를 쏟아낸다.

아이는 몇 kg인지, 키는 얼마인지, 하루에 몇 번이나 분유를 먹는지, 양은 어떻게 되는지 궁금한 것들이 너무나 많다. 아이를 위해 베이비 마사지를 등록했는데 결국 엄마 입 마사지가 돼버린 시간이다. 수강생들과도 서로 인사를 나누고 수업을 시작한다. 수업하는 시간 동안 아이를 위해 어떤 마사지를 해줘야 하는지 귀담아 듣는다. 수업이 끝나고 수강생들끼리 이야기를 나눈다. 시간이 얼마나 지났는지 한두 명씩 가방을 챙겨 문을 나선다. 유독 눈에 들어오는 기저귀 가방을 멘 엄마가 인사를 건넨다. 봄에 어울리는 꽃무늬 가방에서 눈을 뗄 수 없다. 하지만 물어보는 것이 창피하게 느껴져서인지 "가방 어디서 샀어요?"라는 말이 입 밖으로 쉬이 나오지 않는다.

그날 이후 나는 꽃무늬 가방을 찾기 시작한다. 그것은 '캐스키드슨'이라는 영국 브랜드이며 가격은 20만 원이 좀 넘는다. 기저귀 가방으로 쓰기에는 과하다 싶은 마음인지 선뜻 살 수가 없다. 영국도 해외직구가 되지 않을까? 그날부터 영국 해외직구를 알아보기 시작한다. 아이들 가방도 귀엽고 앙증맞은 사이즈에 '이건 사야 해. 내 거야'를 외치며 국내 가격과 비교하기 시작한다. 결국 20만 원이 훨씬 넘는 가격으로 아이 가방과 내 가방을 산다. 국내에서 샀다면 가방 하나 샀을 가격에 해외직구로 가방 2개를 산 셈이다.

나는 돈을 아낀 것일까. 단순히 가방 2개와 돈을 본다면 그렇게 생각할 수 있다. 하지만 과연 나에게 필요한 물건이었냐는 것에 질문을 던진다. 아이는 지금 100일도 채 안 된 아이다. 가방을 메고 다닐 수 없다. 하지만 마음 속 작은 악마는 이렇게 속삭인다.

'언젠가는 쓰겠지. 아이가 크면 가방을 메고 다니겠지!'

아이가 자라고 가방을 멜 수 있었을 때에는 옷장 위 가방만 한 줄이었다. 아장아장 걸을 때는 뽀로로가방을 좋아해서 사주고, 친정 부모님과 시댁부모님이 사준 가방 또한 몇 개였다. 결국 캐스키드슨 가방은 옷장 위 장식품이 된 지 오래였다.

과연 엄마들은 현명한 지출을 하고 있는 걸까?

"투 플러스 원. 지금 구매하시는 모든 분들께 한 세트를 더 보내드립니다."

언젠가는 쓸 수 있는 물건이라 생각하며 홈쇼핑에서 대량 구매를 해본 적 한 번쯤은 있을 것이다. 나도 홈쇼핑을 본 지 단 오 분 만에 핸드폰 버튼을 누르고 있는 나를 발견하고 깜짝 놀란 적이 있다. 비비팩트라면서 샀던 본품 2개, 리필 4개. 69,900원을 주고 산 화장품이 아직도 화장대에서 나의 손길을 기다리고 있다. 하지만 내 손은 그 화장품에 손을 댈 생각이 없다. 나에게 잊혀진 지 오래다. 나는 지금 TV 광고로 나오는 제품이 더 마음에 든다.

'홈쇼핑 비비팩트여! 넌 나에게 잊혀진 지 오래야. 나를 기다리지 마. 넌 벌써 유통기한이 지났어. 너를 내 얼굴에 바른다면 빨갛고 오돌토돌한 뾰루지가 생길지 몰라. 네가 갈 곳은 내 손을 거쳐 쓰레기통으로 직행하는 거야. 하지만 지금은 아니니 걱정은 하지 마. 그렇다고 기대는 하지 마. 난 너에게 돌아갈 생각이 없어.'

지금 당신은 아니라고 생각하는가? 그렇다면 책을 덮고 화장대로 가보라. 아직 열지 않은 비비팩트리필의 사용기한이 얼마큼 남았는지. 나를 기다리고 있는 팩트에 손을 댈 것인지 말이다.

사람도 오래되면 그 가치를 잊어버리고 함부로 대하는 게 인간이다. 우리는 TV 리모컨 버튼 한 번이면 새로운 제품이 쏟아져 나오는 광고 속에 살고 있다. 소불고기를 하기 위해 레시피를 검색하는 초록색 집에 가서도 우리는 CF에 쉽게 노출된다. 뽀로로 동요를 듣고 싶어 빨간

상자에 하얀 세모 버튼을 클릭해도 광고가 쏟아져 나오는 세상이다. 이런 세상 속에서 1년 전 샀던 비비팩트에 손을 뻗는 애착이 남아 있을까? 홈쇼핑 주문을 위해 핸드폰을 만질 때 카드 번호를 입력하고 # 버튼을 누르면서 그 애착은 사라진다. 핸드폰을 놓는 즉시 다른 홈쇼핑 채널을 보기 위해 내 손가락은 바삐 움직인다.

이제 당신은 선택을 해야 한다. 꽃무늬 가방 하나만 사겠는가? 아이 가방까지 2개를 사겠는가? 내가 다루고 있는 주제는 이미 읽어 내려왔다. 그리고 이제는 자신의 지혜로 해결해야 하는 일만 남았다. 누구나 처음이란 것이 존재한다. 첫 키스, 첫 경험, 첫 결혼(?), 첫아이…….

처음부터 모두 잘되는 사람은 아무도 없다. 하다가 실패도 하고 돈을 잃기도 하며 기분이 나빠지기도 한다. 이 점이 제일 중요하다. 나도 해외직구를 시작할 때는 다른 사람들과 마찬가지로 실패를 맛보았다. 내가 겪었던 실수를 겪지 않게 하기 위해 지금 이 자리, 컴퓨터 앞에서 까만 키보드를 두드리고 있고 눈은 퀭하게 머리는 질끈 묶고 모니터를 작은 눈으로 째려보고 있다. 나의 메시지를 알려야 하는 의무감에 이 자리에 앉아 있다. 해외직구를 시작하는 엄마들에게 말하고 싶다. 해외직구는 아끼기 위해서 시작한 하나의 도구일 뿐이다. 절약하기 위해서 우리가 선택한 것일 뿐이다. 명심하자. 해외직구는 돈을 아낄 수 있을 때에만 의미 있다.

CHAPTER 2

엄마들이 서로 묻는 그것

내가 원하는 모든 제품을 해외직구로 저렴하게 구매할 수 있는 것은 아니다. 가격 비교 해보면 외국 브랜드이지만 국내 정식 수입제품이 저렴한 것이 있는 반면, 해외직구로 구입하는 것이 더 저렴한 제품도 있다.

내가 20대 싱글이던 때에는 인터넷으로 받아들일 수 있는 정보가 한정돼 있었다. 빠르게 진화하고 발전하는 인터넷 정보 속에 사람들은 비명을 지르고 있다. 불과 10년이 지났는데 이렇게 세상이 바뀔 줄은 상상도 못 했기 때문이다. 그때 쓰던 핸드폰은 S사에서 출시한 최신 기종이었는데 그것으로 할 수 있는 최고의 일은 사진 찍기였다. 핸드폰으로 사진을 찍어 인화할 수 있을 것이라고는 상상하지 못했다. 많은 사진을 남겨두진 못했지만, 나의 젊은 시절을 기록한 몇 장의 사진으로 세상이 변하고 있음을 실감하고 있다. 요즘엔 스마트폰으로 할 수 있는 것을 찾기보다는 할 수 없는 것을 찾는 것이 더 빠르다. 그만큼 빠르게 세상이 변화하고 있고, 거기에 맞춰 사람들 또한 빠르게 적응하고 있다.

여자는 결혼을 하고 아이가 생기면서 삶이 빠르게 변화한다. 세상이 변화하고 있는 것에 적응하는 모든 사람들처럼 여자들도 엄마라는 삶에 빠르게 적응하고 있다. 아이가 생기면 모르던 세상이 눈앞에 펼쳐지고 거기에 적응하며 살아간다. 엄마라는 시간에 적응을 하면서 생겨나는 또 다른 것은 필요한 물건이 바뀐다는 것이다.

20대 시절 나에겐 화장품, 옷, 가방, 친구들과의 수다가 제일 중요했다. 그때 최고의 SNS는 싸이월드였다. 핸드폰으로 확인되지 않으니 집에서 컴퓨터로 사진을 올리고 편집하고, 홈피를 방문해준 소중한 사람들에게 댓글을 남기곤 했다. 그리고 시간이 흘러 카카오 스토리, 페이스북, 인스타 등 여러 가지 SNS에 적응하며 사용법을 익히기 위해 책까지 불사하는 노력을 기울이고 있는 것이 현재 나의 모습이다. 다른 사람들에게 뒤처지고 싶지 않아서다. 인생의 절반을 지나고 있는 나에게 새로운 눈 사용법은 어렵게 느껴지고 있다. 그럼에도 SNS를 사용하고 싶은 욕심이 있기에 책을 보고 배우면서 오늘도 적응하기 위해 내 시간을 과감히 투자한다. 앞으로 세상은 더 빠르게 변화하고, 여러 가지 새로운 제품들이 생겨나고, 생소한 스마트폰 앱들이 생겨날 것이다.

이처럼 빠르게 변화하는 현재 시대에서 어떤 선택을 할 것인지는 대체로 엄마의 몫이다. 여자들은 첫아이가 태어나고 육아라는 세상이 닥치면 책을 보고 육아를 공부한다. 각 SNS에서 제공하는 여러 정보 집을 구독, 알림 받아보기 신청 버튼을 누르는 일로 공부를 할 수도 있다. 정보를 머릿속에 담아두면 담아둘수록 당신에게 필요한 제품들이 하나씩 장바구니에 담긴다. 이것들을 잘 구분하고 정리하며 그 제품이 나에게 어떤 가치가 있는지 생각해야 한다. 어떤 제품의 선택이 옳고 그름을 이야기하고 싶은 것이 아니다. 많은 광고 속에 묻혀 살아가는 동안 내가 선택하는 것이 정말 필요한 것인지 한 번쯤 다시 생각해보자는 말이다.

모든 제품을 다 가질 수 없다. 지금 내가 필요한 것인지 먼저 생각해보는 것이 얼마나 중요한 것인지 경험을 통해 배웠다. 그리고 그 경험이 앞으로 다가올 시간들에게 어떤 영향을 미치는지 또한 알게 되었다. 그 점을 이야기하고 싶다. 무조건 해외 제품이 좋다는 의견이 아니라는 점을 꼭 알아주길 바란다. 국내 제품 중에서도 좋은 제품들이 많다. 국외, 국내 제품을 선택하는 것은 엄마의 몫이다. 그리고 해외 브랜드 제품을 구매하려는 엄마들에게 작은 조언을 해줄 수 있는 것이 나의 몫이다.

TIP

★많은 정보 속에서 상품을 고르는 것은 자신의 선택이지만, 반드시 꼭 필요한 제품인지 자신에게 물어봐야 한다.

CHAPTER 3

나무가 자라듯 사람도 자라고 변한다

한겨울 보일러는 외출모드로, 콘센트에 전기코드는 모두 뽑고, 저녁 8시가 지나면 모두 소등, 가까운 거리는 걸어 다니거나 버스를 이용, 이렇게 삶을 고단하게 여기면서 짠순이처럼 살라는 이야기가 아니다. 절약이 살아가는 맛을 없애서는 안 된다. 그럴 필요도 없다. 나는 최근까지도 해외여행 계획을 잡았고 앞으로도 쭉 갈 생각이다. 내 삶에서 가장 행복한 순간이 여행하는 시간과 독서하는 시간이기 때문이다. 이제 두 여자의 이야기를 할 것이다. 어떤 차이점이 있는지 당신이 확인해 보길 바란다.

바쁜 시간을 쪼개서 커피숍으로 달리고 있다. 한 달에 한 번 있는 학부모 모임에 참석하기 위해서 회사를 나와 커피숍으로 향하고 있다. 첫 딸은 학교를 입학한 지 몇 달 되지 않았다. 초등학교를 입학하기 전

동네 언니들의 조언이 있었다.

"학부모 모임에는 꼭 참석해라."

"요즘은 엄마가 아이 친구들을 만들어준다."

"엄마가 왕따면 아이도 왕따다."

이런 무시무시한 이야기를 들려주는 언니들이 이해가 가지 않았다. 지금까지 어린이집 다니면서 우리 아이는 또래 친구들과 꽤 잘 지냈다. 당연히 앞으로도 쭉 잘 지낼 거라 믿었다. 하지만 현실은 달랐다. 우리 아이가 왕따는 아니었지만, 일명 절친이라 부르는 친구가 없었다. 엄마들의 교류가 아이들 사이를 결정짓는 확실한 수단이라는 것을 새삼 느끼며 학부모 모임에 빠지지 않고 참가하기로 했다.

일을 하고 있는 워킹 맘 입장에서 시간을 만들어 참석하기란 쉬운 일이 아니다. 주차장에 도착 후 종종 걸음으로 커피숍으로 향한다. 자동문이 열리니 구석에 있는 단체석이 보인다. 커피 잔 안에 커피는 바닥에 찰랑거리고 있다. 분위기를 보아하니 이제 마무리 단계인 듯하다. 늦어도 너무 늦었다. 반갑게 맞이해주는 엄마들에게 위로를 받으며 엄마들의 대화에 끼기 위해 귀를 쫑긋 세운다. 이야기하고 있는 주제를 보아하니 여행에 관한 것이었다. 며칠 뒤 주말에 보라카이로 여행을 간다는 한 엄마의 이야기가 도마 위에 올랐다.

"어쩜 그렇게 여행을 자주 다니니."

"정말 부럽다. 나도 가고 싶다. 한번 가면 돈이 만만치 않게 드는데…… 적금을 깨야 하나?"

너도 나도 부럽다는 눈치이다. 그렇게 시간은 흘러가고 아이들의 하교시간이 다 되어간다. 모임을 끝내야 하는 시간이 다가오나보다. 모두들 다음을 기약하며 손을 흔들고 각자의 차로 이동을 한다.

만약 당신이 이 모임에 참석한 엄마라면 어떤 생각이 들까? 우리 아이도 친구들과의 대화에서 각자 주말여행 이야기를 한다면?

A가족의 이야기다. 매달 같은 월급으로 보험료, 공과금, 학원비, 식비 등 고정적으로 들어가야 하는 생활비를 제외하고 저축을 하는 돈은 10만 원 내외다. 경조사가 있는 달은 10만 원의 저축조차도 못하고 지나간다. 가정의 달 5월이 되면 적자를 면하지 못한다. '다음 달에 조금 더 아끼지' 하면서 적자를 미루고 미룬다. 이런 상황에 여행이라니 꿈에서라도 가족여행을 다녀왔으면 좋겠다. A엄마는 이런 이야기를 듣고 집으로 돌아오면서 괴리감에 빠진다.

'한번 가긴 가야 하는데 언제나 갈 수 있으려나.'

이런 생각에 빠지다가 결론을 내린다.

'미루면 결코 가지 못할 것 같다. 나도 가자!'

충동적으로 덜컥 여행 계획을 잡는다. 여행을 하는 내내 돈 걱정뿐이다.

'다음 달에는 또 어찌 아끼려나, 학원을 하나 줄여야 하나?'

이런저런 걱정뿐이니 여행하는 시간이 즐겁지가 않다. 괜스레 열심히 일하는 남편만 달달 볶는다.

"월급은 언제 올려준대?"

B가족의 이야기다. 매달 같은 월급으로 생활하는 건 A가족과 별반 다르지 않다. 다른 점이라고는 B가족은 현재 자신의 상황을 잘 이해하고 있다. 월급은 얼마이고 한 달에 고정적으로 들어가는 비용이 얼마이며 저축하는 금액은 얼마인지 파악하고 있다.

B엄마는 수입과 지출에 대한 확실한 선이 있다. 수입이 더 생길 수는 없으니 지출을 관리하자 마음먹었던 것이다. 한 달 전체 지출을 조각내기 시작했다. 줄일 수 있는 것과 줄일 수 없는 것에 대한 구분이 지어졌고 그에 따라 생활했다. 그러다 보니 여유자금의 확보도 쉬웠다. 매달 고정적으로 저축하는 돈 외에 여행을 위해 한 달에 10만 원 자유적금에 저축을 한다. 월급이 이체되는 그날 돈은 자동으로 빠져나간다.

이 돈을 2년간 모으면 좋은 휴양지, 좋은 호텔은 아니더라도 가족들과 여유로운 행복한 가족여행을 보내고 돌아올 수 있다. 여행하는 동안에는 오로지 여행 생각뿐이다. 여기서 느끼는 것과 본 것을 기록하고 아이들과 여행에 대한 이야기도 많이 하게 된다. 마음의 여유로움이 이런 상황을 만들어내는 것이다. B엄마는 오늘도 다음 여행을 위해 행복한 꿈을 꾸고 있다.

남편의 직업이 일명 사자로 끝나는 직업을 가지고 있는가? 아니면 큰 사업을 해서 남부럽지 않은 수입을 자랑하는가? 돈 잘 벌어오는 남편을 두지 못해 아쉬운가? 미안하지만 그것은 당신의 선택이었다. 수강생들에게 항상 말해주는 명언이 하나 있다.

"자신이 할 수 있다고 생각하든, 자신이 할 수 없다고 생각하든 당신이 옳다."

_헨리 포드

나는 이것을 조금 바꾸어 이야기하고 싶다. 자신이 이 남자를 선택했든, 다른 남자를 선택했든. 당신이 어떤 선택을 하든 당신은 똑같다. 한마디로 300 벌어오는 남편이든, 600을 벌어오는 남편이든 당신이 저축하는 돈은 똑같다는 것이다. 남자, 여자로 한정짓는 것이 아니라 어떤 사람이든 경제관념의 문제라고 이야기할 수 있다.

만약 1억 원이 하늘에서 떨어졌다고 하자. 어떤 사람은 1억의 벤츠를 살 것이고, 어떤 사람은 1억을 저축할 것이다. 분명한 차이는 경제관념의 차이지, 금액의 차이가 아니라는 것을 말하는 것이다. 한 달에 천만 원의 수입이 있어도 경제관념이 바르지 않으면 돈은 모두 사라져버린다. 매달 적자에 시달린다. 돈이 없다고 울부짖는다. 결국 남편의 직업, 벌어오는 수입이 문제가 아니라 당신의 선택의 문제라는 것을 알아야 한다.

이번 연도는 운이 좋게 세금공제를 많이 받아 여윳돈이 생겼다고 가정하자. 통장에 돈이 들어왔다는 남편의 전화에 당신은 당장 백화점으로 달려간다. 사고 싶었던 화장품, 아이들 장난감, 이참에 코트도 하나 장만해야겠다. 기분 좋게 쇼핑백을 들고 집으로 들어왔는데 남편이 전화를 한다.

"세금공제 많이 받아 공돈이 생겼으니 한잔하러 간다."

그날 남편은 시내 사거리에 있는 큰 바 사장에게 돈을 모두 기부하고 들어왔다. 이 부부는 현재의 쾌락에만 몰두했다. 항상 가지지 못한 것에 대한 갈망, 누리지 못하는 것에 대한 갈망으로 몸부림쳤다. 그러니 갑자기 생긴 돈으로 그 욕구를 채우려고 발버둥을 치는 것이 아닌가. 시간이 흘러 한 달,두 달, 1년, 과연 그 욕구를 채울 수 있을까?

하루 종일 물을 붓고 또 부어도 채워지지 않는 깨진 항아리 같지 않은가? 이것 또한 당신의 선택이 옳다. 그렇게 믿고 시간을 보내게 된다면 미래의 당신이 응답해줄 것이다. 그것은 어떤 결과로든 나타난다.

왜 해외직구에 관한 책에서 경제관념을 이리 말하나? 어리둥절한 독자도 분명 있을 것이다. 텍스트에서 눈을 떼고 천장을 한번 쳐다보자. 과연 해외직구가 경제관념과 전혀 상관이 없을까? 그렇지 않다. 해외직구는 지름신의 블랙홀 안에서 살고 있다. 언제라도 부르면 중심핵 안으로 끌어당겨지는 블랙홀. 당신도 언제일지는 모르지만 그 블랙홀 안에서 유유히 헤엄을 치고 있을지도 모른다.

앞서 이야기한 A엄마가 내 이야기인 듯 뜨끔해할 독자가 있을 수도 있다. 뜨끔했다면 조금 조정을 해볼 필요가 있다. 먼저 많은 것을 바꾸려고 하지 마라. 그냥 있는 그대로 자신을 보는 것, 즉 거울에 비친 내 모습을 그대로 바라보는 것만으로도 큰 성과를 얻는다. 이 주장은 분명 효과가 있다. '지금까지 반평생 이렇게 살아왔는데 어찌 바꿀 수가 있겠어?' 그렇게 생각한다면 쭉 그렇게 살면 된다. 그 또한 당신의 미래가 증명해줄 것이다.

잠시 내 이야기를 하려 한다. 불과 2년 전만 해도 나는 평범한 아줌마였다. 이런 내가 현재 책을 쓰고 있다. 계획을 잡고 책상에 앉아 있다. 책을 쓰기로 한 계기는 여러 가지가 있지만 한 카페에 적혀 있던 글귀를 본 후였다. 그 글귀는 내 마음속을 헤집고 들어갔다 나온 듯 내 속을 정확히 꿰뚫고 있었다. 어쩌면 영화 속 복제인간이 실제로 있는 게 아닐까 헛생각을 품을 정도였다. 시간이 흐른 뒤 나와 같은 고통을 겪은 엄마들에게 내 말을 전해야겠다고 생각했다. 그 후로 오랜 시간 준비했다. 책을 읽고 공부를 시작했다. 그 덕에 아이들은 자주 라면을 먹어야 했다. 출간을 목표로 한 걸로도 모자라 강좌도 열고 있다. "사람은 절대 변하지 않아"라는 진리를 37년간 안고 살아왔던 내가 지금은 변했다.

"사람은 변할 수 있다. 어떤 계기, 어떤 동기로 인해 변화한다."

지금까지 대충 주먹구구식으로 살았다고 해서 앞으로도 쭉 그럴 거라고 생각하지 말길 바란다.

변화하는 첫걸음은 거울을 보는 것이다. 현재 자신을 잘 알아야 한다. 과거 내가 어떤 선택을 했으며 그 결과로 인해 어떤 현재를 겪고 있는지, 거울에 자신을 비춰 보고 나 자신을 알아가는 것이 현재 당신이 할 수 있는 단 한 가지다. 현재를 직시한다면 미래에 다가올 시간도 충분히 통제할 수 있다.

CHAPTER 4

나 자신을 아는 법

가끔 창원에 있는 언니를 보기 위해 길을 나선다. 입을 옷과 치약, 칫솔, 세면도구를 가방에 넣고 목적지를 향해서 달린다. 내비게이션을 조작하고 안전벨트를 매고 아이들에게 차 안에서 장난치면 안 된다고 말한다. 목적지는 창원이다. 만약 길을 안내해주는 내비게이션이 없다면 내 직감에 의존할 수밖에 없다. 어디로 가야 하는지 목적지를 알지 못하면 가다 서다를 반복할 것이다. 당신은 가야 할 곳이 어디인가? 내비게이션에 목적지가 분명하지 않으면 차는 어디로 가야 하는지 모른다. 당장 코앞에 방지턱만 안내하고, 어린이 보호구역만 안내할 뿐이다. 가야 할 곳은 창원이지 부산이 아니다.

한 수강생의 이야기를 하려 한다. 두 자녀를 키우고 있는 외벌이인 가정의 엄마였다. 남매를 키우고 있다 보니 매해 계절이 변할 때마다 옷과 신발을 사준다고 했다. 첫째 아이가 아들이었고 둘째 아이가 딸이다 보니 물려 입을 수가 없었다. 해마다 옷값이며 생활비는 늘어만 가는데 수입은 늘지 않아 고민이 많았던 엄마다. 일대일 컨설팅을 신청해왔기에 여러 가지 재무사항에 대한 질문을 했다. 보험료, 공과금, 사교육비, 생활비 등 분류를 충실히 해왔고 그에 대해 분석을 했다. 조정이 가능한 것과 조정이 불가능한 것을 나누고 조정이 가능한 것은 어떻게 대처하고 목표를 정해야 하는지 심층 분석에 들어갔다. 대략 30~50만 원을 줄일 수 있다는 것을 알고 이 수강생은 무척이나 신기해했다. 물론 엄마의 노력이 있어야 가능한 것이고 신청을 한 수강생 역시 노력할 의지를 가지고 있었다.

"더없는 기쁨을 추구하라. 장벽뿐이던 곳에 우주가 문을 만들어주리라."

_조지프 캠벨

현재 상황보다 더 나은 삶을 원한다면 본인이 어떤 기쁨을 추구하고 사는지 먼저 알아야 한다. 나의 기쁨이 돈을 쓰는 기쁨인가? 돈을 모으는 기쁨인가? 아니면 아무 생각이 없는가? 당신의 평소 생활이 어떠한지 곰곰이 생각해본다면 답은 금방 찾을 수 있다. 부자들은 가만히 앉아서 기도만 하지 않는다. 돈을 모으는 것도 돈을 쓰는 것도 과거 생각과 행동이 현실로 나타난 것이다. 이 수강생이 평소 생각한 대로 행동으로 옮겼고 지금은 몇 달 동안 300만 원 이상을 모았다고 한다. 물론 짠순이처럼 살지 않으면서 가능한 일이다. 그녀는 하루하루가 행복하다고 말한다. 그 돈 역시 쓰기 위해서 모으는 것이겠지만 그날을 생각하면 자신도 모르게 웃고 있다고 말한다.

당신이 선택한 현실, 바꾸지 못하는 어떤 것들을 탓하지 말길 바란다. 그것은 당신이 선택한 것이니 당연히 가질 수밖에 없는 것이다. 그것이 불행이든 행복이든.

'나는 이렇게 지지리 궁상처럼 살고 싶지 않았어.'

어느 누구도 당신에게 지지리 궁상처럼 살라고 이야기하지 않았다. 그리고 그렇게 생각하는 것은 바로 자신이다. 현재 재정 상태를 그대로 받아들여야 한다. 불평이나 불만은 당신을 갉아먹는 존재일 뿐이다. 지금이라도 다른 인생을 꿈꾼다면 하고 있는 일을 멈추고 나 자신이 어떤 사람인지 곰곰이 생각해보자. 자신을 알기 위해 몇 가지 질문에 답을 해본다면 좀 더 객관적인 평가를 내릴 수 있을 것이다.

- 백화점이나 인터넷 쇼핑몰에서 충동적으로 구매를 한다.
- 쓰지 않는 물건들이 쌓여 있는 것을 본 적이 있다.
- 옷장을 열면 입을 옷은 없는데 항상 옷은 가득가득하다.
- 월말이 되면 항상 돈이 부족하다 느낀다.
- 통장에 자동이체 되는 돈이 얼마인지 모른다.

다섯 가지 항목을 체크해보았는가? 예스라고 대답한 항목이 4개 이상이라면 변화가 필요하고, 2개 이상이면 스스로 제어할 수 있는 중심을 가지고 있다. 0개이거나 1개 정도라면 큰 무리 없이 비상금을 만들 수 있을 것이다.

자신을 객관적으로 바라보고 그에 대한 평가를 하고 개선하길 원하는 생각은 좋은 토양 아래 나무를 심는 것과 같다. 흙이 좋아야 나무가 영양분을 잘 흡수하고 나무도 잘 자라게 된다. 나무를 가꿔본 사람이라면 나무가 자라는 흙이 얼마나 중요한지 알 것이다. 햇볕이 따스하게 내리쬐는 베란다에 사랑을 듬뿍 주는 나무라도 작은 스티로폼에 모래가 담긴 곳이라면 나무는 더 이상 크게 자라지 못한다. 뿌리가 썩어갈 것이고 잎은 서서히 마르고 줄기는 힘이 없이 처진다.

이는 한 가정의 중심인 '엄마가 어떤 생각을 가지고 있느냐'와 같은 원리이다. 남편이 아무리 돈을 많이 벌어 와도 경제관념이 없는 엄마에게는 늘 부족할 뿐이다. 자신의 생각이 영양분이 넘치는 흙인지 영양분을 흡수하지 못하고 흘려버리는 모래인지 정확히 인지하자.

사람의 욕심은 끝이 없다. 처음 면허를 딴 사람은 '작은 소형차라도 있었으면 좋겠다' 갈망한다. 어떻게 하다 보니 남편이 새 차를 사는 바람에 소형차가 내 것이 되었다고 해보자. 처음에는 남편이 5년 쓰던 소형차라도 애지중지한다. 가끔 왁스칠도 하고 세차도 열심히 해가면서 아이들이 떨어뜨린 과자 부스러기를 수시로 청소한다. 시간이 흐르면 옆집 엄마가 몰고 다니는 중형차가 눈에 보이고 내가 가진 소형차는 차 같지도 않아 보인다. 남편이 타던 중형차를 내차로 쓴다고 생각해보자. 이것도 얼마 가지 않는다. 친구가 타는 대형차가 부러워질 것이다. 대형차는 언제나 가질 수 있을까?

가진 것에 싫증을 느끼고 더 가지고 싶어 하는 것이 사람의 욕심이다. 당신이나 나나 옆집 순이 엄마나 똑같은 사람이기 때문에 이런 욕심과 욕망을 가지는 것은 당연하다. 어떤 사람이든 가진 것에 대해 싫증을 내고 더 큰 것을 가지기 위해 욕심을 부린다. 그러다 보면 빚을 져서 차를 사게 되고 그 차 할부금으로 아등바등 힘들게 살게 된다.

좋은 영양분이 쌓인 흙과 흡수하지 못하는 모래를 나누는 것은 의외로 간단하다. 그 구분은 욕심을 생각으로 그치지 않고 충동적인 생각으로 현실이 되어버리는 습관에 있다. 당신과 나는 지금 돈이 없다. 나는 대형차가 욕심이 나지만, 더 큰 만족감을 주는 꿈 때문에 새 차를 뽑지 않는다. 당신은 그 대형차를 당신 것으로 만들기 위해 차량을 할부로 살 것이다. 선택은 한 끗 차이다. 돈이 없는 것은 두 사람 모두 같다. 과연 그 차를 가진 만족감은 얼마나 갈까? 아마 지나가는 벤츠를 볼 때마다 '저 벤츠 가지고 싶다'라고 떠올릴 것이다. 갈망하던 물건에 대한 만족감은 생각보다 오래가지 않는다.

엄마가 되면서 자신은 사라진다

자신을 알아가는 것이 어렵게 느껴질 수도 있다.

사랑하는 한 남자를 만나 결혼을 하고 두 남녀의 사랑의 결실이 탄생한다. 아름다울 것만 같던 시간들이 육아라는 현실에 부딪혀 아픔을 겪는다. 육아라는 것이 여자를 성장시킨다는 것을 부정하진 않는다. 하지만 육아가 보이지 않는 족쇄로 나를 묶고 있다는 아픔이었다는 것 또한 부정하지 말아야 한다.

나 역시 신이 아니기에 많이 아팠다. 육아라는 감옥에서 보이지 않는 족쇄를 차고 현실에 갇혀 살았다. 나 자신에 대해 생각할 시간도 여유도 없었다. 나도 모르게 조금씩 어른이 되어갔다. 결국 어른이 되어 나이 마흔을 바라보지만 자신을 알아간다는 게 끝이 없게 느껴질 때도 있다. 시간이 흘러 나이라는 숫자가 커지면서 느낀 것이 있다면 단순해야 한다는 것이다.

자신이 어떤 성향을 가지고 있는지 어떻게 살아왔는지 알아간다면 분명 더 좋은 시간들이 당신을 기다릴 것이다. 혹여 충동적으로 소비를 하지 않는지, 대출받는 것을 쉽게 생각하지 않는지, 살기 위해 돈을 쓰는지, 쓰기 위해 살고 있는지, 어떤 질문을 하던 자신을 알기 위해 노력해보자.

20대 직장은 생활하기 위한 돈을 버는 수단이었다. 친구들과 술을 마시고 옷을 사고 나를 꾸미기 위해 돈을 벌었다. 단 하나 고민과 생각은 '과연 어떤 남자를 만나 결혼을 할까'였다. 연말 모임에서 우연히 남편을 만나고 1년의 연애 기간을 거쳐 결혼을 했다. 아이는 빨리 생겼고 태어날 아이에 대한 행복감으로 10개월을 지냈다. 그때까지만 해도 생각은 어린이였다. 아이가 태어나면 행복할 것 같았고 그 행복의 끝은 없을 거라 여겼다. 결혼과 육아는 현실이었다. 울음으로 의사표시를 하는 아이는 보채기만 했고 쪽잠을 자는 날들이 이어졌다. 그제야 육아가 현실로 다가왔다. 하고 싶은 것을 참아야 했고 아이를 위해 시간을 보내는 날들이 그저 행복하지만은 않았다. 쓰레기를 버리러 현관문을 나서는 것도 큰일이 되었고, 씻기 위해 화장실에 들어가는 것도 남편의 도움이 없이는 결정할 수 없었다. 하루 종일 일하고 저녁에 들어오는 남편을 위해 식사 준비를 하는 것도 10kg 아이를 등에 업고 해야 했다. 예쁜 옷을 고르는 여자가 아닌 아이를 잘 케어할 수 있는 편한 옷을 고르는 엄마가 되어 있었다. 내 입술에 바르는 립스틱보다 유해 성분이 없는 아이 로션을 구매하는 엄마만 존재했다. 20대 때만 해도 돈이라는 것은 내가 좀 더 나은 삶을 살기 위한 도구였을 뿐, 더 이상의 의미를 가지지 않았다. 아이를 낳고 진짜 어른이 되니 돈의 의미는 다르게 다가왔다. 돈을 벌기 위해 내가 살고 있었다. 아이들에게 좀 더 좋은 것들을 해주기 위해 내가 바뀌어가고 있었다.

아이들에게 좀 더 좋은 옷, 좀 더 좋은 음식, 좀 더 좋은 환경을 만들어주기 위해 욕심을 부렸다. 욕심은 질주하는 기차같이 달리기만 했다. 지금보다는 더 나은 옷을 입히기 위해 왼쪽 가슴의 마크에 신경 쓰기 시작했다. 좀 더 좋은 음식을 먹이기 위해 퇴근길에 장을 보고 아픈 허리를 부여잡고 저녁 준비를 했다. 좀 더 나은 환경을 만들어주기 위해 아이 책상과 의자에 몇백만 원을 지출했다. 엄마로서 당연히 해야 할 일이라고 생각했고 그 결과를 의심하지 않았다. 질주하는 기차를 폭주하는 기차로 만들고 있었다.

그러다 의도치 않은 일로 인해 기차가 멈추었을 때 생각했다. 과연 내 욕심은 무엇이었을까? 멈춤에 답이 있었다. 살다 보면 질주하는 시간도 있고 멈추어야 할 시간도 있다. 나를 아는 방법은 멈춤에서 시작한다는 걸 깨닫기까지 너무 많은 금전적 손실과 시간을 허비했다.

과연 당신은 어떤 소비를 하고 있는가? 욕심과 과욕이 당신을 붙들고 있는 건 아닌지 잠시 생각해보자. 사랑이라는 이름의 배경을 두고 아이들에게 얼마나 많은 것을 쏟아주는가? 당신은 지금 어떤 소비를 하고 있는지 잠시 멈추고 생각해보자. 자신을 알고 시작하는 것이 행복으로 가는 첫걸음이다.

CHAPTER 5

함께 오르는 등산길

4월 어느 날, 딸아이가 학교를 다녀오고 난 후 숙제를 해야 한다며 종이 한 장을 내밀었다. '우리가 사는 곳의 문화유산 알기'라는 제목의 알림장이다. 주말에 문화 유적지를 찾아가 공부하고 사진을 찍어 오라는 숙제다. 어디가 좋을지 곰곰이 생각을 해보다 제일 가까운 인근 절로 선택한다. 남편과 상의하고 주말에 방문해보기로 한다. 토요일이 되니 비가 쏟아지기 시작한다. 할 수 없이 다음 주로 일정을 미룬다.

주말에 집에만 계실 시댁 부모님과 숙제를 같이 하기로 한다. 다행히 이번 주는 햇볕이 따사로이 내려주고 있다. 일요일 아침에 늦잠을 자고 아침 겸 점심을 먹은 후 간단히 옷을 입고 출발한다. 신라시대에 지어진 절이고 풍경이 좋다 하여 평소에도 관광객들이 자주 찾는 절이다. 차로 이동할 수 있는 곳이라 큰 걱정 없이 갈 수 있을 거라 짐작해본다. 하지만 생각했던 것과는 달리 주말에 사람들이 너무 몰려 산 중턱에서 차량을 통제한다. 하는 수 없이 주차장에 차를 두고 한쪽 어깨에 물이 든 에코백을 매고 두 아이의 손을 잡고 출발한다.

시작부터 오르막길이 펼쳐진다. 시댁 어른들은 천천히 걸어주지만 아이들의 걸음과 맞지 않는다. 점점 멀어지더니 벌써 오르막길의 끝자락에 서 계신다. 다리가 아파 힘들다고 투덜거리는 둘째는 어느새 누나의 손을 잡고 한 걸음씩 발을 맞춘다. 다리가 슬슬 아파오고 숨이 턱턱 막히지만 오늘은 숙제를 마무리해야 한다. 뒤에 오던 등산객들이 하나 둘씩 앞서가기 시작한다. 한 걸음씩 올라가다 보니 어느새 오르막길의 끝자락에 와 있다. 왼쪽 저편에는 저수지가 펼쳐져 있고 다른 한쪽에는 이름 모를 나무들이 간격을 맞추어 앉아 있다. 오랜만의 등산이라 다리가 후들거린다.

“아버지, 저기 밑에서 여기까지 몇 킬로쯤 돼요?”

앞으로 얼마나 더 가야 할지 계산부터 해보려 아버지께 물어본다.

“음, 한 1킬로는 되는 것 같구나.”

한참을 올라온 것 같은데 이제 겨우 1킬로라니. 출발 전 안내판에서 본 5킬로를 되뇌며 생각한다.

‘앞으로 4킬로는 더 걸어야 절에 도착할 수 있네.’

오르막길이라 그런지 더 멀게만 느껴진다.

“에미야, 이제 가파른 오르막길은 없으니 그리 힘들진 않을 게다.”

아버지께서 걱정하는 내 얼굴을 보며 안심시켜주신다. 오랜만에 가족사진을 찍기 위해 브이자를 내밀어본다. 남편이 사진기사 노릇을 톡톡히 해주고 있다. 그래서 항상 가족사진에는 남편이 없다. 이럴 때 셀카봉이라도 있었으면.

다시 남은 4킬로를 향해 걸어본다. 평지라 헉헉대는 숨소리는 없어졌지만 다리는 쑤셔온다. 아이들은 뭐가 그리 재미있는지 '히히, 호호' 재잘거리며 종종 걸음으로 따라온다. 쩡아는 자신의 숙제 때문에 동생이 힘들어하는 것 같아 평소와 다르게 두 손을 꼭 잡고 걸어준다. 조금이라도 누나가 앞서 가는 걸 싫어하는 동생은 같이 걸어주는 누나가 좋을 뿐이다. 어제 내린 비는 한쪽에 웅덩이를 만들어놓았고 꽃가루가 내려앉은 나뭇잎 위는 깨끗이 씻겨 유달리 반짝거린다. 아이들의 걸음을 맞추느라 목적지보다는 산 끝자락에 앉은 나무에게 관심을 가져본다.

또 다시 부모님들과 거리는 멀어지고 빠른 걸음으로 같이 가고 싶지만 아이들과 뒤에 남아 걷고 있다. 부모님은 거리가 멀어지면 한참을 그 자리에서 아이들을 기다려주신다. 올라가는 중간 중간, 글자가 새겨진 바위가 나타나면 모두 모여 사진을 찍고 다시 올라가기를 반복한다. 그때마다 그 자리에서 아무 말 없이 웃음으로 기다려주시는 부모님은 든든한 버팀목이 된다.

"이제 다 왔다. 조금만 더 가면 된다. 저기 앞에 다리까지만 가자."

끝이 없어 보이던 절이 눈앞에 서서히 모습을 드러낸다. 아이들도 신이 나서 발걸음을 재촉한다. 절 입구에 있는 작은 매점에서 아이스크림을 하나씩 먹으면서 땀을 식힌다. 먹던 아이스크림이 녹아 바닥에 철퍼덕 대자로 누웠는데도 쩡아는 속상해하지 않는다. 평소 같았으면 울음을 터트렸을 텐데 오늘은 떨어진 아이스크림을 빤히 쳐다보고만 있다. 남편은 작은 봉지를 찾아 대자로 누워 있는 아이스크림의 흔적을 지운다. '짹짹.' 새소리, 살랑살랑하는 바람, 따스한 햇볕과 함께 한동안 그 자리에 앉아 여유를 즐겨본다.

절 경내를 둘러보려 문턱을 넘으니 화려한 연등이 알록달록 매달려 있고 한쪽에 매달려 있는 큰 종 밑에는 큰 개가 앉아 있다. 절에서 키우는 개인 듯하다. 준서는 큰 개를 보고 신나서 달려간다. 그늘에 앉아 있는 개에게 "멍멍아, 네 이름은 모니?"라며 말을 건네고 갈색 털을 가진 개는 짖지도 않고 빤히 준서를 쳐다본다. 누나는 가까이 가지 말라며 준서의 손을 붙잡아 당긴다. 사진을 찍고 숙제를 마친 후 차를 향해 발걸음을 돌려본다. 내려오는 길에도 부모님은 아이들을 기다려주며 가다가 쉬었다가를 반복하신다. 내려오는 길은 그리 멀게 느껴지지 않는다. 같은 길을 내려가지만 보이지 않았던 꽃과 나무들이 눈에 들어온다. 처음엔 멀게만 느껴지던 등산길도 가족들과 함께여서인지 오래 걸리지 않은 듯하다. 시계의 작은 바늘은 숫자 5를 가리키지만 아직도 햇살은 따사로이 내려 머리 위를 비춘다.

목표를 이루기 위해서는 조금씩 움직여야 한다. 현실적으로 수입이 늘지 않으면 저축도 어려울 것이라고 생각한다. 왜냐하면 지금까지 지출하던 방식을 바꾸려 하지 않기 때문이다. '조금씩 모아서 언제 집사나?' 이러한 생각들 때문에 저축이란 것을 시작조차 하지 못한다. 한 걸음씩 올라가는 등산로처럼 작게 시작하더라도 한 걸음, 한 걸음이 모여 기다란 길을 만들어낼 수 있다. 사람들은 시작하기 전에 말한다.

"이 높은 산을 언제 올라가나. 아이코 힘들겠다."

미리 높은 산을 생각하고, 올라가는 등산로가 힘들 것이라 생각하니 한 발자국 걸어가는 것조차 시도하지 못한다. 현재 있는 자리에서 오늘은 한 발짝, 내일도 한 발짝, 그다음 날도 한 발짝 걷다 보면 언젠가는 목표 지점에 도착해 있을 것이다. 생각만으로 높은 곳을 보며 걷지 말고 지금 현재 있는 자리에서 꽃과 나무를 보며 걷는 것이 최선이다. 토요일마다 큰 기대감을 품고 로또 번호에 집착하는 일보다는 더 현실성 있는 것이 지금 이 순간에 노력하는 것이다. 작은 것이라 얕보지 말고 큰 것이라 기대하지 말며 같은 목표를 향해 가는 이들과 함께 시간을 보내자.

앞서 말한 것처럼 이 책을 읽는 당신도 나처럼 버킷리스트를 실현할 구체적인 계획을 고민하고 실천하고 있을 것이다. 어쩌면 우리 모두는 각자 다른 버킷리스트를 가지고 있지만 목표를 가지고 있다는 점에서 같을지 모른다. 쉽진 않지만 그래도 실현해보고 싶은 소망을 위해 한 걸음씩 나아가고 있기 때문이다. 어떤 이들은 버킷리스트가 돈을 모아 여행을 가는 것이고, 어떤 이들은 멋진 집을 가지는 것이고, 어떤 이들은 타인을 위해 봉사하는 삶을 사는 것일 수도 있다. 당장 갖지 못하는 소원일지라도 등산을 하는 등산객처럼 주위를 살피며 걷는다면 언젠가는 산 정상에서 바람을 맞으며 커피 한 잔 할 수 있을 것이다.

어느 순간에는 숨이 턱턱 막혀 힘들지도 모르고, 다리가 부어 자리에 주저앉을지도 모르지만, 같이 걸어가는 가족들에게 힘을 얻고, 지팡이에 몸을 기대어 다시 일어서자. 가족들의 작은 말 한마디에도 힘을 얻을 것이고, 그 힘을 받아 다시 걷게 될 것이다. 가끔은 먼저 간 가족들의 등조차 보이지 않을 수도 있다. 하지만 모퉁이만 돌면 한없이 웃어주며 당신을 반겨줄지 모른다.

아버지는 올라가는 동안 우스갯소리로 다리아파 힘들다며 어머니에게 말을 한다.

"당신은 60대지만 난 70 노인이야. 당신은 젊어서 좋겠구먼!"

이 말을 들은 남편과 나는 아버지의 농담에 얼굴을 마주보고 웃는다. 지금도 50대처럼 열정적인 아버지인데 '어느새 세월이 그만큼이나 흘렀구나' 생각하니 시간이 참 빠른 것 같다. 우리 옆을 지나가던 할머니께서 아버지 말씀을 들으시고 농담을 건넨다.

"당신은 70이라 젊어서 좋겠수. 나는 76살 노인이오."

노란 모자를 쓰고 지나가던 할머니가 아버지에게 웃음을 지어 보이시며 농담을 하신다. 모두들 "하하하" 큰 소리로 웃는다.

CHAPTER 6

살아온 이유 살아갈 이유

살아온 이유

20대 초반, 서울에 살고 있는 친구를 만나러 서울에 간 적이 있었다. 토요일 밤 신촌은 화려한 불빛으로 네모난 빌딩을 가득 채우고 있었다. 술을 잘 마시지 못하는 체질이지만 친구와 함께하는 토요일 밤은 끝까지 달려보고 싶었다. 반짝이는 빌딩에서 쏟아지는 네온사인은 지방에서 올라온 내 눈을 자꾸 움직이게 만들었다. 이리저리 고개를 돌려보고 7층 빌딩을 위아래로 훑어보았다. 굳이 어디 들어가지 않아도 신나는 노래 속을 걷는 기분이었다. 고등학교 동창인 친구는 서울 생활이 1년째였다. 이제 제법 그럴싸한 표준어로 말할 줄 알고, 신촌의 골목길도 잘 알고 있었다. 부드럽게 들리는 표준어는 억센 사투리보다 부드럽게 느껴지기도 했다. '어쩌면 나에게도 부드러운 서울

의 삶이 다가오지 않을까.'

몇 개월 후 다시 서울역에 도착했다. 이제는 가방 하나가 아닌, 옷이 든 까만색 큰 가방을 들고 있었다. 드디어 독립을 한 것이었다. 부모님과 함께 사는 집을 떠나기는 그리 어렵지 않았다. 엄마의 잔소리도 없고 친구들과 늦은 밤까지 놀아도 꾸짖는 아빠의 목소리도 없었다. 진정한 자유의 몸이 된 듯했다.

하늘을 날 듯 좋은 기분은 몇 달 가지 않았다. 자유를 얻기 위해서 대가를 치러야 한다는 것을 몸소 느끼고 있었다. 매일 아침 알람소리를 듣고 아침 6시에 일어나 간단히 화장만 한 후 지하철을 타기 위해 빠른 걸음을 했다. 해가 빌딩 사이로 사라지면 퇴근을 했다. 매일 아침, 저녁을 지옥철과 함께해야 했다.

부모님과 함께 사는 집을 떠난 대가는 돈을 벌어 혼자 견뎌야 하는 책임이라는 무게다. 자유의 무게를 견디기 위해서는 돈이 든다. 스스로 돈을 벌어, 먹고 입고, 살아내는 것을 책임져야 한다는 것은 네온사인에 둘러싸여 생각하지 못했다. 그저 자유로움만을 갈망하다 늦은 후회만 남았다.

그렇게 20대에 목표 없는 삶이 계속되고 돈을 벌기 위해 살아가는 날들이 계속되었다. 단지 서울 생활을 지탱하기 위한 수단이 돈이었다. 나에게 남은 것은 CF 속 이효리가 들고 있는 삼성핸드폰과 얼마 안 되는 월세보증금이 전부였다. 꿈속에서나 펼쳐지는 전셋집이나 표준어를 쓰는 멋진 남자친구는 없었다. 하지만 돌아갈 수 없었다. 비단옷을 입고 금의환향해야 한다는 욕심만 가득 찬 채, 아무것도 해놓은 것이 없었기 때문이었다. 돈을 벌기 위해 열심히 일하고 돈을 모아야 한다는 꿈만 꾸었다. 꿈을 현실로 만들기 위해 해야 할 행동은 생각하지 않았다.

꿈을 이루기 위해서 대가를 치러야 한다. 20대의 젊음을 주었지만 꿈은 내 것이 되지 않았다. 구체적인 목표도 없이 그저 큰 꿈만 생각하고 시간을 허비했다. 어쩌면 힘든 시간을 견뎌내기 위해 자신 스스로에게 '괜찮다'며 위로했을지도 모르고 이 정도면 잘하고 있는 거라고 다독였는지도 모른다. 20대에 인생의 목표를 생각하지 않은 대가는 의외로 혹독했다. 어른이 된 후 직면해야 하는 어려운 숙제를 미루고 있었다.

살아갈 이유

나이의 숫자만 커진다고 어른이 되는 것은 아니다. 남편을 만나 결혼을 하고, 안정된 삶이라는 목적지에 도달했다는 안도감은 큰 오해였다. 진정한 삶의 출발지는 결혼을 한 후부터 시작한다. 아이가 태어나고 부모의 입장이 되면 평소 보지 못하던 것이 보인다. 두 가지 시선이 존재한다. 하나는 한 아이의 엄마인 부모의 시선이고, 하나는 부모님을 바라보는 자녀의 시선이다. 어느 때는 아이를 보살피는 강인한 엄마가 되어야 하고, 어느 때는 엄마가 안아주기를 기다리는 어린 아이가 되기도 한다.

일요일 오후 따스한 햇볕을 받으며 근처 공원을 간다. 아들은 주차된 차 사이로 숨바꼭질을 하고 큰 공원을 뛰어다니기 일쑤다. 그러다 넘어지기라도 하면 하늘이 떠나갈 듯 울음바다가 된다. 엄마가 달려와 무릎의 상처를 보고 안아주기 전까지 자리에서 일어나지 않는다. 함께 길을 걷다 엄마가 앞서 가기 시작하면 몇 발자국 뒤에서 주저앉는다.

"같이 가야지. 혼자 가면 어떡해!"

남편은 이런 행동을 하는 아들을 보면서 어릴 적 자신의 모습을 꺼내기도 한다.

"나도 어릴 때 엄마가 먼저 가면 뒤에서 울었다던데."

우리는 부모의 입장이기도 하고 자식의 입장이기도 하다. 아이가 태어나고 여러 가지 의미 있는 이름이 부여되면 시야의 확장이 필요하다. 아이의 모습에서 자신을 보기도 하고, 자신의 모습에서 엄마를 보기도 한다. 어린 시절 엄마가 하던 말을 그대로 내가 반복하고 있는 모습을 보기도 한다. 문득 내뱉은 말이 친정 엄마 같아서 깜짝 놀라 멈칫할 때도 있다.

20대 시절이 자신 하나만 생각하는 시간이었다면 30대부터는 부모로서, 자식으로서 모두를 돌봐야 하는 시간이 된다. 혼자만 생각하면 되던 그 시간, 삶의 목적에 대해서 생각하지 않은 숙제는 30대에 들어와 더 힘든 숙제가 되어 있다. 얽힌 매듭을 풀듯이 하나씩 풀어가지만 쉽사리 해결되지 않는다. 미뤄둔 숙제는 눈앞에 놓인 커다란 산처럼 보인다. 올라가야 하지만 높은 산자락을 보며 지레 겁먹고 발을 내딛을 생각을 하지 못한다. 20년 전처럼 시간을 헛되이 쓸 수는 없는 노릇이다. 이제라도 숙제를 마무리하기 위해서 눈길을 돌려야 한다. 늦은 만큼 신경 써야 할 일도 많아졌지만 얽힌 매듭을 안고 살 수 없다.

엄마라는 이름표를 달고 난 후 아이의 꿈이 자신의 꿈이 되기도 한다. 딸이 좋아하는 원오원 팬 사인회를 가는 것이 올해의 목표가 되었고, 꿈꾸는 그날을 위해 해야 할 일은 티켓을 살 돈을 모으는 것이다. 팬 사인회가 어디서 열릴지, 콘서트는 언제쯤 열릴지 정보도 수집해야 한다. 엄마가 된 지금 내 꿈에 딸의 소망까지 추가되었다.

결혼 전에는 전셋집을 가지는 것이 꿈이었다. 매일 밤 바라기만 하다가 사라져버린 꿈이다. 이제는 '내 이름으로 된 집을 가지고 싶다'로 업그레이드되었지만 그 꿈도 며칠 뒤면 현실이 된다. 만약 당신이 바라는 소망이 있다면 어떻게 꿈을 현실로 만들지, 구체적인 계획을 세워야 한다.

"전세만 10년차예요. 이제는 우리 집을 가지고 싶어요. 어떻게 해야 할까요?"

가끔씩 카페에 올라오는 글이 있다. 과연 어떻게 하는 것이 좋을까? 제일 먼저 해야 할 일은 자신이 처해 있는 현재를 제대로 보는 눈을 키우는 것이다. 그 후 목표를 세분화해가는 과정을 거쳐야 한다.

만약, 당신의 꿈이 5억짜리 아파트를 갖는 것이라면? 당장 시작해야 할 일은 10만 원부터 모으는 일이다. 당장 10만 원도 모을 수가 없다면 어떻게 3억을 모을 수가 있을까! 큰 꿈만 보고 작은 행동 하나를 하지 않는 사람은 아무것도 할 수가 없다. 월급이 이체되는 25일에 10만 원을 저축하라. 다음 달도 그다음 달도 같은 행동을 계속하라.

"이렇게 해서 언제 3억을 만들어요?"

설사 100년이 걸린다고 해도 시작을 해야 하고, 10년이 걸린다 해도 마찬가지다. 시작하지 않으면 아무것도 이룰 수 없다. 일단 첫발을 떼야 당신이 원하는 아파트가 공상에서 현실이 되어 손에 잡힐 수 있다. 하지만 현실을 탓하며 한숨만 쉬고 있다면 아파트 주변만 맴돌며 남의 집 베란다만 쳐다보고 있을 것이다.

10만 원씩 모이는 통장을 보면 자신을 칭찬하게 된다. 몇 개월 동안 힘들게 모았든, 힘들지 않게 모았든 시작한 것을 스스로 뿌듯하게 여기게 된다. 목표를 이루기 위해 작은 것을 눈앞에 보이게 하는 방법이다. 다음은 중간 목표를 세워야 한다. 3억을 모으는 큰 꿈만 보고 달리면 얼마 지나지 않아 지치게 된다. 이제 1천만 원을 모으기 위한 중간 목표를 세운다.

큰 목표를 이루기 위해 실천해야 하는 작은 목표들을 시각화하고 조금씩 성취감을 느끼다 보면 중간 목표까지 도착하는 데 오랜 시간이 걸리지 않는다. 10만 원을 저축하다가 '이번 달은 20만 원을 저축해볼까?'라는 생각이 자연스레 들고, 그러다 보면 작은 목표에 좀 더 가까이 다가가게 된다. 반복적으로 실천하는 모습을 자신 스스로가 보게 되면 남편이 하지 말라며 도시락 싸들고 말려도 하게 된다. 이것은 다이어트, 저축하기, 아이 교육에도 응용할 수 있는 방법이다.

작은 목표를 눈에 보이게 만들고, 중간 목표를 세운 후 꾸준히 실천하는 습관을 기르게 되면 큰 목표는 자연스레 따라오게 되어 있다. 나는 단기적으로 성과를 본 것이 바로 '글쓰기'다. 책 출간을 큰 목표로 잡고 이를 각 단계별로 쪼개어 다시 세분화하는 작업을 한다. 하루에 써야 할 분량을 정하고 일주일을 써내려간다. 여기서 중요한 것은 일주일에 한 번씩 스스로 피드백을 하는 것이다. 이번 주는 하루 목표량을 달성했는지, 아이가 아파 병원에 들락거리느라 하지 못했는지, 스스로 자신을 평가한다.

일주일을 평가하는 것은 의외로 강한 힘을 가지고 있다. 게으름으로 망친 일주일을 보냈다면 채찍질하는 시간이 되기도 하고, 빼곡히 적힌 다이어리에서 X 표시를 보게 되면 자신에게 당근을 주며 칭찬하는 계기가 된다. 자신을 피드백하는 시간은 일주일에 십 분이다. 그 십 분으로 당신은 해내지 못할 것이 없다. 66사이즈 옷은 장롱에서 강제퇴장 당하고 44사이즈 예쁜 원피스가 그 자리를 차지할 수도 있다.

당신이 쟁취하고자 하는 꿈은 무엇인가? 그 꿈을 눈앞의 현실로 만들고 싶은가? 그저 머릿속에만 담아둘 것인가?

누구나 이루지 못한 소망을 갈망한다. 어떤 이는 지금 할 수 있는 것부터 시작하고, 어떤 이는 그저 한숨만 쉰다. 소망을 이룬 사람과 그렇지 못한 사람의 차이점은 단 하나뿐이다.

'지금 내가 할 수 있는 것을 실천하였는가.'

당신은 어떤 선택을 할 것인가?

CHAPTER 7

종이 한 장의 힘

베란다 창문을 열면 하얀 화분에 담겨 있는 다육이가 눈에 보인다. 잎이 말라 있는 듯 보여 물을 살짝 축여준다. 미세먼지가 보통 수준이라 문을 열어 환기를 시켜본다. 시원한 바람이 거실로 살랑살랑 불어온다. 봄이 왔다. 이제 겨울 두꺼운 바지는 정리해야 할 때다. 아이 옷장에서 봄옷을 꺼내어 입혀보니 댕그랑 발목 위로 올라온다. 9부도 아닌 7부가 되어 있다. 양말을 신고 어린이집에 갈 준비를 하고 보니 동생 옷을 입은 듯 어색해 보인다. 오늘은 아이 바지를 사야 할 것 같다.

어린이집에 등원을 끝내고 간단한 청소를 마무리한 후 쇼핑몰을 열어본다. 곧 여름이 다가올 거라 싼 옷으로 몇 가지 골라본다. 결제를 마치고 쇼핑몰 홈으로 돌아오면 예쁜 여자 모델이 입은 옷, 아이들이 쓸 물티슈, 빨래 마지막 단계에 향기를 더해줄 섬유유연제까지 한눈에 들어온다. 봄에 살짝 걸치면 멋스러운 카디건을 장바구니에 담고, 딸이 좋아하는 참치 캔도 함께 넣고, 물티슈가 특가로 나왔으니 장바구니에 넣어본다. 다시 한 번 결제를 마치고 더 필요한 것이 없나 둘러본다. 세 시간이 후딱 지나가버렸다. 점심 약속에 늦지 않기 위해 화장을 하고 옷을 입는다.

며칠 뒤 점심을 먹고 낮잠을 자려는데 현관 벨소리가 들린다. 문을 열어보니 주문한 상품들이 현관 앞에 놓여 있다. '내가 뭘 샀었지?' 하나씩 택배 박스를 열어보니 며칠 전 결제 버튼을 눌러 주문했던 제품들이다. '많이도 샀구나!'이렇게 '주문 병'이 생기게 되면 일주일은 쇼핑만 한다. 집에 필요한 것들이 있는지 일부러 찾아다니는 내 모습을 보기도 한다.

아무것도 하기 싫은 날, '게으름병'이 나타난다. 거실 바닥 매트 위에 장난감이 뒹굴어 다니고, 아이들이 먹고 흘린 과자 부스러기도 발에 밟히기 시작한다. 아침을 먹고 난 후 싱크대에 담겨 있는 설거지도 오후로 미루고 싶은 날. 모든 것이 귀찮고 나를 찾는 카톡 소리에도 반응하기 싫은 날이다. 이런 '게으름병'이 생기는 날에는 쇼핑도 미뤄진다. 당장 주방세제가 없는데도 '마트 가서 하나만 사와야지'라며 일을 미룬다.

'한동안 택배 아저씨 얼굴은 못 보겠구나!'

과한 낭비벽이 있는 주부는 아니지만 가끔씩은 기분에 따라 쇼핑을 하기도 한다. 한동안 쭉 나를 돌아본 뒤에 발견한 것은, 인터넷 쇼핑을 시작하게 되면 '이것도 사고 싶고, 저것도 사고 싶어' 절제 없이 신용카드를 사용하게 되는 나의 모습이었다. 굳이 지금 필요하지 않은 물건인데도 결제 버튼을 누르고 있는 나 자신을 보았다.

우연히 읽게 된『의지력의 재발견』이라는 책을 폈을 때, 멈추지 못하는 쇼핑의 이유를 알게 되었다. 과한 쇼핑을 하는 사람들의 뇌를 관찰한 이야기를 해주고 있었다. 구두쇠의 경우, 필요한 물건에 돈을 쓰려고 고민을 하게 되면 뇌의 인슐라 부위가 반응한다는 것이다. 한마디로 구매할 물건을 눈으로 보고 그 정보가 뇌로 옮겨지면서 '이것을 사야 할지 말아야 할지' 고민하는 동안 인슐라는 불이 켜진다. 하지만 낭비벽이 있는 사람은 필요하지 않은 물건을 구매하려 할 때조차도 인슐라는 반응하지 않았다고 한다. 뇌에서도 고민할 거리가 안 된다고 판단한 것이다.

자동차를 운전할 때 멈추어주는 브레이크와 같은 역할을 하는 것이 인슐라의 역할이다. 잠시 멈춰서 '이것이 진정 지금 나에게 필요한가?'라는 질문을 던져주는 것이 브레이크인 인슐라의 일이다. 그런데 이런 역할을 잘 수행하지 못할 때는 어떤 일이 생길까? 아마 멈추지 않는 자동차를 탄 듯 무한질주 할 것이다.

'나의 인슐라는 역할을 잘 수행하고 있는 걸까?'

문득 이런 의문을 가지게 되었다. 굳이 첨단 장비가 없더라도 자신의 쇼핑 습관을 돌아보면, 스스로 판단이 가능하리라 생각한다. 만약 인슐라가 역할을 수행하지 못하고 있을 때에는 어떻게 해야 할까?

『의지력의 재발견』에서는 필요 없는 장비를 사는 사람을 대상으로 인슐라 반응을 관찰했다. 역시나 인슐라는 반응하지 않았다. 그런데 최근 도착한 신용카드 청구서를 보여주니 반응이 일어났다는 것이다.

미루어 짐작건대, 우리는 지갑 속에서 현금을 꺼내 사용하는 것보다 신용카드를 사용할 때 더 많은 지출을 하게 된다. 이는 '내 돈이 없어지고 있어'라는 생각을 하지 못하기 때문에 시각적 반응이 일어나지 않기 때문이다. 다시 한 번 생각할 걸림돌을 만들어야 하는데도 신용카드는 이런 점이 생략되어버리기 때문에 낭비하는 환경을 만드는 것은 아닐까?

환경설정

거실에 놓여 있던 산세비에리아는 1년도 채 지나지 않아 시들어버렸다. 언니네 집에서 업어온 큰 어항의 물고기도 여름과 겨울을 지내고 2월 초에 흔적도 없이 사라졌다. 남편이 가져온 고슴도치조차 여름을 지내지 못하고 우리 집을 떠났다. 나는 식물이나 동물을 키우는 능력이 부족하다. 그렇기에 다육이를 키우는 것도 큰 결심이 필요했다. 어떤 환경에서 잘 자랄 수 있는지, 햇볕이 잘 드는 베란다에 두어야 할지, 물은 얼마 주기로 줘야 하는지 블로그를 보며 공부를 했다. 다육이를 키운 지 한 달이 되지 않았지만 이런저런 환경을 맞추어주기 위해 오늘도 '다육이 잘 키우는 방법'을 검색한다.

식물도 환경이 적절해야 잘 클 수 있다는 것을 알았다. 사람도 환경설정이 중요하다. 비상금이 없는 주부들, 여름 비키니를 입기 위해 다이어트를 하는 여자들, 담배를 끊기 위해 노력하는 남자들 모두 자신의 환경을 잘 알고 적절한 노력을 해야 한다. 나는 비상금이 없는 주부들에게 조언을 해주는 역할을 한다. 가계 소비의 주체인 주부들은 이러한 노력을 꾸준히 해야 한다. 자신의 환경이 어떤지, 앞으로 무엇을 이루고 싶은지, 생각하지 않는다면 1년도 채 살지 못한 산세비에리아처럼 시들어버릴지도 모른다.

내가 조언을 해주며 추천하는 방식은 바인더를 이용하는 것이다. 바인더란 다이어리 같은 형식을 띠고 있지만 한 장씩 꺼내어 자유롭게 정리를 할 수 있다. 한 권의 다이어리를 다 채우지 못하고 버려지는 것을 안다면 바인더의 특징은 빛을 발한다. 매년 새로 사야 하는 부담을 줄일 수 있고 언제든 원하는 카테고리를 설정할 수 있기 때문이다. A4용지의 1/2 크기인 A5용지를 이용하고 각자의 스타일에 맞춰 사용하면 된다. 환경설정의 시작은 지금까지 가정을 꾸려가며 지출해온 내역을 살펴보는 것으로 시작한다. 1년간 어떻게 지출을 해왔는지 스스로 깨닫고 앞으로 1년의 목표를 정하고 나면 바인더에 기록하기 시작한다. 앞서 말한 것과 같이 1년간의 목표를 6개월, 3개월, 1개월 단위로 세분화하여 기록하기 시작하고 일주일마다 자신의 상태를 파악하는 것이 작은 노력의 첫걸음이다. 또한 매주 자신의 노력을 살피는 것도 잊어서는 안 된다.

처음에는 기록하는 것만으로 만족해도 된다. 시작부터 1억을 모을 수 있다는 기대감보다는 당장 100만 원이라도 저축하고 성취감을 느끼는 것이 좋다. 6개월이 지나고 난 뒤 목표한 금액을 채우지 못했다 하더라도 자신을 칭찬해주고 더 잘할 수 있을 거라는 믿음을 놓지 않아야 한다. 아무것도 시작하지 않은 옆집 순이 엄마보다 당신이 훨씬 더 위대한 사람이니까.

바인더의 다음 카테고리 설정은 필요한 물건을 기록하는 것이다. 봄이 지나 여름이 되면 아이들이 입을 수 있는 옷과 없는 옷을 구별한다. 그리고 필요한 물건을 바인더에 작성한다.

해외직구로 옷을 구매할지, 한국 쇼핑몰에서 구매할지 선택한 후 그에 맞는 적절한 예산을 잡는다. 학부모 모임이 늘어나는 봄에는 자신의 옷장도 살펴본다. 무작정 옷이 없다고 급하게 구매하지 말고 바인더를 이용하여 옷장을 점검하자. 유행이 지났거나 싫증이 나서 입지 않을 뿐, 적절한 소비 철학을 가진다면 충분히 돈을 절약할 수 있다.

기록하는 습관이 만들어지면 자신의 소비 패턴을 눈으로 볼 수 있다. 이는 작은 것처럼 보이지만 실천해본 사람이라면 얼마나 큰 성과를 가져오는지 느낀다. 몇 달간 해온 노력이 바인더 속에 간직되면 자신감이 생겨나고 더 열심히 해보려는 마음가짐이 솟아난다. 주부로 오랜 세월 살다 보면 성취감이 하락해 자존감이 떨어지는 경우를 보기도 하는데, 오랜 시간 일기를 쓰거나 바인더를 기록하는 것만으로도 자존감이 올라가고 만족감을 느끼며 살 수 있다.

한 가지 유념해야 할 사항은 구두쇠처럼 자신을 압박하며 시간을 보내지 말아야 한다는 것이다. 나는 과한 소비를 없애기 위한 도구로 바인더를 이용하길 원한다. 나른한 오후 커피 한 잔 하며 동네 언니들과 시간을 보내는 것을 피하거나, 절약해야 한다며 남편의 용돈을 줄이거나, 모든 방의 콘센트를 뽑고 다니며 아이들에게 잔소리하는 엄마는 서로를 힘들게 만든다. 자신 스스로 만족감도 하락할뿐더러 삶의 질을 떨어뜨리는 행위이다. 구두쇠처럼 살면서 인생을 허비하는 사람이야말로 허망한 미래만이 존재할 뿐이다. 허나 과한 낭비벽 또한 미래를 준비하지 못하는 실수를 저지르게 만든다. 적절한 절충안이 되는 가치관 형성이 꼭 필요하다.

"당신이 원하는 것들이 이미 당신 것이라고 여겨라. 그것이 필요할 때 당신에게 찾아간다는 사실을 알라. 그런 뒤에 당신에게 오게 하라. 안달하거나 걱정하지 마라. 지금 그것이 없는 상황에 관해 생각하지 마라. 이미 당신 것으로, 당신에게 있다고 생각하라." _로버트 콜리어

PART 5

해외직구 초보를 위한 올바른 사용법

"당신의 소망이 구체적인 실체로 나타나지 못하게 막을 수 있는 존재는 오직 하나뿐이고, 그 존재는 애초에 소망을 창조한 당신이다." _제네비브 베런드

CHAPTER 1

해외직구라는 산을 넘다

영어울렁증, 언어의 벽

학교를 졸업하고 나면 영어와 담을 쌓게 된다. 나 또한 학교 졸업장을 받은 이후로는 영어와 관계를 끊었다. '외국인과 만날 일도 없고 해외여행을 가더라도 가이드가 있는데 무슨 상관이랴' 이렇게 생각을 했다. 그런데 결혼을 하고 해외직구를 시작하면서 아쉬움을 느꼈다. 해외 쇼핑몰을 열면 대중의 뜻은 알겠지만 선뜻 결제 창으로 넘어가지 못했다. 혹여나 실수를 할까 두려움에 사로잡혔기 때문이다. 그래서 화면을 2개씩 띄워놓고 블로그 한 번 보고 클릭 한 번 하고, 영문 주소를 쓰고 다시 확인을 해야 했다. 10여 년 전만 하더라도 '인터넷 익스플로러' 외에는 다른 웹브라우저가 있는지도 몰랐다.

영어울렁증이 있는 분들에게 팁을 주자면, '크롬'이라는 웹브라우저를 쓰길 권한다. 영어를 자동으로 번역해주고, 개인 PC를 사용한다면 아이디와 비밀번호 저장도 가능하다. 또한 북마크를 모바일과 연동하여 쓸 수 있기 때문에 언제 어디서나 해외 쇼핑몰에 손쉽게 접근이 가능하다. 이제부터 '크롬'을 사용하는 개인적인 노하우를 공개하겠다.

'크롬' 자동번역 설정하기

먼저 해외 쇼핑몰에 들어갔을 때 자동번역이 되지 않는 현상이 나타난다면 설정화면을 살피도록 하자.

그림1을 보자. 상단의 점 3개를 클릭하면 그림2처럼 설정화면이 나타난다. 이때 제일 아래 '고급'을 누르면 더 많은 설정을 볼 수 있다. 이

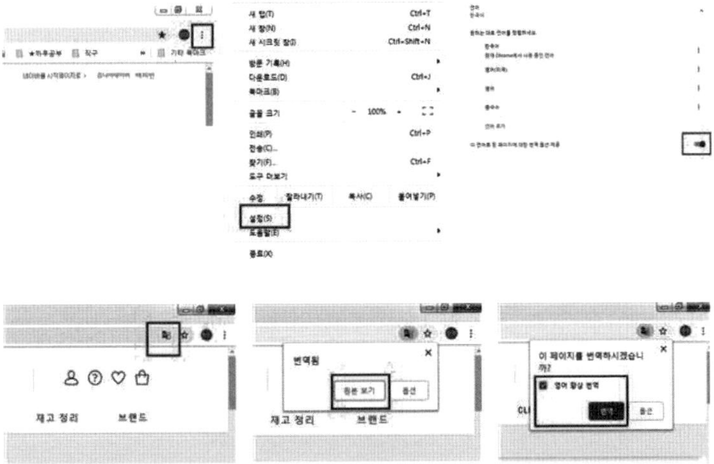

그림 1　　그림 2　　그림 3

때 '언어'탭을 찾아서 그림3처럼 활성화하면 자동번역이 실행된다. 아주 쉬운 설정이지만 잘 사용하지 않던 웹브라우저를 사용하게 되면 어려워하는 분들이 많다.

해외 쇼핑몰 원본보기

이렇게 '자동번역' 활성화를 실행시키면 해외 사이트에 접속하게 될 때 자동번역이 실행된다. 가끔은 원본을 보아야 할 때도 많기에 '원본보기'를 쉽게 보는 방법도 알고 가자.

그림1의 빨간 사각형 안에 아이콘은 번역이 가능한 페이지를 알려주는 아이콘이다. 한 번 누르게 되면 그림2처럼 '원본보기' 버튼이 나타나고 누르게 되면 원본보기가 가능하다.

아직 완벽한 번역이 구현되지 않기 때문에 나는 '원본보기'를 자주 사용하는 편이다. 원본보기 상태에서 한 번 더 누르게 되면 '이 페이지를 번역하시겠습니까?'라는 팝업이 뜬다. 그리고 다시 번역이 실행된다.

크롬 두 배 활용하기: 북마크

해외직구는 타이밍이다. 특히 블랙프라이데이가 다가오면 타이밍이라는 말을 절실히 실감할 수 있다. 나 또한 블랙프라이데이만을 기다리면서 핫딜 아이템을 기다린 날이 많다. 타이밍은 1년에 한 번 있는 것이 아니다. 평소에도 타이밍은 중요하다. 단 몇 분 만에 원하던 사이즈가 품절상태가 되곤 하기 때문이다. 귀찮더라도 북마크는 평소에 꼼꼼히 신경 쓰는 것이 좋다. 북마크를 하는 방법은 간단하다. 번역 아이콘 옆의 별 모양을 누르면 페이지 주소가 저장된다. 북마크가 상단에 나타나지 않는다면 설정 화면에서 변경이 가능하다. '크롬' 설정 화면으로 이동하면 '모양'탭을 찾을 수 있다. '모양' 탭으로 이동해 '북마크바 표시'를 활성화하자.

북마크 폴더별로 설정하기

북마크를 설정할 때 폴더를 이용하여 묶음 저장을 하면 유용하다. 각 카테고리를 정한 다음 종류별로 저장을 하자. 필요할 때 블로그 검색을 할 필요도 없고, 핫딜이 왔을 때 누구보다 빨리 접속이 가능하다. 또한 북마크는 모바일과도 연동이 가능하다. 컴퓨터를 사용하지 못하거나 외출 중에도 단 몇 초면 접속할 수 있다. 앞에서 언급했듯이 아이디와 비밀번호도 저장이 가능하기 때문에 키보드를 누를 필요도 없다. 이처럼 '크롬'을 잘 이용하면 해외직구는 어렵지 않다.

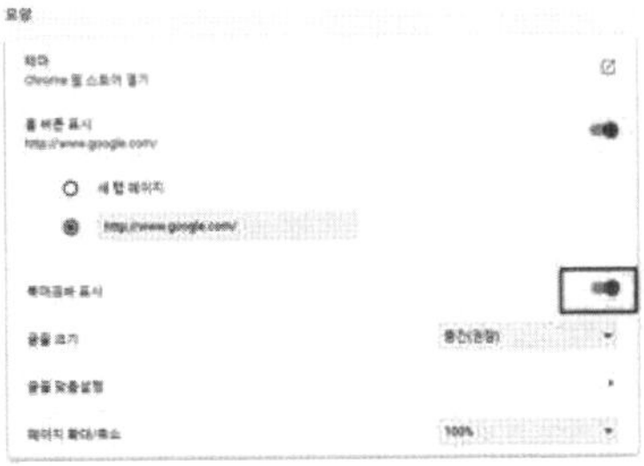

그림 1

번역기 이용하기

해외직구를 시작하고 경험이 쌓이다 보면 당황스러운 상황이 연출되곤 한다. 해외 쇼핑몰 고객센터로 전화를 해야 하거나 메일을 보내야 하는 뜻밖의 일이 생긴다. 나는 급한 일은 라이브채팅을 이용하고 그 외에는 메일을 사용한다. 그 이유는 간단하게 내 의사를 전달할 수 있고 번역기를 이용하면 머리 아프게 생각하지 않아도 되기 때문이다. 알다시피 번역기는 완벽한 번역을 해주지 않는다. 뜻은 통하지만 오역이 생길 수 있다. 그렇기 때문에 번역기를 이용할 때는 길게 쓰지 않고 단문으로 쓴다. 예를 들면 이렇다.

"내 주문번호는 ○○○○. 나는 주문을 취소하고 싶다. 빠른 답변을 기다린다. 고맙다."

이렇듯 최대한 단문으로 쓴다. 그리고 자신이 원하는 것을 분명히 밝힌다. 길게 영작해서 보내느라 에너지를 소모할 필요가 없다. 고객센터 직원에게 자신이 원하는 것을 알리고 답을 들으면 된다. 무서워할 필요도 없다. 가끔 하고 싶은 말이 길어지면 '이렇게 쓰는 것이 맞는 것인가?'라는 생각이 들 때가 있다. 영어 문법이 정확해야 할 것 같고 시험을 치는 것 같은 기분이 든다. 그때는 '고객센터 직원과 만날 일은 없다'라고 생각하면 마음이 가벼워진다. 그리고 사실상 다시 메일을 쓸 일도 생기지 않는다. 그러니 고객센터에 자신의 요구사항을 분명하게 밝히자. 번역기는 우리의 영원한 통역사니까.

TIP

★ 구글 번역기를 '크롬' 북마크에 저장해놓자. 그러면 손쉽게 화면을 열 수 있다. 해외직구가 아니더라도 사용할 일은 수시로 생기기 마련이다.

해외직구의 기본 개념 이해도

해외직구를 시작한 지 10년이 채 되지 않았지만 많은 경험을 했다. 조금이라도 더 저렴하게 구매하기 위해서 밤에 울리는 알람 소리에 카페를 들락거리기도 했다. 핫딜 예고가 뜨면 아이에게 핸드폰을 주며 '엄마 접촉 금지명령'을 내리기도 했다.

처음 해외직구를 시작할 때는 독이 될지 득이 될지 생각해보지 않았던 게 사실이다. 그때는 '어려운 해외직구'라는 이미지가 강했기 때문에 많은 정보를 얻기도 힘들었다. 하지만 이제는 많은 엄마, 아빠들이 해외직구로 도움을 받고 있다.

많은 사람들이 해외직구를 이용한다. 물론 장점도 많이 있다는 것은 인정한다. 하지만 보이지 않는 단점도 분명 존재한다는 사실을 알고 시작했으면 좋겠다. 나는 이 장에서 어려운 용어는 최대한 사용하지 않으려 한다. 직구를 이용하는 사람으로서도 여러 번 읽어야 이해가 가능하기 때문에 쉬운 용어로 알기 쉽게 쓰고 싶다.

앞 장에서 말한 것처럼 엄마의 경제철학이 더 중요하고 그 위에 해외직구라는 도구가 놓였으면 한다. 이론적인 상세 설명은 지금까지 나온 책들과 블로그에서도 충분히 얻을 수 있는 자료들이니 대략적인 설명과 경험을 위주로 이야기해주고 싶다.

해외직구의 개념을 쉽게 이해하려면 흔히 이용하는 G마켓, 옥션 같은 인터넷 쇼핑몰이라고 생각하면 된다. 여기에 하나 염두에 둬야 할 것은 외국 택배사(배송 대행업체) 개념이 더해진다는 것이다. 쇼핑몰에서 상품을 구매하고 해외 배송사 한 번, 국내 배송사를 한 번 거치면 택배가 우리 집으로 도착한다.

큰 그림으로 생각하면 택배사를 두 번 거치는 것 빼고는 크게 다른 것이 없다. 하지만 분명 처음일 때는 모든 것이 어렵고 두렵다. 두려움을 해결하는 방법을 기본 개념 이해도 측면에서 몇 가지 살펴보자.

용어 정리

문제 1 **텍스가 뭔가요?**

해결 방법 해외직구의 개념을 조금 상세히 설명하면 우리나라와는 차별화된 세금을 낸다는 것을 알 수 있다. 쉽게 설명해서 서울에서 상품을 판매하고 있다. 경상도로 상품을 배송 받고자 하는데 세금을 내라고 할까? 흔히 알다시피 한국에서는 지역 차이로 인해 세금을 내라고 하지 않는다. 하지만 미국은 다른 세금을 부과한다. 이것을 텍스(Tax)라고 한다. 각 주에서 세금을 징수하는데 택배를 받는 곳에 따라서 텍스가 부과될 수 있다.

이것을 어떻게 확인할 수 있는지 궁금할 것이다. 택배 받을 배송지를 입력하면 텍스를 내야 하는지 내지 않아도 되는지 확인할 수 있다. 여러 배송 대행업체는 각 지역 주마다 지점이 정해져 있다. 택배 받을 배송지를 잘 구별하여 배송 주소를 입력하면 세금을 내지 않는다.

문제 1 **관세라는 것은 무엇인가요?**

해결 방법 앞에서는 텍스라는 개념을 살펴보았다. 이것은 미국 내에서 발생하는 미국의 세금을 칭하는 것이며 관세라는 것은 한국의 세금을 말하는 것이다. 미국 내에서 배송이 완료되고 비행기를 타고 한국으로 들어온다. 한국에 상품이 도착하게 되면 인천공항에서 어떤 상품이 한국으로 들어오는 것인지 검수하게 된다. 이때 발생하는 것이 관세이다.

한미 FTA 협정에 의해 목록통관 상품만 200달러 이하로 개인이 사용한다는 조건으로 세금을 면제해주고 있다. 이때 중요한 사항은 미국에서 구매한 상품이 어떤 항목에 들어가는지 먼저 확인을 해야 한다는 것이다. 목록통관이 되지 않는 상품은 물품 가격이 150달러 이하(배송료 및 보험료 포함)여야 관세를 내지 않는다. 목록통관이 되지 않는 상품은 의약품, 한약재, 야생동물 관련 제품, 농림축산물, 건강식품, 식품, 주류, 담배, 기능성 화장품, 지적 재산권 위반 의심물품(일명 짝퉁 제품)으로 분류하고 있다. 세부 변경사항은 관세청 홈페이지에서 정보를 얻을 수 있다.

상세 설명 그렇다면 우리는 자가 사용 목적으로 어떻게 세금을 내지 않을 수 있을까? 흔히 엄마들은 아이들 의류와 신발, 건강식품을 많이 구매한다. 아빠들의 경우 가전제품을 많이 선호하는 것으로 조사되었다. 아이들 옷만 구매한다면 결제금액이 200달러 아래라면 무사통과다. 한국에서 세금은 내지 않는다는 말이다. 가전제품의 경우 가격대의 차이가 있지만 200달러가 넘으면 일반통관이라 생각해야 한다. 품목으로 따지면 목록통관으로 들어가지만 정해진 금액을 넘어가면 일반적인 관세율을 적용받으니 이 점은 꼭 알아두어야 한다.

중요한 점은 금액과 물품이 정확하게 일치해야 한다는 사실이다. 해외직구 카페에는 종종 "201달러인데 관세를 내나요?" 이런 질문이 올라오곤 한다. 답은 "네. 관세를 내야 합니다"이다. 200달러에서 0.1달러라도 초과하면 안 되니 꼭 미국 내 텍스 포함 결제금액을 200달러 아래로 정해야 한다는 것이다.

추가 설명 직구족들은 흔히 '한 바구니'라는 말을 한다. "계절이 바뀌어 아이 옷을 한 바구니 꾹꾹 담아 샀어요"라는 글이 종종 올라온다. 나도 한때 해외직구로 한 달에 대여섯 바구니 결제를 해본 경험이 있다. 단순 계산하여 해외직구로 한 달 생활비를 써버리는 것이다. 아주 창피한 일이지만 나의 경험이 다른 이들의 실수를 막을 수 있기를 바라며 솔직히 털어놓겠다.

해외직구에 발을 담그게 되면 지름신이 "이리 와. 이리 와" 손짓을 한다. '한 바구니 병'이 생기면 처음에는 한 번, 두 번, 세 번 늘어나게 된다. 이것을 조심해야 한다. 관세를 내지 않기 위해 200달러 아래 199달러 결제를 하거나 한 번 국제 배송비가 아까워 가득가득 담게 되면 나처럼 지름신과 같이 몇 년을 살 수 있으니 꼭 명심해두었으면 한다.

우리는 아이들의 엄마이자 한 가정의 중심이다. 필요한 물건만 구매하는 내공을 기르자. 네이버 검색창에 '관부가세'라고 검색하면 관부가세 계산기가 등장한다. 상품의 물품 가격과 무게, 물품 종류를 선택하면 대략적 관세를 계산할 수 있으니 쉽게 이용할 수 있다.

예 물품 가격 800달러, 물품 무게 60kg, 물품 종류 TV로 계산했을 때, 관세는 23만 원으로 계산된다.

해외직구를 시작하는 엄마들의 준비물

쇼핑을 할 때 무엇을 준비해야 할까? 한국과 같다고 생각한다면 아이디, 결제계좌, 배송 주소지가 있으면 된다. 추가로 알아야 할 것은 구매

금액 2~6%를 적립해주는 적립 사이트를 경유하는 것과 적립금을 받을 페이팔 계정을 만드는 것이다. 이에 대한 것과 간단한 용어 설명을 알아보자.

아이디 한국의 경우 숫자와 영문으로 계정의 아이디가 정해진다. 미국의 경우 이메일 주소가 아이디로 쓰인다. 네이버나 다음 메일 주소를 쓰는 것보다는 Gmail을 쓰는 것이 좋다. 한국 이메일 시스템은 다른 나라에서 보는 이메일을 스팸으로 간주하여 분류해버리기도 하기 때문이다.

신용카드 해외 결제가 가능한 신용카드는 비자(visa) 마스터(Master) 아멕스(American Express) 디스커버(Discover) 로고가 있는 신용카드를 쓰면 된다. 해외 쇼핑몰에 따라 한국 카드를 받아주는 곳도 있고 아닌 곳도 있다. 한국 카드를 받아주지 않는 해외 쇼핑몰은 페이팔로 결제가 가능하다.

페이팔 한국에서 삼성페이, 카카오페이처럼 카드 등록을 다른 인증 시스템에 심어놓고 결제는 인증 시스템을 이용해 결제하는 방식이다. 미국의 경우 이베이에서 만든 결제시스템인 페이팔이 주로 사용된다. 캐시백 사이트를 경유하여 구매를 하는 경우 적립금을 환급받을 수도 있다. 아주 유용하게 쓰이니 꼭 페이팔과 캐시백 적립 사이트를 이용해보도록 하자.

캐시백 사이트 한국의 경우 네이버 쇼핑을 경유하여 상품을 구매하는 경우 할인이나 적립을 해주는 것을 본 적이 있을 것이다. 미국의 경우 캐시백 사이트를 경유하여 구매하면 일정 부분을 적립을 해준다. 대표적으로 '이베이츠, 미스터 리베이츠'가 있다. 홈페이지에 가입을 하고 해외 쇼핑몰 이름을 적어보면 적립률을 알 수 있다. 두 곳을 같이 이용하는 것보다는 한 곳만 이용하는 것이 좋으니 주로 사용하는 브랜드의 적립률을 알아보고 결정한다면 많은 도움이 된다.

용어 설명

- **오더 번호** 주문번호이다. #으로 시작하는 오더 번호, 숫자로만 되어 있는 오더 번호, 영문과 숫자가 섞여 있는 오더 번호들이 있다. 배송 관련하여 문의가 많은 미국 같은 경우 오더 번호를 적어 메일을 보내야 확인이 가능하다. 주문 후 로그인을 하고 주문 내역을 보면 상위에 오더 번호가 있으니 찾기는 어렵지 않다. 한국은 1~2일이면 배송되는 반면 미국과 영국은 배송까지 시일이 오래 걸리는 경우가 많다. 기다리다 지쳐 메일을 보낸다면 꼭 오더 번호를 기재하고 배송 기간을 물어봐야 가능하다. 이 점은 아쉽지만 해외직구에는 기다림의 미학이 존재한다.
- **트래킹 번호** 택배 송장번호이다. 미국은 대지가 넓기 때문에 트래킹 번호가 생성되어도 배송 대행업체까지 상품이 도착하기까지 기간이 오래 걸린다. 트래킹 번호가 생성되었는데 상품이 배송 대행업체로 인도되지 않았다고 해서 초조해하지 말고 며칠 기다려보도록 하자. 또한 한국처럼 송장 조회도 가능하니 궁금하신 분들은 조회서비스를 이용해봐도 된다.
- **무게 변환** 한국의 경우 무게 단위를 kg으로 사용한다. 미국의 경우 LB(파운드)를 기준으로 사용한다. 1kg은 약 2.2LB로 계산되며 이것은 배송 대행업체에서 배송비를 측

정하는 기준이 된다. 처음엔 생소할 수 있다. 몇 번 경험을 하다 보면 익숙해지기 때문에 이런 개념이 있다는 것 정도만 알고 넘어가면 된다.

몇 가지 준비물과 용어 설명, 기본 개념을 알아보았다. 내가 주장하는 것은 엄마의 소비 철학이다. 해외직구를 하는 방법을 다 알아가는 것이 중요한 것이 아님을 이제는 알 것이다. 우리 가정에 필요한 것이 무엇인지 먼저 결정을 한 후 해외직구로 저렴하게 구매하는 습관을 들이자. 만약 충동적으로 구매하는 습관이나 스트레스 해소용으로 해외직구를 이용한다면 조만간 통장의 바닥을 볼 수 있다. 계획 없이 시작하는 해외직구는 당신에게 아무런 도움이 되지 않는다는 것을 명심하고 또 명심하자.

CHAPTER 2

배송 대행업체 이용

해외직구를 하면 빠질 수 없는 것이 배송 대행업체다. 우리는 배송비를 지불하고 한국으로 상품을 받는다. 여기서 생각해야 할 것은 배송 대행업체가 하는 일이다. 각 배송 대행 회사들마다 차이가 있으니 어떻게 하면 잘 이용할 수 있을지 알아보자.

배송 대행업체에서 하는 일

해외 쇼핑몰에서 상품을 주문할 때 개인 사서함 번호가 부여된다. 해외 주소가 생기는 것이다. 사서함 번호로 누가 주문한 상품인지 확인하고 한국으로 배송을 시작한다. 가끔 사서함 번호를 잘못 기재하는 경우가 생긴다. 이럴 경우 상품을 찾기까지 오랜 시간이 걸릴 수 있다. 만약 트래킹 번호가 생성되고 일주일이 지나도 상품 입고 연락이 오지 않으면 배송 대행업체 고객센터로 연락해 입고 처리를 해야 한다.

사서함 번호가 잘못 기재되었다는 것을 인지하지 못하는 경우가 대부분이며 고객이 챙기지 않으면 배송 대행업체에서 분별하기는 힘든 부분이다. 꼭 쇼핑몰에 배송지 선택이 잘 되었는지 두 번씩 체크하는 습관을 들이자.

한국과 같이 해외의 경우도 배송에서 많은 실수가 발생한다. 사람이 하는 일이다 보니 언제나 실수가 있을 수 있다는 것을 안다면 고객 스스로 오배송 문제, 파손 문제를 챙겨야 한다. 깨지기 쉬운 물건이 잘못된 포장으로 깨지는 경우도 있고, 다른 사이즈가 배송되는 경우도 있다. 이것을 배송 대행업체에서 검수를 해준다. 무검수 조건으로 배송비가 저렴한 곳도 있지만 특별한 경우가 아니면 추천하지 않는다.

먼저 배송 대행업체에 배송 신청서를 작성하게 되는데 상품의 사이즈, 색상, 제품번호, 제품 이미지를 대표적으로 적게 되어 있다. 귀찮은 일일 수도 있다. 하지만 고객의 권리를 찾기 위해 꼭 해야 하는 의무와 같다. 잘못 배송된 상품의 반품까지 진행해주기 때문에 배송 신청서의 상세내역은 꼭 기재해야 한다.

배송비의 측정

대부분의 배송 대행업체는 무게 단위를 lbs(파운드)로 계산한다고 말한 바 있다. 무게와 부피, 두 가지 항목의 기준으로 배송비가 책정되게 되는데 보통 의류는 무게 측정을 하게 되고 과한 포장이나 부피가 큰 상품의 경우 부피 기준으로 배송비가 측정된다고 생각하면 쉽다.

부피는 가로, 세로, 높이를 인치inch 기준으로 측정한다.

* 항공사 기준: 가로 × 세로 × 높이 / 166

예 포장기준 부피로 계산

가로 19inch × 세로 15inch × 높이 11inch인 상품의 부피 기준 측정 요금: 17 달러

포장기준 무게로 계산

무게는 4.40lbs 측정 요금: 12달러

이 경우에는 무게 기준보다 부피 기준의 요금이 더 많기 때문에 부피 기준으로 요금을 부과한다. 이런 항목들은 유아용품이나 포장이 과한 신발류, 부피가 큰 가방 종류 등이 있다.

쇼핑몰에서 제공해주는 상세 페이지에서 확인할 수도 있다. 하지만 포장 전 기준이기 때문에 배송 시의 부피는 더 늘어난다고 생각해야 한다. 트레킹 번호가 부여되고 배송이 시작되면 배송사에서 제공해주는 포장 후 무게를 확인할 수 있다. 실제 무게와 배송 대행업체에서 측정한 무게가 다르다면 재측정 요구도 할 수 있다. 배송비를 조금이라도 줄이기 위해서는 박스 제거 신청이나 쇼핑몰에서 제공하는 무료샘플 제거 신청을 할 수 있으니 배송 대행업체의 서비스를 적극 이용하자.

배송비 폭탄을 막기 위해서는 주문 전에 실제 상품이 얼마나 큰지 확인하면 도움이 된다. 장난감 용품 중에 부피가 큰 상품들이 많다. 해

외직구로 한국의 반값에 구매를 할 수 있다 하더라도 배송비 폭탄은 막을 수 없기에 부피가 큰 장난감 제품들은 국내 핫딜을 찾는 것이 더 바람직하다.

엄마들은 주로 첫아이가 태어난 후 장난감에 대해 고민을 많이 하게 되며 이런 정보를 교류하고자 하는 분들이 많다. 육아 커뮤니티로 국내 핫딜이 많이 소개되고 있으니 참고하면 좋다.

배송 대행업체를 고르는 기준

나는 여러 배송 대행업체를 이용해보라고 권하고 싶다. 이유는 이벤트 제공하는 배송 대행업체가 많아지고 있기 때문이다. 해외직구를 이용하는 사람들이 많아지고 있으니 배송 대행업체 또한 많이 생겨나는 추세다. 각 회사에서는 경쟁이 필수가 되어버렸고 타사의 회원을 끌어오기 위한 방법으로 많은 이벤트를 펼치고 있다.

단기성 이벤트가 많기 때문에 내가 운영하는 카페에 수시로 정보를 업로드하니 필요하신 분들은 이용하면 된다.

기준 1 안전성 해외직구는 고가의 상품을 구매하는 경우가 있다. 고가의 제품에 스크래치를 발견하면 어마어마한 스트레스를 받는다. 이럴 때는 배송 대행업체 중 동영상 검수를 해주는 곳을 찾자. 검수를 하면서 동영상을 첨부하여주기 때문에 믿을 수가 있고 미리 제품 하자를 발견할 수 있다.

배송 대행업체마다 조금씩 차이는 있지만 예치금을 넣어야 하는 곳도 있다. 저렴한 배송비로 현혹하면서 한순간 사라져버리는 배송 대행업체도 있으니 만약 예치금 넣는 업체를 고를 경우 신중히 선택해야 할 것이다.

제품 검수도 사람이 하는 과정이다. 배송 신청서를 작성하고 그에 따라 검수를 요청했지만 오배송이 되는 경우가 종종 있다. 상품이 바뀌는 경우도 가끔 생기곤 한다. 이런 문제가 생길 경우 고객센터의 빠른 처리가 제일 중요하다. 고객센터와 연락이 잘 취해지지 않거나 고객의 불만사항 처리가 늦어지는 업체는 멀리해야 한다. 오배송이나 상품 파손으로 피해를 막기 위해서는 예방도 중요한 사항 중 하나다. 문제가 생기면 보상을 해주기 위해 보험가입을 해주는 곳도 있다. 무료인 경우도 있으니 업체들을 꼼꼼히 살펴보자.

기준 2 이벤트 이벤트의 종류는 다양하고 회사마다 천차만별이다. 하나의 제품만을 구매할 경우 고정 배송비 이벤트가 있다. 직구족들이 늘어나면서 선택의 폭도 넓어지고 있다. TV부터 애완용품까지 한국에서 구하지 못하는 많은 상품들을 해외에서 찾는다. 그렇다 보니 TV 고정 배송비, 태블릿, 선글라스 6달러 고정 배송비 이벤트 등이 생겨나고 있다. 나는 과도한 소비는 지양하고 있기에 고정 배송비 이벤트를 추천한다. 꼭 사야 하는 제품 하나만을 구매하는 것은 직구족들의 기본 습관이 되면 좋다. 독자 분들도 꼭 좋은 습관으로 해외직구를 이용하길 바란다.

기준 3 합배송+묶음배송 합배송이란 두 번의 결제로 주문번호(오더번호)가 다른 상품을 묶어서 배송받는 것을 의미한다. 아래의 예를 살펴보면 쉽게 이해할 수 있다.

가령 갭Gap에서 50달러의 아이 옷을 구매했다. 또 아마존에서 원피스를 50달러에 구매했다. 각 다른 쇼핑몰에서 두 번의 결제로 주문번호가 2개 생성되었다. 이것을 각각 배송 신청서를 쓰고 난 후, 같이 배송을 해달라고 요청하는 것을 합배송이라고 한다. 갭에서 두 번의 결제를 하여 주문번호가 2개 생성되더라도 이것을 합배송으로 묶어줘야 한다.

여기서 두 가지의 문제가 발생할 수 있다. 첫 번째는 합배송을 신청하면 배송비가 추가되는 부분을 체크해보아야 한다. 각 업체마다 다르기 때문에 미리 묶음배송비가 있는지 확인하는 것이 좋다. 두 번째는 하나의 주문번호가 200달러(목록통관의 경우) 이하라면 관세가 부과되지 않는다고 잘못 이해하시는 분들이 있다. 즉 묶음배송을 신청하면 하나의 박스로 한국에 들어오게 된다. 이 박스 안에 제품들이 200달러(목록통관의 경우)를 초과하지 않아야 한다. 예를 보며 이해해보자.

당신은 갭에서 150달러의 아이 옷을 구매했다. 이어 아마존에서 원피스 70달러를 구매했다. 각 다른 주문번호를 합배송 신청을 한다. 합산 220달러이기에 목록통관 기준금액을 초과한다. 관세 당첨!

오해하는 분들이 계시기에 단순히 비교 설명을 해보았다. 이럴 경우 합배송 신청은 절대 금물이다. 또한 각각의 배송 신청서를 작성한다 하더라도 각각 다른 날짜에 통관이 될 수 있도록 배송비 결제를 미루어야 한다. 만약 실수로 3월 1일에 위와 같은 2개 주문번호가 생성되었다고 하면 배송 신청서를 각각 쓰되, 배송비 결제는 하나의 상품이 통관된 것을 확인한 후 남은 상품의 배송비를 결제해야 한다.

"2~3일 차이로 결제하면 가능하지 않을까요?"라고 물어보신다면 "그것은 하늘의 뜻에 달렸습니다"라고 답변해드리고 싶다. 항공편이 밀려서 같은 비행기를 탈 수도 있고, 각 다른 비행기를 타고 한국으로 이동하였다 하더라도 통관 때 합쳐져버리는 경우도 보았다. 이것은 우리가 제어할 수 있는 부분이 아니기에 꼭 신경 써서 제품을 구매하기를 바란다.

여기에서 다시 한 번 더 이야기해주고 싶다. 과소비는 금물이다. 꼭 필요한 제품만을 구매하는 습관을 가지자.

CHAPTER 3

제품 구매

기본 브라우저로 크롬을 사용하기로 했다. 북마크 등록을 완료하였다면 이제 어떤 제품을 사야 할지 고민해보자. 나는 아이들 옷을 저렴하게 구매하기 위해서 해외직구를 많이 이용했다. 여러분들도 그럴 것이라 생각되니 아이들 옷 브랜드에서 시작해볼까 한다.

사인업

한국 사이트들과 비슷하지만 첫 구매 할인이라는 것이 미국에도 존재한다. 보통 사인업이라고 부른다. 구매하기 전에 쿠폰번호를 받아놓아야 가능하다. 각 사이트별로 상이하고 할인율도 다르다. 이메일로 쿠폰번호를 받게 되는데 즉시 오지 않는 경우도 많기 때문에 미리 준비를 하면 좋다.

초대링크

요즘 한국에서도 친구들의 초대링크로 가입을 유도하는 마케팅을 많이 한다. 해외 쇼핑몰도 같은 마케팅을 하고 있는데 모르는 분들이 많은 것 같다. 초대링크는 로그인을 완료 후 설정화면으로 이동하여 링크 주소를 생성한 다음 친구에게 이메일을 보내면 된다. 이메일 링크를 타고 친구가 가입하고 또 구매를 하게 되면 리워드나 적립을 해준다. 작은 금액은 아니니 활용하면 큰 보탬이 될 수 있다.

갭캐시, 짐벅쿠폰

갭 공식 홈페이지에서 일정금액 이상을 구매하면 그에 맞는 갭캐시를 적립해준다. 3월부터 4월까지 구매를 했다면 4월 중 일주일 정도 쓸 수 있는 기간을 따로 정해준다. 이 기간에만 갭캐시를 사용할 수 있으며 다른 프로모션 코드와는 중복하여 사용할 수 없다. 갭캐시 적립과 사용은 시기별로 달라지기 때문에 대략적인 예시로 이해해보도록 하자.

예 온라인 기준 사용: 150달러~199달러 캐시 쿠폰: 60갭캐시.

사용 방법: 150달러 이상 구매 시 60달러 사용 가능/ 나머지 90달러 결제.

다른 예시: 장바구니 금액이 99달러밖에 안 될 경우 30갭캐시만 사용 가능/ 나머지 30갭캐시 소멸.

예시에서 본 것과 같이 구간별로 사용할 수 있는 갭캐시가 정해져 있다. 초과되는 금액은 결제를 하여야 캐시 사용이 가능하다. 다르게 생각하면 갭캐시를 사용하기 위해서 필요 없는 제품을 구매하는 경우가 생긴다는 말이다. 이는 아주 많은 부작용을 안고 있으니 갭캐시에 연연해하지 말자. 혹시 적립 기간에 사용을 하고 또 필요한 물건이 있어서 결제를 하려다 리딤 기간(캐시 사용 기간)이 다 되어간다면 조금 기다렸다가 구매하면 좋겠지만 혹여 캐시가 아깝다는 생각으로 더 많은 지출을 하지는 말자.

아이들옷 브랜드별 대표적인 아이템

갭

갭 브랜드에서는 로고 상품이 인기가 많다. 안감에 양털이 있어 '갭양털후디' 라고 부르는 상품은 여전히 인기가 많다. 매해가 바뀌면 디자인도 조금씩 변형이 되어 신제품이 나오는데 여러 색상으로 변화를 주는 것이 특징이다.

양털이 제외된 일반 트레이닝복 세트도 인기가 많은데 아이들 어린이집 보낼 때나 외출 때 편하게 입힐 수 있어 엄마들에게 인기가 많다. 실내복도 인기가 많은데 상의와 하의를 세트로 판매하고 프로모션 코드 적용을 하면 국내가보다 저렴하게 구매할 수 있어 많이 찾는 아이템이다. 갭 브랜드는 실용성이 높고 가격 대비 품질의 질이 좋다. 배송 처리가 빠른 편이고 카드를 가리지 않아 쉽고 편하게 이용할 수 있는 해외 쇼핑몰이다. 사이즈 선택만 잘한다면 체구가 작은 성인들도 Girls 나 Boys 카테고리에서 저렴하게 구매할 수 있는 것이 특징이다.

카터스

대표적인 상품이 유아용품이다. 24개월 이하 유아들 상품이 비교적 저렴하고 바디슈트를 입는 12개월 아이들이 있다면 적극 추천한다.

한국에서 카터스 제품은 해외보다 비싸다는 것을 느꼈다. 선물용으로 급하게 살 일이 있었는데 가격표에 깜짝 놀란 기억이 있다. 보통 3~5개 정도 세트로 구성되어 있고 디자인과 색상이 다양하다. 면은 얇지만 원단이 좋기 때문에 세탁이 많은 Baby 라인이 가장 인기가 많다.

카터스를 주문한 엄마들이 입 모아 이야기하는 것이 사이즈이다. 6개월 아이의 사이즈를 6M으로 주문하면 작아서 얼마 입지 못한다. 보통 넉넉한 사이즈로 한두 사이즈 업하는 것이 좋다. 24개월이 넘어가면서부터는 아이의 월령에 맞게 사이즈를 선택하면 된다.

보덴

보덴은 영국 브랜드다. 미국 홈페이지도 열려 있기에 미국 해외직구로 많이 구매한다. 다른 브랜드보다 퀄리티가 높고 원단과 디자인이 탁월

하다. 한국에서 볼 수 없는 디자인도 많으며 엄마들이 선호하는 아이템이 많은 곳이다. 신상이 나올 때는 그전 디자인에서 색상이나 원단만 바뀌 나오는 경우도 많기에 같은 디자인의 옷을 색상별로 사시는 분들도 가끔 본 적이 있다.

단점이라면 배송이 늦는 경우가 많다. 미국에 재고가 없을 시 영국에서 제품을 받아 배송해주기에 한 달 이상 걸리는 경우도 보았다. 그렇기에 당장 입을 옷보다는 한 계절 뒤를 준비하기 위해 보덴을 찾아야 한다. 또한 개인적인 생각이지만 많은 수량의 제품을 생산하지는 않는 듯하다. 다른 브랜드와 비교했을 때 세일을 자주 하지 않고 품절되는 사이즈가 많다.

일명 귀달이니트라 불리는 카디건은 몇 년째 인기가 많다. 중고제품도 거래될 만큼 인기가 많고 매해 나오는 색상이 달라져서 특정 색상은 구하기가 어렵다.

보덴 퀼팅재킷이라 불리는 이 옷도 역시 몇 년째 엄마들에게 사랑을 받는 옷이다. 옐로, 레드, 브라운 등 많은 색상으로 인기를 얻었다. 이 상품도 역시 품절이 빨리 되는 상품이라 세일 때까지 기다렸다가는 인기 사이즈는 구매할 수가 없다. 특히 보덴은 세일 폭이 클 때까지 기다리면 인기제품은 구매할 수가 없다. 인기상품을 구매하려 한다면 세일을 기다리지 말고 재고가 남아 있을 때 선택하는 것이 좋다.

티셔츠 종류는 한국 보세상품과 비교하여 가격이 높은 편이긴 하나 제품의 질이 좋기 때문에 둘째들에게 물려 입히기도 좋다. 내가 구매해보았던 제품들 중 세탁 후 옷 틀어짐이 가장 적은 브랜드였다.

짐보리

24개월 이하 아동제품들이 귀엽다. 짐보리의 이미지가 화려한 색상에 귀여움을 강조하는 브랜드라 귀엽고 사랑스럽다. 특히 여자 아이들옷이 디자인이 화려하고 색감이 좋아 짐보리 옷의 후기를 보면 눈이 하트하트가 된다. 개인적인 후기로 단점이라면 여름옷의 원단이 두꺼웠고 빳빳한 면이라 구김이 많이 생겼다.

여름에 야외활동이 많은 아이들이 입기에는 면바지 종류가 두껍고 답답해 보인다는 느낌이 들었다. 짐보리 옷을 주문할 때는 특히 원단을 잘 보고 주문하길 권한다.

짐보리는 세일을 많이 하는 브랜드이다. 특히 짐벅쿠폰이 있는데 앞서 말한 것과 같이 일정금액을 구입하면 짐벅쿠폰이 발행된다. 사용기한이 정해져 있기 때문에 기간을 잘 기억했다가 사용하면 저렴하게 구매할 수 있다.

짐보리 버블은 인기 아이템으로 유해성분이 없어 엄마들이 선호하는 제품이다. 자주 품절되는 상품으로 홈페이지에서 꾸준히 검색을 해보아야 한다. 한국에서 판매되는 가격보다 많이 저렴하기 때문에 해외직구를 많이 이용한다. 만약 이 제품을 구매하려 결정했다면 짐보리를 자주 방문하여 검색해보는 노력을 해야 할지도 모른다.

폴로(랄프로렌)

사람이 말을 타고 있는 폴로 마크! 알다시피 많은 엄마들이 선호하는 브랜드이다.

폴로의 경우에도 세일을 자주 하는데 퀼팅재킷은 재고가 빨리 소진되니 찜해놓은 상품의 사이즈가 있을 때는 빨리 구입을 하는 것이 좋다. 반팔이나 셔츠 종류가 인기가 많고 역시즌 세일을 많이 하기 때문에 주기적으로 세일 폭을 살펴본다면 득템을 할 수 있는 쇼핑몰이다.

개인적으로 미국 쇼핑몰에 비해 한국에서 가격이 너무 터무니없이 비싸다는 인식을 심어준 브랜드이기도 하다. Boys, Girls 라인 중에 반팔은 평균 성인들이 입기에도 좋다. 가족 티셔츠를 준비 중이라면 디자인을 잘 고른 후 사이즈를 검색한다면 아마 미국 폴로 홈페이지를 사랑하게 될지도 모른다. 성인 카테고리 Man 라인은 Boys 라인에 비해 가격이 많이 비싸기 때문에 사이즈만 잘 선택한다면 Boys에서 득템을 하리라.

하지만 긴팔 티셔츠는 좀 더 신중하게 구매하자. 품은 맞지만 팔이 짧은 경우가 많다.

그리고 남성의 경우 클래식 피트와 커스텀 피트로 나눠지는데 클래식 피트는 미국인 피트라 생각하면 된다. 품도 넓고 기장도 긴 것은 클래식 피트다. 커스텀 피트는 아시아 체형에 맞춘 것으로 허리라인이 있고 기장도 짧은 편이다. 먼저 디자인을 선택했다면 그 디자인이 클래식 피트인지 커스텀 피트인지 확인 후 사이즈를 결정하자. 요즘은 해외직구 사이즈 공유를 많이 하기 때문에 나의 체형과 비슷한 사람이 어떤 사이즈를 골랐는지 검색해본다면 분명 좋은 결과를 얻을 수 있을 것이다.

아이들 옷 중에 여름에는 칼라 없는 반팔 티셔츠를 많이 구입하고 가을, 겨울에는 셔츠나 니트 스웨터가 인기가 많다. 여자 아이들 옷은 깔끔한 폴로 원피스도 인기가 많다. 다른 브랜드에 비해 한국에서 인지도가 높고 유행을 타지 않는 디자인이 많기 때문에 후회 없는 브랜드이기도 하다.

칠드런플레이스, 올드네이비, H&M

3달러, 5달러 세일을 자주 하며 세일 폭이 큰 곳들이다. 가격 대비 품질이 좋긴 하나 개인적으로 세탁 후 틀어짐이 많다고 느꼈다. 특별히 엄마들이 찾는 디자인은 없지만 부담 없이 입힐 수 있는 브랜드들이라고 할 수 있다. 한국의 소셜마켓과 비교해본다면 중국산 보세 옷보다는 훨씬 옷감의 질이 좋다. 어린이집에 입고 가면 꼭 옷에 이런저런 것들을 묻혀 온다. 비싼 옷을 입혀 보냈는데 지워지지 않는 유성펜 자국이 라도 묻혀 오면 꾸지람도 못하고 혼자 끙끙거릴 때가 있다. 화장실에 앉아 옷을 비벼 빨아본 엄마라면 이해할 것이다. 부담 없이 어린이집에 입혀 보내는 옷, 그러나 싼 티 나지 않는 옷, 이런 옷을 찾을 때 한 번쯤 눈여겨볼 만한 브랜드들이다.

종합 쇼핑몰

쉽게 설명해본다면 첫 번째 한국의 G마켓, 옥션처럼 여러 상품을 개인 판매자들이 올리는 마켓이 있다. 두 번째는 롯데백화점, 현대백화점 온라인몰이 있는 것처럼 백화점 사이트가 있다. 각 사이트들마다 자주 출현하는 브랜드가 있으니 구하고자 하는 브랜드가 어디서 많이 발견되고 있는지 확인을 먼저 해보면 좋다.

코치나 타미힐피거는 공식 홈페이지에서 구매하기가 어렵다. 자사의 수입업체를 보호하기 위함이라 판단된다. 그래서 오픈마켓이나 백화점 홈페이지를 이용해 구매를 한다. 재고나 이월상품의 세일을 하기 때문에 한국에서 가격부담으로 구매하지 못하는 브랜드는 이곳들을 살펴보자.

노드스트롬

노드스트롬은 미국의 백화점 쇼핑몰이다. 예전부터 마크 제이콥스 시계를 할인가격에 구하기 위해 자주 방문하던 곳이다. 요즘은 엄마들의 필수품인 백팩으로도 인기가 많다. 또한 랑콤, 에스티로더 등 유명화장품을 뷰티박스로 판매하고 있고 할인이 안 되는 상품 구매 시 사은품을 대량으로 주기도 한다. 유명 브랜드 선글라스, 마더진, 씨위 맥 화장품, 라코스테 등 국내 가격대가 좀 있는 상품들을 많이 만나볼 수 있다. 페이팔로 구매가 가능하며 한국 카드는 많이 어려워진 편이다. 결제 단계에서 넘어가지 않는다면 변팔로 구매해보길 권한다.

길트

길트는 프라이빗 소셜커머스 사이트이다. 초대링크를 친구에게 보내고 그 친구가 구입하면 적립금을 받는 형식을 가지고 있는 사이트이다. 직배송서비스를 제공하고 있고 배송 대행업체를 이용해서 상품을 배송 받아도 된다. 둘 중 어떤 것으로 받는 것이 저렴한지 비교해보는 것이 필수이다.

길트에서는 여자아이들이 많이 신는 미니멜리사, 엄마들의 주방용품인 WMF 압력밥솥, 빌레로이앤보흐, 스타우브 등을 저렴한 가격에 만나볼 수 있다. 한국 직배송 기간에 주문을 하면 운이 좋을 때는 무료배송, 또는 저렴한 10달러 내외의 배송비만 내고도 주문이 가능하다. 포장을 꼼꼼히 해서 보내주기 때문에 깨질 염려는 적은 편이다. 요즘 유행하는 마크 백팩을 찾는 엄마들도 길트에 방문해보기 바란다. 아주 저렴한 가격으로 마크제이콥스 가방 또는 시계, 레베카밍코프 가방을 득템할 수 있다.

길트의 경우 플러스친구 검색에서 @giltservice를 검색하면 한국인 상담원과도 연결이 가능하다. 결제가 두 번이 돼버린 급박한 상황에서 유용하게 쓰일 수 있다. 또는 PC버전으로 홈페이지 내에 서포트서비스를 이용해 채팅을 사용할 수도 있다. 요즘 커뮤니티에서 길트에서 두 번의 결제가 되어버렸거나 배송비 비교를 위해 클릭하다 실수로 결제가 이루어진 사례가 많이 올라오고 있다. 이럴 때 채팅서비스를 이용해보자. 한국인 상담원이 연결 가능하니 크게 어렵지 않게 해결할 수 있을 것이다.

길트의 경우 바우처를 제공하고 있는데 이것은 이벤트 기간에 상품을 구매하면 해당 공식 홈페이지에서 사용 가능한 쿠폰을 제공한다. 이메일로 전송이 되며 금액 또한 크기 때문에 유용하게 사용이 가능하다. 특히 무거운 주방용품은 무게 때문에 타 쇼핑몰에서 주문이 꺼려지는데 길트의 경우 무료배송 행사나 저렴한 가격의 직배송을 제공해주니 아마 자주 방문하게 될지도 모른다.

줄리

줄리는 소셜 커머스 사이트이다. 이 사이트도 다른 사이트와 마찬가지로 회원가입을 하면 세일 메일을 보내준다. 회원가입을 하면 엄청난 메일 공세에 '정말 싼 건가'라는 의문이 생긴다. 많은 제품들의 세일을 예고하는 메일을 보내지만 '듣지도 보지도' 못한 브랜드는 피하길 바란다. 주로 이용하는 제품들은 크록스, 탐스, 코치, 토리버치, 오일릴리,

레스포삭, 최근 들어 콜한, 다이슨이 뒤를 잇고 있다. 크록스나 탐스 브랜드는 대란이라 불릴 정도로 세일 폭이 크며 세일 예고를 메일로 보내준다. 준비하고 있다가 페이지가 열리면 재고가 눈에 보일 정도로 빠르게 사라진다. 그만큼 인기 있는 대란이 많이 열리는 곳이다.

특징은 주문 후 상품배송이 엄청나게 느리고 미국 내 배송비가 유료이다. 200달러를 가득 채워도 무료배송은 없다 생각하면 된다. 한 달 이상 배송이 안 되는 경우도 있기 때문에 당장 쓰일 제품이라면 구매하지 않는 것이 좋고 아이들 신발 같은 경우 한 사이즈 업해서 주문하면 길게 신을 수 있다. 한국까지 들어오는 데 두 달이 걸린 경우도 있었다. 여름신발 주문하고 가을이 돼서야 받는 불상사는 없어야 하겠다. 그리고 주문할 때 텍스가 붙는 경우가 있는데 그때는 델라웨어로 주문하면 된다. 제품에 따라 캘리포니아로 배송주문을 해야 하는 경우도 있다. 배송 대행업체마다 다르지만 델라웨어로 주문 시 수수료가 붙는 곳도 있으니 잘 살펴보기 바란다.

니만 마커스

니만 마커스는 백화점 쇼핑몰이다. 니만 마커스의 아웃렛 사이트는 라스트콜이다. 유명 브랜드를 많이 선보이는 사이트이기도 하다. 제품은 프라다, 토리버치, 버버리, 입생로랑, 페레가모, 빈스, 아쉬, 띠어리 등 친숙한 브랜드가 많은 곳.

사인업을 이용하면 처음 구매 시 15%를 할인해주는 쿠폰이 메일로 전송된다. 구매 시 잊지 말고 꼭 적용하자. 신규쿠폰을 사용할 때 안 되는 경우가 간혹 있다. 이럴 때는 쿠폰 받은 이메일 링크를 클릭해서 들어가면 적용될 때가 있다. 혹시 다른 방법도 안 된다면 라이브채팅이나 전화를 이용하여 신규쿠폰을 적용해달라 요청하면 된다.

니만 마커스의 경우 메일로 전화인증을 해달라는 요청이 온다. 이것은 구매 시 사용한 신용카드에 문제가 있는 경우인데 보통 빌링 주소는 배송 대행업체 주소를 많이 쓴다. 니만 마커스는 빌링 주소를 한국 청구지 주소로 바꾸어 적용해주어야 결제가 가능하다. 이런 요청이 왔을 때는 라이브채팅이나 메일로 답변을 하면 된다. 결제시스템을 까다롭게 해놓은 곳이므로 평범한 사이트보다 오류가 잘 뜨는 편이다. 캔슬도 자주 일어나 카드도 가리는 편이다. 해외직구에는 이런 일이 자주 발생하기 때문에 성격이 급한 사람들은 답답함을 토로하곤 한다. 이럴 때는 '잠시 멈춤'의 효과로 마음을 달래보자.

니만 마커스의 이벤트는 일정금액 이상 시 한국 무료배송을 해주는 직배송서비스를 제공하고 있다. 목록통관 상품 200달러까지 관세가 없으니 금액 상한선을 지켜야 한다. 알다시피 고가의 브랜드가 많고 반품제품이나 이월제품도 있을 수 있으니 할인 폭이 넓다고 덜컥 주문하는 일은 삼가야겠다. 고가의 제품이나 할인율이 큰 제품은 배송 대행업체로 보내어 제품의 하자유무를 잘 살펴 한국으로 배송하는 것이 좋다. 동영상으로 꼼꼼하게 제품을 검수해주는 배송 대행업체를 권한다.

삭스피프스애비뉴

삭스피프스애비뉴는 유명 브랜드 명품을 판매하는 백화점 쇼핑몰이다. 아웃렛매장의 이름은 saksoff5th라고 한다. 백화점 아웃렛 매장은 이월상품, 반품상품을 판매하기 때문에 더 신중을 기해야 한다.

제품은 훌라, 띠어리, 버버리, 빈스, 아쉬, 페레가모, 몽클레어 등 많이 들어본 유명 브랜드 명품을 만날 수 있다. 버버리 코트가 가격이 만만치 않다는 것은 많이 아는 사실이고 할인율이 좋을 때는 50% 정도의 가격으로도 구매할 수 있으니 꼭 사고 싶으신 분들은 메일링 신청을 해놓으면 세일 소식을 받을 수 있다.

국내 카드를 잘 받아주는 편이며 가끔 거부하는 경우도 있는데 그럴 때는 새 계정을 이용하는 편이 낫다. 개인코드를 많이 뿌리는 곳으로 유명하고 해외직구 커뮤니티에 가면 삭스 개인쿠폰을 나눔 해주는 경우가 많다. 꼭 사이트를 이용하고 싶을 때는 개인쿠폰을 나눔 받아 이용하길 바란다. 미스터리쿠폰도 가끔 뿌려주기 때문에 쿠폰 구하기는 쉬운 편이다.

하지만 매번 이야기하지만 백화점 아웃렛 매장에서 출고되는 상품은 이월상품, 반품상품, 진열상품을 많이 발송한다. 꼭 배송 대행업체에 꼼꼼한 검수를 부탁해야 하는 것을 잊지 말아야 한다.

루랄라

루랄라는 프라이빗 소셜 커머스 사이트이다. 대표 상품은 유명한 판도라 주얼리의 제품이다. 반지와 팔찌 그리고 판도라의 참. 글로벌 주얼리 브랜드답게 연예인의 착용샷을 TV 드라마에서도 많이 볼 수 있다. 판도라의 팔찌는 참을 끼우는 형식인데 이런 형식이 참을 이용하여 나만의 팔찌를 만들 수 있고 하나씩 참을 끼워가며 만드는 재미가 쏠쏠하다.

루랄라에서는 판도라, 프라다, 띠어리, 아쉬, 캐나다구스, 스와로브스키, 핏플랍 등 유명 브랜드가 깜짝 세일을 한다. 일정금액 이상 제품을 구매하면 한국으로 무료 직배송을 해주는 경우도 있다.

그 외에 많은 브랜드와 쇼핑몰들이 있지만 조금씩 공부해보자. 처음부터 너무 많은 곳의 쇼핑몰을 보면 머리도 아프거니와 과한 지출을 할 수 있기 때문에 당장 필요한 것이 무엇인지 파악하는 것이 우선일 것이다.

CHAPTER 4

해외직구 할 때 하지 말아야 할 것들

10년이라는 직구 생활을 하면서 실수가 많았다. 적지 않은 시간 동안 겪은 경험과 실수를 통해 배운 것이 참 많다. 모두 다 나열할 순 없지만 몇 가지 알아두면 좋을 실수담으로 나와 같은 경험을 하지 않기를 바란다.

더운 여름 피해야 할 것들

해외직구를 시작하면 시야가 좁아진다. 생각 또한 깊이 하지 않게 되는데, 핫딜이라는 반짝이는 돌멩이 때문이 아닐까 싶다. 자갈이 깔려 있는 바다에 가서 예쁜 돌을 줍고 있을 때 저기 멀리 반질반질 동그란 돌멩이가 보인다. 깎아놓은 듯 동그란 돌멩이 외에는 다른 것이 보이지 않을 때 내가 달려야 할 길 위에 무엇이 있는지 보지 못하고 목표 지점만을 보며 달린다. 그러다 깨진 유리조각이나 날카로운 플라스틱에 발이 찔리곤 하는데, 여름철의 핫딜 또한 그렇지 않을까 짐작을 해본다.

그렇다면 여름에 피해야 할 상품들은 어떤 것들이 있을까? 먹는 건강식품이나 과자, 캔들 종류다.

첫 번째로, 주의해야 할 건강식품에는 어떤 것들이 있을까? GNC밀크시슬, 루테인, 유산균, 프로폴리스, 오메가3, 칼슘, CLA, 비타민제 등 여러 가지가 있다. 이런 제품들은 더운 여름 습기가 많은 곳에서나 직사광선에 노출이 되면 안 되는 제품들이 많다. 해외직구의 특성상 배송 기간이 길고 배송 중 생길 수 있는 의도치 않은 문제점들이 발생할 수 있기 때문에 여름에 주문하지 않는 것이 좋다.

두 번째는 아이들이 먹는 과자 종류이다. 특히 젤리로 된 비타민제나 아이들 간식, 초콜릿 종류는 겨울에 주문을 하는 것이 좋다. 배송 중 녹거나 제품들이 서로 엉겨 붙을 수 있어서 제품에는 문제가 없을지라도 구매 후 불쾌한 감정이 생길 수밖에 없다. 미리 차단하는 것 또한 똑똑한 소비자들이 챙겨야 할 몫이다.

세 번째는 양초 종류이다. 대표적인 브랜드가 양키캔들과 우드윅이다. 직구 초반에만 해도 국내매장이 그리 많지 않아 해외직구로밖에 해결이 안 되었지만 요즘은 지방에서도 양키캔들 매장을 흔히 볼 수 있다. 하지만 가격이 저렴하지 않다는 것이 문제다.

해외직구 시 단점으로는 무게가 많이 나가고 깨질 염려가 있기 때문에 배송 대행업체를 잘 골라서 주문해야 한다는 점이 있다. 또한 여름에 주문을 하게 되면 배송 기간에 녹아서 반 이상이 사라져버리는 불상사도 발생할 수 있다. 여름에 캔들 종류는 멀리하자.

양키캔들 공식 홈페이지는 요즘 주문이 까다로워져서 어쩌면 국내에서 구매하는 것이 속이 편할지도 모른다. 핫딜이 아니라면 국내 소셜 사이트를 이용하는 것이 좋다.

건강식품은 주의를 요한다

앞에서 여름에 주문하지 말아야 할 건강식품에 대해 이야기를 했다. 건강식품에 대해 조금 더 살펴보도록 하자. 나 또한 의약전문가가 아니기 때문에 모두 거론할 수는 없지만 중요한 것들만 모았다.

한국과 다른 나라에서 허용하는 건강식품의 성분은 차이점이 있다. 직구족들이 많이 이용하는 GNC에서 판매하는 여러 건강식품 중에 한국으로 통관되지 않는 상품들이 있다. 이런 점들을 보아도 미국에서 문제없이 판매되고 있는 상품 속 성분들이 한국에서는 유해성분으로 분류 또는 전문의약품으로 분류되는 것을 알 수 있다.

한국으로 통관이 되지 않는 유해성분 또는 전문의약품들 종류

요힘빈Yohimbine : 최음제 및 동물용 마취회복제 성분으로 환각증상, 빈맥, 고혈압 등을 유발.

카스카라사그라다: 다이어트약에 있는 변비치료제 성분, 임신중 태아에 악영향을 미칠 수 있다. 장 마비, 복부경련, 골다공증유발.

타다라필: 일부 발기부전치료제에 포함된 성분. 심혈관계 질환자가 복용하면 심장마비 같은 부작용이 나타날 수 있다.

광우병BSE 유발성분

정제된 카페인: 카페인Caffeine : 열매, 씨앗 등에 함유된 알칼로이드 성분으로서 섭취 시 다양한 형태로 흡수되어 중추신경계에 작용함, 다량 섭취 시 우울증, 급성부정맥, 약물 남용으로 인한 부작용.

멜라토닌: 전문의약품으로 분류되어 있어 개인적으로 해외직구를 할 수 없음. 멜라토닌이 포함된 제품도 해외직구 시 통관불가.

센노사이드: 변비 치료제로 사용, 많이 섭취하면 장 무기력증 등 부작용 우려.

이 밖에도 여러 성분들이 있다. 가족을 위해 건강식품을 구매하는데 전문지식이 없는 주부들이 구체적인 내용을 알기란 어려운 면이 있다. 주위 지인들이 건강에 좋다며 추천해주는 상품들이 어쩌면 우리 가족에게 독이 될지도 모른다. 무턱대고 해외직구를 이용해 구매하기보다는 좀 더 꼼꼼한 비교가 필요하다.

특히 건강식품을 고를 때는 커뮤니티에서 엄마들의 댓글에만 의존하지 말고 건강식품의 성분을 좀 더 알아보고 개인의 건강상태를 파악해 결정하는 것이 옳은 일이다.

아무리 봐도 용어가 어렵고 이해하기 힘들고 무얼 믿고 사야 할지 모르겠다면, 제일 깔끔한 방법은 국내에서 정식수입해서 판매되고 있는 상품들을 해외직구 하는 것이다. 정식 수입 절차를 거쳤다는 것은 전문의약품과 건강식품으로 분류했다는 뜻이다. 엄마들 사이에 알음알음 퍼지는 '이거 좋다카더라' 통신보다는 믿을 만하지 않을까?

신상에 목매는 바보 같은 짓

한국의 브랜드는 신제품이 출시될 때마다 최근 유행하는 디자인이 많이 반영된다. 미국 또한 그렇겠지만 대부분 아이들 옷을 구매하려 시작하는 해외직구에서는 유행이란 없다. 아이들 옷은 작년 시즌에 많이 판매되었던 옷들이 원단만 살짝 바뀌어서 나오는 경우가 많다. 브랜드마다 대표적인 상품들이 있는데, 단추 하나 모자 끝 퍼fur, 원단만 살짝 바꿔서 신제품으로 출시되는 것이다. 그렇다면 과연 가격은 얼마나 차이가 나는 걸까?

10년간의 직구 생활 동안 재고품과 신상품의 차이는 단 몇 가지 디자인이나 원단밖에 안 되지만 가격이 두 배 차이가 나는 경우도 보았다. 당연히 신제품에 눈길이 간다. 약간 바뀌었지만 지금까지 보던 디자인, 색상과 차별화되어 보이니 신제품에 끌리는 것은 당연하다.

겨울에 아이들 푸퍼를 사기 위해 제이크루 쇼핑몰을 구경할 때였다. 여아 푸퍼는 신제품이 출시되어 보라색 푸퍼가 나온 상태였고 남아 푸퍼는 작년과 디자인만 바뀌어서 신제품이 출시되었다. 원단은 그대로였던 걸로 기억한다. 가을 즈음 신제품이 출시되고 가격 차이는 두 배가 났지만 여아신제품과 남아이월상품을 구매하여 배송 받았다. 겨울이 지나고 봄이 왔을 때 옷장정리를 하며 느낀 것은 전년에 샀던 여아 푸퍼(같은 제이크루 브랜드)와 신제품이 다른 게 없다는 것이었다. 오로지 색상만 달랐다.

제이크루 브랜드는 가격 대비 원단의 질이 좋은 브랜드로 엄마들의 사랑을 받는 곳이다. 역시즌으로 준비한다면 10만 원 안으로 따뜻한 겨울을 지낼 수 있는 고퀄리티 푸퍼를 장만할 수 있다. 하지만 신제품이라는 이름에 끌려 두 배의 가격을 지출한 적이 있다. 한 계절이 지나고 나니 결국 그 신제품도 이월상품 재고로 밀려나는 것을 보았다.

잠시의 신제품이라는 만족감으로 10만 원을 지출한다는 것은 어리석은 짓이다. 브랜드마다 제품마다 차이는 있겠지만 특히 아이들 옷을 직구 하는 엄마로서는 여러 가지 충동을 참아내야 한다. 미국에서 물 건너 바다 건너 나에게 도착한 택배 박스를 개봉할 때 그때뿐이다. 그 외 만족감은 오래가지 않으니 신제품에 목을 매지는 말자. 차라리 10만 원으로 아이 통장에 저금을 하는 것이 더 뿌듯할지 모른다.

지인에게 소개는 후회뿐

"백화점에서 40만 원짜리인데 해외직구로 20만 원도 안 주고 샀어!"

해외직구를 하다 보면 자랑거리가 많아지곤 한다. 복잡한 걸 어찌 그리 잘하냐며 칭찬을 해주기도 한다. 어깨도 으쓱해지고 직구를 한다는 것이 즐겁게만 느껴진다. 칭찬을 잘해주는 지인은 가끔 부탁도 한다.

"싼 게 나오면 같이 사주면 안 돼?"

한두 번 같이 주문을 해주다 보면 더 과한 칭찬으로 구름 위로 띄운다. 몇 번의 부탁이 더 오고 승낙이 많아지면 분쟁은 슬그머니 머리를 들어올린다. 깜박했다며 송금해주지 않는 경우도 생기고 계속 말하는 자신이 빚쟁이처럼 느껴지기도 한다. 여러 번의 카톡이 오고 가고 "조금 있다 송금할게. 깜박했어. 미안해" 그러고는 또 감감무소식이다.

혹시나 주문한 상품이 오배송이 되거나 제품의 하자가 발견되면 죄인이라도 된 듯 이리저리 메일을 보내고 전화해서 해결해줘야 한다. 나만 겪은 일이라면 '운이 나빠 그렇겠지' 넘기겠지만 직구 커뮤니티를 보면 심심치 않게 이런 글이 올라온다. '가족이나 친한 지인일수록 돈 거래는 하지 말라'고 했던가. 이렇게 바꾸고 싶다. '가족이나 친한 지인일수록 해외직구는 해주지 말라.'

작은 돈을 떼이거나 운이 나빠 스크래치 난 제품을 받은 것일 수도 있다. 하지만 후폭풍은 생각보다 거세다. 인연의 고리가 끊어지는 것은 순식간이다. 이런저런 문제가 잘 해결된다 하더라도 이전의 관계로 되돌아가기엔 늦은 듯하다.

주위의 좋은 사람들을 돈으로 환산할 수 있을까? 인간관계는 결코 돈으로 환산할 수 없는 가치를 가진다. 우리 주위에 좋은 인연이 오래도록 머물게 하기 위해서라도 이런 문제를 미연에 예방하자. 한순간 좋은 인연을 잃고 마는 일이 생기기 전에 해외직구는 친한 지인들에게 소개하는 일은 자제하자. 굳이 소개를 해주고 싶다면 생길 수 있는 문제를 미리 언급하는 것 또한 좋은 방법이다.

전자제품의 구매

미국의 경우 110V 전류를 사용한다. 한국과는 다른 시스템이기 때문에 외국 가전제품을 구매할 때는 변압기를 구매해야 한다. 어떤 제품을 사느냐에 따라 다르지만 헤어드라이기, 밥솥, 전자레인지, 오븐처럼 열이나 모터를 사용하는 제품들은 더 꼼꼼히 살펴볼 필요가 있다.

모든 가전제품에는 소비전력이 기재되어 있으며 W(와트) A(암페어)로 기재되어 있다. 전문 변압기 회사에 따르면 1KVA=300W 미만 제품, 2KVA=700W 미만 제품, 3KVA=1200W 미만 제품, 5KVA=1600W 사용을 권장 구매용량이라고 한다. 반드시 확인해야 할 사항은 직구제품의 소비전력이다.

쉽게 예를 들면 집 수도 배관을 생각해보자. 수압이 약해서 물이 졸졸 나오는 샤워기가 있다. 이럴 때 변압 펌프를 설치해서 강제로 물의 수압을 높인다면? 큰 수압에 견디다 못한 수도 배관이 터지고 말 것이다. 위 예시와 같은 원리는 아니지만 전자제품은 잘못 사용할 경우 화재나 고장이 날 위험이 크다. 안전상의 문제를 꼭 생각해서 전자제품은 좀 더 세밀히 살펴보는 것이 똑똑한 소비자의 몫이다.

부피 큰 장난감

스텝2 주방놀이나 미끄럼틀처럼 부피가 큰 제품들을 직구 하려는 분들이 있다. 물론 단순히 제품 가격만을 본다면 해외직구가 저렴하지만 배송비를 계산하면 상당히 부담되는 금액이다. 부피가 큰 제품은 부피 기준으로 배송비를 측정하게 되고 엄청난 배송비 폭탄을 맞을 수가 있다.

무료배송이 아닌 이상 부피 큰 장난감, 자동차는 직구 리스트에서 제외시키는 것이 좋다. 국내 쇼핑몰에서 핫딜로 저렴하게 판매되는 경우가 많기 때문에 국내 핫딜(국딜)을 이용해보자. 요즘은 아이들 장난감을 많이 사주기 때문에 사용감이 많지 않은 중고제품도 구할 수가 있다. 2~3개월 주기로 폭풍 성장하는 아이들은 그 시기에 맞는 장난감이 자주 변하기 때문에 큰 돈을 지출하기보다는 실용성을 따지는 똑똑한 엄마가 되자.

결제정보 저장

요즘은 아주 편리한 시대에 살고 있다. 각 쇼핑몰에 결제정보를 저장해두면 지문확인 한 번으로 간단히 결제가 가능하다. 결제시스템의 간편화로 스마트폰에서 지문을 확인하면 손쉽게 결제를 진행할 수가 있다. 결제할 때마다 카드를 찾아 헤매던 예전의 모습은 이제 찾아볼 수 없다.

오래전부터 미국에서는 쇼핑몰 자체에서 결제정보를 저장해왔었다. 각 쇼핑몰에 결제정보가 남게 되는데 귀찮아서 수정을 하지 않는 것이 보통이었다. 자주 일어나는 일은 아니지만 카드 번호가 유출되는 일이 종종 발견되곤 한다. 외국과 한국의 시차 때문에 해킹을 당해 피해를 보더라도 새벽에 문자가 오는 경우가 많다. 아침에 문자를 보고 카드사 콜센터로 급히 연락을 취하지만 돌아오는 답변은 아마 답답할 것이다. 매입이 되지 않아서 지금 취할 수 있는 조치가 없다고.

해외직구를 하다 보면 카드를 찾아 키보드를 두드리는 것이 귀찮아질 때가 있다. 그리고 핫딜이 떴을 때 빨리 결제를 해야 하는데 카드 번호 입력할 시간이 부족하다 느끼기도 한다. 결제정보가 저장되는 것을 알면서도 카드 번호를 입력하는 시간과 수고를 덜 수 있기 때문에 무심코 지나치기도 한다. 하지만 지나치기 쉬운 사소한 일이 실제로 해킹 피해를 일으키는 원인이 된다.

만약 해킹 사고가 발생했다면 취할 수 있는 조치는 카드사 연락과 결제 쇼핑몰에 신고하는 것이다. 상품의 배송을 막고 매입을 막는 것이 우선 해야 할 일이다. 외국과의 시차 때문에 늦어지는 경우가 많은데 해킹의 경우 빠른 조치가 제일 중요하다. 혹여나 신고가 늦어서 매입처리, 또는 배송이 되어버린 경우에는 시간이 좀 걸리겠지만 청구대금 지불 후 환불을 해주는 조치를 해준다고 한다. 머리 아픈 일이 발생하지만 시간이 걸릴 뿐 해결은 가능하니 너무 불안해하지는 않아도 된다.

해킹 사건 발생 후 조치도 중요하지만 사전에 미리 예방하는 것이 더 중요할 것이다. 해외 쇼핑몰에 결제정보를 저장하지 않는 것이 제일 좋고 저장할 수밖에 없다면 카드 매입처리가 될 때까지 기다린 후 결제정보를 삭제해야 한다. 매우 귀찮은 일이 될 수도 있지만 결코 남의 일이 아닌 나의 일이 될 수도 있다는 걸 꼭 명심해야 한다.

또한 비밀번호 관리도 중요하다. 각 사이트별로 비밀번호를 기억하기 어렵다는 이유로 동일한 비밀번호를 쓰게 되는데 이럴 경우 해킹에 더 취약할 수밖에 없다. 주기적으로 비밀번호를 관리해서 해킹 사고를 미연에 예방하자.

CHAPTER 5

오프라인 매장 이용하기

의류와 신발류 사이즈 표기법에 있어 한국과 외국은 차이가 있다. 외국은 보편적으로 아이들 옷은 80호, 90호, 100호 이런 형식이고, 어른들 옷은 55, 66, 77 이런 식의 사이즈 표시를 따른다. 해외직구 시 실패하는 원인은 대체로 이런 표기의 차이를 제대로 이해하지 못했기 때문이다. 한국 엄마들은 이렇게 말하곤 한다.

"230 칼발이에요. 250 왕발이랍니다."

발등이 맞지 않으면 꽉 끼는 불편함 때문에 운동화 고르기도 힘들다. 또한 나처럼 발이 작은 사람도 한국에서 사이즈 구하기란 어렵다. 구두 같은 경우 헐거워서 뒤꿈치에 상처가 생기는 경우가 다 반사이기 때문에 꼭 매장에서 신발을 신어보고 구매하는 편이다.

과연 어떻게 하면 사이즈 미스로 인한 실패를 막을 수 있을까? 나는 오프라인 매장을 이용하는 편이다. 충동구매를 막기 위해 일부러 지갑은 차에 두고 내린다. 무턱대고 백화점 매장을 찾는 것이 아니라 어떤 제품이 필요한지 미리 생각하고 방문한다. 다른 상품들도 눈에 들어오지만 애써 외면하려 노력한다. 필요한 제품, 대략적인 가격을 정하고 나면 오프라인 매장에서 직접 눈으로 보고 착용해본다. 그 후 집으로 돌아와 해외직구 사이트를 검색한다. 이렇게 직접 눈으로 보고 착용해 본 제품들은 사이즈 미스의 발생률이 적다.

신발

미국의 경우 남성, 여성, 청소년, 어린이, 유아 별로 사이즈가 다르다. 사이즈가 어떻게 다른지 한번 살펴보자.

운동화를 고를 때 유아의 경우 사이즈는 대체로 Infant(0~12개월), Toddler(1~4세), Little Kis(4~8세), 이렇게 나뉜다. 브랜드에 따라 표기를 해주기도 하고 안 해주기도 한다. 대략적으로 큰 분류를 알고 있다면 우리 아이가 어디에 속하는지 쉽게 파악할 수 있다.

여성의 경우 발이 작은 사람이 있다. 청소년(빅키즈) 라인에서 구매를 해도 상관없다. 나 같은 경우 키즈 라인에서 운동화를 고른다. 대표적인 곳으로 뉴발란스, 탐스 브랜드는 키즈 라인이 훨씬 저렴하다. 성인으로 올라갈 경우 금액이 비싸지는 반면 디자인은 크게 다르지 않기 때문에 빅키즈 라인을 이용한다.

남성 신발도 발이 작은 사람은 키즈 라인을 신기도 한다. 하지만 운동화의 경우 발등이 높고 낮음을 표시하는 B, N, D, M, W, 2A로 분류된다. 남성의 경우 개개인별 차이가 크기 때문에 발등 사이즈를 고려한다면 실패할 확률 또한 줄어들 것이다.

• 각 나라별 사이즈 표기 방식에 따른 분류

유아 기준

한국(mm)	미국(US)	유럽(EU)	영국(UK)
80	2	17	1.5
85	2.5	18	2
90	3	19	2.5
95	3.5	20	3
100	4	21	3.5
105	4.5	22	4
110	5	23	4.5
115	5.5	24	5
120	6	25	5.5
125	6.5	26	6
130	7	27	6.5
135	7.5	28	7
140	8	29	7.5

어린이, 청소년 기준

한국(mm)	미국(US)	유럽(EU)	영국(UK)
145	8.5	25.5	8
150	9	26	8.5
155	9.5	26.5	9
160	10	27	9.5
165	10.5	27.5	10
170	11	28	10.5
175	11.5	28.5	11
180	12	29	11.5
185	12.5	30	12
190	13	31	12.5
195	13.5	31.5	13
200	1	32	1
205	1.5	33	1.5
210	2	33.5	-
215	2.5	-	-
220	3	-	-

여성 기준

한국(mm)	미국(US)	유럽(EU)	영국(UK)
220	5	36	2.5
225	5.5	36.5	3
230	6	37	3.5
235	6.5	37.5	4
240	7	38	4.5
245	7.5	38.5	5
250	8	39	5.5
255	8.5	39.5	6
260	9	40	6.5
265	9.5	40.5	7
270	10	41	7.5

남성 기준

한국(mm)	미국(US)	유럽(EU)	영국(UK)
240	6	39	5.5
245	6.5	39.5	6
250	7	40	6.5
255	7.5	40.5	7
260	8	41	7.5
265	8.5	41.5	8
270	9	42	8.5
275	9.5	42.5	9
280	10	43	9.5
285	10.5	43.5	10
290	11	44	10.5
295	11.5	44.5	11
300	12	45	11.5

이렇게 대중의 사이즈를 알았다면 백화점이나 전문매장에 방문하여 직접 신어보는 것이 제일 좋다. 신발 사이즈는 어디에 적혀 있을까? 한국의 경우 바닥 부분에 230이라고 적혀 있는 경우가 많다. 미국 브랜드의 경우 운동화 신발 끈 아래 발등을 덮는 곳을 뒤집으면 사이즈 표시가 나온다. US 사이즈를 확인 후 해외직구를 하면 된다. 직접 신어보는 것이 사이즈 미스 예방에 제일 좋다.

매장이 많지 않거나 방문이 어려울 때는 직구 커뮤니티를 이용해보자. 발 크기를 실측한 후 검색하면 많은 정보를 얻을 수 있다. 칼발, 왕발 등 개인의 특성을 고려하여 사이즈를 선택하는 것도 잊지 말자.

여성 의류

여성 의류도 실패할 위험이 크다. 외국의 경우 기본 사이즈 XS, S, M, L, XL, XXL로 나뉜다. 또한 Petite, Regular로 세부적으로 나뉘는데 이는 짧음과 보통으로 이해할 수 있다. 보통 재킷류, 원피스, 치마에서 이런 사이즈 분류를 볼 수 있는데 재킷류에서 Petite를 선택할 경우 팔이 짧아질 수 있다.

브랜드별로 사이즈 차이가 많다 보니 고가의 금액을 자랑하는 명품 옷을 고를 때 신중해야 한다. 같은 S사이즈라 하더라도 브랜드별로 품의 차이가 크다. 서양인과 동양인의 표준 체형이 차이가 나기 때문에 이런 현상이 두드러진다고 볼 수 있다. 백화점에 입점해 있는 브랜드라면 직접 입어보고 사이즈를 꼭 체크해야 한다.

여성 브랜드 의류는 협찬도 많이 하기 때문에 드라마나 광고에서도 흔히 볼 수 있다. 연예인이 입고 나온 옷이라고 덜컥 구매했다가는 낭패를 보기도 한다. 항상 자신이 좋아하는 디자인이나 취향을 고려하여 선택하는 것이 실패를 막는 또 하나의 길이다.

가방

각자 선호하는 가방 브랜드가 있을 것이다. 외국의 경우 가방의 전체 디자인과 간단한 상세 페이지의 이미지만 있는 경우가 많다. 등록된 이미지만 보고는 그 가방의 사이즈나 상세 구성을 살펴보기는 힘들다.

아마존의 경우 상세 페이지에 실제로 가방을 착용한 모습을 넣어주기도 하고 그런 이미지가 없을 경우 실제 착용하면 어느 정도의 길이로 표현되는지 그림으로 알려준다. 실제 착용 샷이 없는 제품은 백화점을 필수로 방문해야 한다.

나 또한 사진 상으로만 본 가방을 백화점에서 보고 구매하지 않기로 결정한 적도 많다. 이유는 내가 생각했던 길이감이 아니었고(너무 길었다. 수선을 해야 하는데 수선하면 마감처리가 엉성해서 포기했다) 겉가죽의 질이 사진과는 큰 차이를 보였기 때문이다. 여성들이 가방을 모으기를 좋아하고 옷의 취향이 바뀌면 가방 디자인도 바뀌야 한다. 그런데 가방은 고가의 제품들이 많다.

실제로 가방을 만져보고 착용해보고 그 후 구매해도 늦지 않다. 충동구매는 항상 후회를 남긴다는 점을 기억하자.

부모님 선물 준비

5월의 어버이날 선물이나 생신 선물을 위해서 해외직구를 하는 며느리, 딸들을 많이 본다. 나 또한 엄마의 가방을 위해 몇 번의 직구를 했던 기억이 있다. 부모님 선물을 사기 위해 직구를 할 때는 조심해야 할 것이 있다. 그것은 미리 이야기를 하지 않는 것이다. 그에 대한 일화를 소개해볼까 한다.

내 20대 시절, 엄마는 딸들이 쓰다가 집에 고이 두고 있는 가방들을 이용했다. 그럴듯한 가방 하나 없어 동창회나 모임에 나갈 때 고민을 하던 모습을 아직도 기억한다. 그때는 엄마의 감정을 이해할 수 없었는데 시간이 흘러 그때의 엄마 나이가 되어보니 이제야 조금이나마 이해를 할 수 있을 것 같다.

결혼 후 엄마에게 명품은 아니지만 편하게 들고 다닐 데일리가방을 사주고 싶었다. 같이 백화점에 방문해 이것저것 골라보고 결정한 것이 토리버치 브랜드의 작은 가방이었다. 큰 가방보다는 편하게 쓸 수 있을 것 같다며 결정했다. 그리고 해외직구를 한 후 며칠이 지났다.

성격 급한 엄마는 아니었지만, 해외직구의 배송 기간을 답답해하셨다.

"현주야. 가방 왔나?"

배송 기간 중 이런 전화를 몇 번을 받았어야 했다. 엄마의 입장에서 답답한 마음은 당연하다. 미리 해외직구를 해서 선물을 준다고 알려버린 내 탓일지도 모른다. 미리 이야기하지 않고 엄마의 취향을 파악해 선물을 준비했다면 '짜잔' 하면서 멋지게 선물을 줄 수 있었을 텐데.

선물을 주는 것은 감사한 마음을 표현하기 위함이다. 받는 사람이 기뻐하는 모습을 보고 주는 사람이 더한 기쁨을 느끼는 것이 선물이다. 하지만 나는 답답함과 가방을 같이 선물한 꼴이 되어버렸다.

그 뒤로 선물을 할 때는 엄마의 취향을 더욱 살피는 마음을 갖기로 했다.

11월의 블랙프라이데이

11월 넷째 금요일을 말하는 블랙프라이데이는 해외직구의 꽃이라 불린다. 연중 최대의 할인으로 직구족들을 설레게 한다. 나도 블랙프라이데이를 기다리면서 많은 설렘의 시간을 보냈다. 시간이 지나 생각해보니 재미있는 기억이지만 이제는 그때처럼 기다리지 않는다.

블랙프라이데이가 되면 오 분 만에 품절이 되는 일이 많다. 그래서 미리 알람을 설정하고 카드와 쇼핑몰 가입, 사인업을 받아놓는다. 어떤 딜이 뜰지 모르기 때문에 신규가 적용될 때도 있고 무적쿠폰이 날라 오기도 한다.

블랙프라이데이가 되면 지출도 많아지는 경향이 있다. 항상 내가 강조하지만 정말 필요한 것만 미리 정보를 알아두자. 보편적으로 구매할 때 얼마 정도의 금액인지, 평균적인 세일 가격이 얼마인지, 블랙프라이데이에 구매하면 얼마나 저렴해지는지 비교를 하자. 꼭 필요한 제품이 무엇인지 결정했다면 그날을 위해 백화점에서 실물 확인은 필수다. 그 후에 제품의 구매의사가 확실해지면 자주 세일 정보가 뜨는 쇼핑몰에 가입, 사인업을 진행해놓고 하루 전날 카드 정보도 등록을 해두자. 그러면 다른 사람들보다 빨리 진행할 수 있다.

참고해야 할 사항은 블랙프라이데이에는 배송량이 많이 늘어난다는 것이다. 보통 배송 기간보다 세 배가 걸리는 경우도 보았기에 느긋하게 기다릴 마음의 준비를 하자. 많은 배송 물량으로 제품이 바뀌는 경우도 있고 파손도 생길 수 있으니 제품을 받았을 때는 파손이 없는지 주문한 제품이 맞는지 다시 한 번 확인해야 한다.

겨울 아우터 겉원단, 속충전재

여름의류와 다르게 겨울의류의 경우 가격이 비싼 편이기 때문에 겉원단과 속충전제를 필수로 확인해야 한다. 나도 이런 실수를 했었다. 가격이 저렴하다는 이유로 겨울의류를 준비했는데 결국 입지 못하고 장롱 속에 자리만 차지하고 있다.

제품마다 하단 페이지에 상세정보가 기재되어 있다. 잘 모를 경우 복사해서 번역기를 돌려보거나 크롬 번역서비스를 이용하면 이해하기 쉽다. 겨울의류 중 충전재가 솜일 경우도 있고 솜털, 깃털일 수도 있다. 상세 페이지에 솜털과 깃털의 양을 표기해놓기 때문에 확인은 필수다. 깃털이 많은 경우 밖으로 빠져나오기 때문에 착용 시 따가울 수 있다.

겨울이 오기 전 미리 준비하는 것도 하나의 방법이다. 역시즌을 이용하여 구매를 하고자 할 때는 백화점을 방문해서 제품의 구성이 어떤지 확인해야 한다. 그리고 여름을 기다려 해외직구로 구매를 하는 것이다. 세일 폭이 클 때는 40%의 가격만으로도 구매가 가능하니 역시즌을 이용한다면 더욱더 저렴하게 겨울의류를 준비할 수 있다.

CHAPTER 6

한국 직배송에 대한 오해와 진실

한국 직배송을 신청하기 위해 제일 먼저 해야 할 일은 한국 주소를 영문으로 변환하는 작업이다.

네이버 검색창에 '영문 주소 변환기'라고 검색하면 도로명주소를 영문으로 변환해준다. 각 주소 항목을 직배송 가능한 쇼핑몰에 입력하면 되는데 미국의 경우 한국 주소 순서를 바꾸어서 입력해야 한다.

Full name	영문이름
Address line 1	건물번호, 도로명주소, 해당 구 이름
Address line 2	해당 동 이름, 아파트 동과 호수
City	시 이름
State	해당 도 이름
Zip	우편번호
Country	Korea, Republic of
Phone number	전화번호

직배송의 경우 배송 대행업체를 이용할 때보다 더 많은 주의를 기울여야 한다.

원화결제와 미화결제

직배송이 가능한 해외 쇼핑몰의 경우 두 가지 결제 단위를 사용한다. 현지에서 사용하는 통화로 결제하는 시스템과 한국에서 사용하는 원화결제 두 가지를 선택할 수 있다. 직배송서비스를 많이 이용하는 아마존, 길트, 루랄라의 홈페이지 경우 결제 전 단계에서 어떤 통화를 선택할 것인지 나오기 때문에 이를 주의 깊게 살펴보아야 한다.

이유는 두 번의 수수료를 지급하기 때문이다. 결제를 원화로 할 경우 달러 환전 수수료를 소비자가 부담하게 되며 또 달러를 다시 원화로 환전해야 하는 두 번의 경로를 거친다.

예를 들어 아마존에서 100달러의 상품을 결제한다. 미화로 결제할 경우 100달러라면 현재의 환율로 107,300원이 된다. 하지만 원화로 구매하려 결제통화를 바꾸게 되면 이보다 많은 금액이 나오게 되는 것을 알 수 있다. 이처럼 수수료를 소비자가 부담해야 하는 상황이 발생하기 때문에 직배송의 경우 특별히 결제통화를 확인해야 한다.

아마존 디파짓

아마존 직배송의 경우 제일 마지막 결제단계에서 디파짓Import Fees Deposit 항목이 붙는 것을 알 수 있다. 해외 쇼핑몰에서 제품을 구매한 후 한국으로 통관될 시 관세를 지불하게 되는데 아마존에서 이런 항목을 계산해서 디파짓을 계산한다. 만약 관세가 지불되어야 하는 경우 디파짓에서 관세처리 후 남은 금액은 환불처리가 된다. 또한 관세가 지불되지 않는 금액한도 내에서는 60일 안에 디파짓을 환불처리 해준다. 혹시 두 달이 지났는데도 환불이 안 된다면 라이브채팅을 이용하여 문의를 하면 된다.

관세를 미리 계산해서 책정하는 것인데 하나의 문제점이 있다. 측정 관세가 많이 나오거나 적게 나오는 경우이다. 많이 나오게 되는 경우 추가금은 납부할 필요가 없이 쇼핑몰에서 자체 처리되고 적게 나오게 되는 경우에는 환불처리를 해준다. 더 많이 측정되는 경우는 있어도 적게 나오는 경우는 극히 드문 일이다. 과한 디파짓이라 생각이 든다면 배송 대행업체를 이용하는 것이 정신건강에 좋다. 이처럼 해외직구는 신경 써야 할 일들이 많지만 그만큼 만족감도 꽤 크다.

프로모션 카드 이용 배송비를 아끼자

해외직구를 많이 이용하게 되는 요즘 카드사에서 주는 혜택도 많다. 일정기간 해당 쇼핑몰에서 결제하게 되면 결제금액의 몇 %를 캐시백 해주는 카드, 특정 쇼핑몰에서 일정금액 이상을 결제할 경우 무료배송을 해주는 카드, 배송 대행업체와 연계하여 배송비를 청구 할인해주는 카드 등 많은 서비스가 있다. 일정기간에 수시로 바뀌는 이벤트이기 때문에 하나씩 거론을 하지는 못하지만 이것 또한 알아놓으면 유용할 정보 중 하나다.

이벤트에 마음을 뺏겨 카드를 만든다면 할인금액보다 연회비 지출이 더 클 수 있다. 연회비가 얼마이며 자신이 할인받거나 적립받을 수 있는 금액이 얼마인지 꼼꼼히 비교 후 카드 발급을 해야 한다.

예를 들어 특정 카드의 경우 국제 배송비 한 건당 5천 원을 청구 할인해주는 카드가 있다. 알아야 할 것은 한 달 세 건이라는 제한사항이다. 그렇다면 한 달 15,000원을 아낄 수 있다는 결론에 도달하는데 매달 세 번의 해외직구를 한다는 것은 그리 좋은 쇼핑습관이 아니다. 국제 배송비를 할인받는 달이 있기도 하고, 할인을 못 받는 달이 있는 걸 고려하면 연회비가 많으면 곤란하다.

디스커버리 마크가 붙어 있는 카드는 무배 이벤트에 자주 등장한다. 해외 쇼핑몰에서 이 카드로 결제 시 무료배송을 해주기 때문에 어떤 이들에게는 배송비 할인 카드보다 더 좋은 혜택을 받을 수 있다. 이처럼 해외직구 카드는 자신의 쇼핑 습관과 할인 한도, 연회비를 잘 비교하여 결정하는 것이 좋다.

배송시점 추측으로 관세 당첨

해외 쇼핑몰 직배송서비스를 이용하기 위해 명심해야 할 것 중 하나는 제품이 언제쯤 한국에 도착할지 알 수 없다는 것이다. 배송추적을 통해 배송상품이 어디쯤 있는지 정도는 알 수 있으나 미국에서 배송이 어떻게 지연이 될지 제어할 수 없는 부분이기에 세심한 주의가 필요하다.

예를 들어, 직배송서비스를 이용하여 아마존에서 100달러 구매를 했고 직배송이 아닌 배송 대행업체를 이용하여 100달러를 주문했다고 하자. 이럴 경우 배송 대행업체에 도착한 상품은 국제 배송비를 지불하지 않는다면 계속 미국에 머물러 있게 된다. 직배송 주문한 상품이 한국에 도착하기 전까지는 국제 배송비를 결제하지 않음으로써 지연을 시킬 수 있으나 배송업체마다 보관료를 지불해야 하는 사태가 발생한다.

혹여나 직배송되는 상품을 생각하지 못하고 국제 배송비를 결제하게 되면 각 상품들이 같은 날 통관이 되는 상황이 발생할 수 있다. 흔히 생기지 않는 일이라고 생각한다면 큰 오산이다. 직구족이라면 누구나 한 번씩 경험하는 것이 다른 상품과의 합산과세 당첨이다.

그렇기에 좀 더 세심함이 필요하고 체계적인 직구방법을 알아야 한다. 먼저 직배송 상품이 한국으로 통관되기 전까지는 다른 제품을 주문하지 않는 것이 좋으며, 꼭 구매해야 하는 경우라면 배송 대행업체에 국제 배송비를 지불하지 않고 기다리면서 경과를 지켜봐야 한다. 이런 사항을 꼼꼼히 체크할 수 있도록 바인더를 이용해 기록하는 것을 추천한다.

CHAPTER 7

할인쿠폰, 너 뭐니?

미국의 쇼핑몰은 한국과는 다른 쿠폰 시스템을 운영하고 있다. 한국 쇼핑몰에서 처음 가입을 하고 나면 신규쿠폰을 주는 것은 많이 알려진 사실이다. 총 구매 금액의 몇 %를 할인해주는 형식이다. 미국에도 이런 쿠폰 제도가 있고 때에 따라 개인마다 주어지는 개인쿠폰도 있다.

쇼핑몰에 방문하여 자신이 사려고 하는 제품의 가격을 그대로 받아들여야 할까? 답은 아니다. 할인쿠폰의 경우 시기마다 할인폭이 매우 높은 경우가 있는데, 한국의 쇼핑몰 할인 수준을 뛰어넘는다.

나도 처음 직구를 시작할 때 쿠폰이라는 게 뭔지 적응이 안 되어 한참 헤맸던 기억이 있다. 그렇다면 어떻게 할인 혜택을 받으며, 쿠폰을 어떻게 구별을 하는지 알아보도록 하자.

할인쿠폰의 종류

일명 통합코드로 불린다. 쇼핑몰에 방문을 하면 메인 홈페이지에서 알려주는 경우가 많다. 간단한 영문과 숫자로 구별되며 사용기한은 정해져 있다. 신규 할인쿠폰과 중복이 되는 경우가 있다.

이 화면은 365일 중 360일이 세일이라는 갭의 홈페이지 메인이다. 상위에 나오는 배너를 보면 50달러 이상 무료배송이라고 기재되어 있다. 여기에 코드가 적혀 있지 않다면 제일 하단 배너를 보자.

메인 하단 화면을 보니 이런 배너가 떠 있다. 제일 밑줄 'Online only code HAPPY'라고 적힌 것을 볼 수 있다.

이처럼 통합코드 앞에는 'code'라는 말이 붙어 있으며 간단한 영어 설명이 붙어 있다.

종합해보면 각 쇼핑몰 사이트마다 다르기는 하지만 평균적으로 메인화면 상단과 하단에 간단한 영어로 코드가 부여된다. 이는 일정기간 동안 사용할 수 있는 형태이기 때문에 매주 방문할 때마다 살펴봐야 한다. 어느 정도 할인율이 적용이 되는지 확인 후 금액 비교를 하면 된다.

또한 살펴봐야 할 것은 신규 할인코드와 중복이 되는지 여부다. 통합코드가 적용되고 난 후 금액으로 신규 할인쿠폰 적용되는 경우도 있다. 개별상품으로 확인을 해보면 1~2달러의 금액이지만 주문금액이 보통 100달러를 넘는 걸 감안하면 적은 금액은 아닐 것이다.

이런 통합코드는 쇼핑몰 가입을 하고 사인업을 받으면 메일로도 전송되니 메일함도 수시로 확인해보면 알 수 있다.

개인코드

해외직구의 아이디는 이메일이라고 앞서 이야기했다. 해외 쇼핑몰에서는 세일 기간이 정해지면 메일로 알려준다. 그런데 여기서 중요한 사실은 1~2일 동안 한 번씩 오는 메일을 그냥 스쳐 지나간다는 것이다. 처음 직구를 시작하고 나서 메일함을 열어보고 공통코드인지 개인코드인지 구별을 할 수가 없다는 것이 제일 문제였다. 개인코드를 받아본 적이 없고 크게 살펴보지 않았기에 어떤 것이 나에게만 오는 코드인지 알 수가 없었다. 가입만 하고 결제를 하지 않은 사람, 장바구니에 상품만 잔뜩 담아놓고 구매를 하지 않는 사람, 한동안 구매 이력이 없는 사람, 이런 사람들에게 개인쿠폰이 날라 온다는 말이 떠돌곤 한다. 정확히는 어떤 사람들에게 개인쿠폰이 뿌려지는지는 알 수 없다.

하지만 우리가 공용쿠폰과 개인쿠폰을 구별할 수 있다면 더 좋은 할인율로 저렴하게 구매할 수 있을 것이다. 개인쿠폰은 어떻게 구별하는지 알아보자.

메일함을 열면 중간쯤 복잡한 알파벳이 보일 것이다. 공용코드와 다른 것을 확인할 수 있다. 영문과 숫자가 복잡하게 얽혀 있으며 간단한 공용코드와는 다르다.

그 밑 작은 글자로 보아 다른 코드와 중복이 되지 않고 예외가 있을 수 있으며 쿠폰 만기일은 언제까지인지 알려주고 있다. 자신이 구매하려는 아이템에 적용이 되지 않을 수 있으니 장바구니에서 먼저 적용을 해보는 것이 제일 확실하다.

그리고 나는 직구 초보 때 갭쇼핑몰에 카드 정보를 저장해놓은 적이 있었다. 쿠폰 적용을 해보려고 페이지를 열었는데 잘못 눌러서 결제가 되어버린 기억이 아직도 생생하다. 새벽에 미국으로 전화해서 취소해 달라며 땀을 뻘뻘 흘렸었다. 만약 코드 적용을 해보고 상품의 할인율을 알고 싶을 때는 꼭 카드 정보를 삭제 후 시도하기를 권한다.

종합해보면 공용코드는 모두 쓸 수 있는 코드이며 간단하고 메인 화면에 공개가 된다. 반면 개인코드는 나만 쓸 수 있는 코드이며 구성이 복잡하고 공개되지도 않는다.

할인쿠폰의 종류

1) 루랄라 직배송서비스를 이용하다 보면 무료배송 쿠폰을 볼 수 있다. 10달러가량 되는 직배송 요금이 쿠폰 번호를 입력하면 무료로 바뀌게 된다. 일정금액 이상 사용 시 적용되니 구매할 상품을 잘 구성하면 무

료로 한국까지 상품을 받아볼 수 있다.

2) 보통 쓰이는 공용코드 중 하나인데 125불 이상, 150불 이상, 175불 이상 구매를 하면 30~50% 할인을 해준다. 해당 쇼핑몰 메인 화면에 기재하는 경우가 많기 때문에 메인 화면을 자세히 살펴보면 쉽게 발견할 수 있다.

3) 보덴, 짐보리 등에서 자주 등장하던 세일이며 한국의 1+1 덤서비스라고 이해를 하면 편하다. 3개를 사면 1개 가격이 1달러, 5개를 사면 1개 가격이 1달러, 이런 형식을 띠고 있다. 요즘 들어 이런 형태의 세일이 많이 줄어들고 있는 추세이다.

4) 미국 내 배송비를 부과하는 사이트가 있다. 100달러 이상, 150달러 이상 구매 시에만 무료배송이 적용되는데 무배코드가 있다면 금액 제한 없이 미국 내 무료배송을 받을 수 있다. 상품 금액에 제한이 없기 때문에 1~2개 상품을 구매할 때 이용하면 좋다. 200달러가 채워지지 않은 다른 상품과 합배송을 시키면 국제 배송비를 아끼는 데 도움이 된다.

5) 쿠폰 나눔이 활발해지고 있다. 쿠폰 나눔이란 공통코드가 아닌 개인코드를 다른 아이디에서 쓸 수 있는 것을 말한다. 예를 들어 123@gmail.com으로 발송된 개인코드를 456@gmail.com에서 사용할 수 있는 것이다. 보통 개인코드는 그 아이디에서만 사용 가능하게끔 해놓거나 해당 이메일에 포함된 링크를 눌러서 적용하는 방식이다. 특정 쇼핑사이트는 이런 제한을 두지 않고 개인코드를 다른 아이디에서 적용

하여 할인받을 수 있게 해놓았다. 각 커뮤니티마다 활발히 진행되고 있지만 몰테일스토리(카페) 카테고리 '나눔(일반/쿠폰)'을 이용하면 국내에서 쓸 수 있는 쿠폰도 많이 공유되고 있다. 자신이 쓰지 않는 개인코드를 나눔하며 절약하는 엄마들이 자랑스럽다.

나눔이 가능한 개인코드 브랜드는 올드네이비, 갭캐시, 몰테일 배송비 할인쿠폰, 토리버치 생일쿠폰, 폴로, 짐보리, 제이크루, 바나나 리퍼블릭 등이 대표적이다.

나는 30년의 홀로서기, 7년의 주부생활, 3년의 맞벌이 시간을 보냈다. 딸, 배우자, 엄마, 워킹 맘이라는 수식어를 달았다. 이름표가 바뀌면서 역할도 변해갔다. 시시때때로 변하는 찰흙과도 같았다. 때론 무엇이든 담아내는 그릇으로, 때론 하늘로 칼을 뽑아든 동상으로, 때론 편히 쉴 수 있는 집으로 변해갔다. 이름표에 맞춰 살다 보니 내가 사라졌다. 역주행을 해야 했다. 무엇을 좋아하는지, 잘하는 것은 뭔지, 하고 싶은 것은 어떤 것인지 알아야 했다. 그리고 도전했다.

지금은 작가의 꿈을 꾼다. 40년 만에 찾은 딱 맞는 옷이라 믿고 걸어간다. 전문 작가들이 보면 비웃을지도 모르지만 난 내 글이 좋다. 그래서 계속 쓴다. 다른 사람들의 말은 신경 쓰지 않고 쓴다. 5년이 지나고 10년이 지나면 나에게 말해줄 것이다. "잘했어. 넌 최고야. 멋진 파랑새를 찾은 거야!"

현재의 삶에 만족하지 못한다면 당신은 지금보다 더 나은 삶을 누릴 자격을 가지고 태어난 사람이다. 자신이 걷고 있는 인생이란 길 한가운데 목적지를 향해 걸어가는 중이다. 목적지에 다다른 후 느끼는 희열을 기대하고 있다는 것은 삶의 활력소가 된다. 살아가는 동안 어느 누구보다(옆집 순이 엄마보다) 행복한 사람이 될 것이다. 기대하며 살자. 종착역을 가슴속에 담고 살자.

어느 누구도 자신에게 현재의 삶을 던져주지 않았다. 행복하다면 과거의 자신이 행복의 종착지를 마음에 담은 것이고, 불행하다면 과거의 자신이 엮어놓은 합의점에 도달한 것일 뿐이다. 그러니 남을 탓할 일이 아니다. 결국은 모든 것이 자신이 쌓은 탑의 결과물일 뿐이다. 허물어야 할 탑이 있는 반면, 더 빛날 수 있게 높이 쌓아야 할 탑도 있다. 어쩌면 지금이 선택의 순간일지도 모르고, 어쩌면 앞으로 선택의 시간이 올지도 모른다.

감히 이야기한다. 엄마라는 이름에 만족하지 마라. 돈이 생기든, 안 생기든 자신이 좋아하는 일을 찾아야 한다. 살맛을 찾으라는 말이다. 식탁의 밥맛을 잘 살리는 사람은 엄마지만, 시간의 살맛을 잘 살리면 인생이 된다. 아이가 커가는 시간도 소중하지만 그만큼 자신이 어떻게 늙어갈 것인가도 중요하기 때문이다. TV를 보며 타인의 말을 듣고만 살 것인가, 자신의 인생은 이랬노라 말하며 살 것인가.

나는 두 번째 여정을 떠난다. 다른 책을 출간하려 집필을 시작했다. 1년, 한 달, 일주일, 하루의 목표가 잡혀 있다. 아이들이 학교에 가고 나면 책상에 앉아 엉덩이를 붙인다. 허리가 아파지는 시간일지도 모른다. 무서운 길이지만 설렘도 있다. 한 번 해봤다. 그렇기 때문에 두려움이 더 클지도 모른다. 한 발의 중요함 또한 알고 있다. 지속력만이 파랑새 꼬리라도 볼 수 있다. 해보았기에 자신도 있다.

두 번째 책이 출간이 되면 파랑새 머리를 보며 내달릴 것이다. 나에게 주어진 시간은 설렘이다. 설렘으로 행복하다. 나는 지금도 행복하고 10년 뒤에는 더 행복해질 것이다. 나는 도전하고 꿈꾸는 사람이기 때문이다.

2019년 여름,

권현주

“

현재의 삶에 만족하지 못한다면 당신은 지금보다 더 나은 삶을 누릴 자격을 가지고 태어난 사람이다. 자신이 걷고 있는 인생이란 길 한가운데 목적지를 향해 걸어가는 중이다. 목적지에 다다른 후 느끼는 희열을 기대하고 있다는 것은 삶의 활력소가 된다.”

해외직구 10년, 우리 지름신이 달라졌어요

1판 1쇄 펴낸날 2019년 8월 5일

지은이 권현주
펴낸이 나성원
펴낸곳 나비의활주로

책임편집 강건모
디자인 design BIGWAVE

주소 서울시 강북구 삼양로 85길, 36
전화 070-7643-7272
팩스 02-6499-0595
전자우편 butterflyrun@naver.com
출판등록 제2010-000138호
상표등록 제40-1362154호
ISBN 979-11-88230-81-5 13300